Szanowni Państwo,

Polskie tłumaczenie testów na prawo jazdy w UK zostało stworzone, by pomóc Polakom mieszkającym w Wielkiej Brytanii zdać tutaj prawo jazdy.

Wydawnictwo *Iwonas* posiada licencję Driving Standards Agency na publikację materiałów przygotowujących do egzaminów.

W książce tej znajdą Państwo wszystkie oficjalne pytania testu teoretycznego obowiązujące w roku 2008/2009 wraz z odpowiedziami oraz objaśnieniami oraz zestaw pytań na egzamin praktyczny. Ponadto informacje na temat prawa jazdy provisional, egzaminu teoretycznego oraz praktycznego, wraz z zamawianiem ich, krok po kroku.

Jako dodatek otrzymali Państwo wraz z książką płytę cdrom z filmem o teście teoretycznym oraz przykładowymi videoclipami hazard perception. Są na niej również trasy egzaminacyjne we wszystkich miastach w UK – w plikach pdf do wydruku.

Zachęcamy również do zakupu naszej płyty multimedialnej cdrom, która jest doskonałym uzupełnieniem książki i pozwala sprawdzić swoją wiedzę poprzez opcje próbnych egzaminów, zanim sprawdzą ją Państwo na prawdziwym teście teoretycznym w centrum DSA. Niezbędną lekturą jest także Kodeks Drogowy, który odpowie na wiele pytań, zawartych w tej książce. Zapraszamy na naszą stronę internetową www.iwonas.com

Wydawnictwo *Iwonas*

SPIS TREŚCI

Alertness – Przezorność	3
Attitude – Postawa	10
Safety and your vehicle – Bezpieczeństwo a twój pojazd	19
Safety margins – Podstawy Bezpieczeństwa	37
Hazard awareness – Przewidywanie zagrożeń	47
Vulnerable road users – Szczególnie narażeni użytkownicy drogi	67
Other types of vehicles – Inne rodzaje pojazdów	82
Vehicle handling – Obsługa pojazdu	87
Motorway Rules – Zasady na autostradzie	98
Rules of the road – Zasady ruchu drogowego	110
Road and traffic signs – Znaki i sygnały drogowe	123
Documents – Dokumenty	153
Accidents – Wypadki	161
Vehicle Loading – Załadunek pojazdu	175
Zestaw pytań na egzamin praktyczny	178
Warunki jazdy z prawem jazdy Provisional (L-ką)	181
Test teoretyczny	181
Egzamin praktyczny	183

The Theory Test Questions and Answers. Valid from 1 September 2008 © Crown copyright. Driving Standards Agency.
The questions and answers in this work have been translated into Polish Language by mgr Iwona Syrkiewicz and are published by IWONAS under license from the Driving Standards Agency. The Driving Standards Agency does not accept any responsibility for the accuracy or content of this work

Pytania i Odpowiedzi Testu Teoretycznego, ważne od 1 września 2008 © prawa autorskie Driving Standards Agency.
Pytania i odpowiedzi w tej pracy zostały przetłumaczone na język polski przez mgr Iwonę Syrkiewicz i są opublikowane przez IWONAS pod licencją Driving Standards Agency. Driving Standards Agency nie ponosi żadnej odpowiedzialności za dokładność tłumaczenia tej pracy.

COPYING, RESELLING, PRINTING, USING THIS FILE FOR OTHER THAN PRIVATE REASONS IS STRICTLY PROHIBITED. THIS WORK IS PROTECTED BY LAW AND THE ONLY ONE WHO CAN COPY AND SELL IT IS IWONAS. OTHERS WILL BE PROSECUTED.

KOPIOWANIE, SPRZEDAWANIE, DRUKOWANIE, UŻYWANIE TEJ PRACY W CELACH INNYCH NIŻ PRYWATNE JEST CAŁKOWICIE ZABRONIONE, KSIĄŻKA NINIEJSZA JEST CHRONIONA PRAWNIE I JEDYNĄ KTORA MA PRAWA KOPIOWAĆ GO I SPRZEDAWAĆ JEST FIRMA IWONAS. INNI BĘDĄ KARANI Z POMOCĄ SĄDOWĄ.

ALERTNESS - PRZEZORNOŚĆ

1.1. Zanim zawrócisz na drodze, powinieneś
1 odp.
A. oprócz włączenia kierunkowskazu, dać znać ręką
B. zasygnalizować kierunkowskazem, by inni kierowcy jadący za tobą zwolnili
C. spojrzeć przez ramię, by ostatecznie sprawdzić, czy droga jest wolna
D. wybrać wyższy bieg niż zazwyczaj

Odpowiedź C (powinieneś wiedzieć, co jest za tobą i po twojej stronie drogi, zanim ruszysz)

1.2. Kiedy podjeżdżasz do tego mostu, powinieneś

3 odp.
A. przemieścić się do środka drogi, by mieć lepszą widoczność
B. zwolnić
C. przejechać przez most najszybciej, jak to możliwe
D. rozważyć użycie klaksonu
E. znaleźć inną trasę
F. uważać na pieszych

Odpowiedzi BDF (zachowaj szczególną ostrożność, kiedy twoje pole widzenia jest ograniczone. Daj ostrzeżenie o swojej obecności, kiedy to niezbędne)

1.3. W których sytuacjach powinieneś unikać wyprzedzania?
1 odp.
A. zaraz za zakrętem
B. na drodze jednokierunkowej
C. na drodze z ograniczeniem do 30mph
D. kiedy zbliżasz się do zagłębienia w drodze

Odpowiedź D (zachowaj szczególną ostrożność, kiedy twoje pole widzenia jest ograniczone)

1.4. To oznaczenie na drodze ostrzega

1 odp.
A. kierowców, by użyli pobocza
B. wyprzedzających kierowców, że jest zakręt w lewo
C. wyprzedzających kierowców, by po wykonaniu manewru trzymali się z lewej strony od środka drogi
D. kierowców, że wyprzedzanie jest bezpieczne

Odpowiedź C (oznaczenie mówi o zmianie w szerokości lub właściwości drogi przed tobą)

1.5. Twój telefon komórkowy dzwoni, kiedy prowadzisz samochód. Powinieneś
1 odp.
A. natychmiast się zatrzymać
B. odebrać go
C. zjechać w bezpieczne miejsce, by odebrać telefon
D. zjechać na najbliższy krawężnik/pobocze

Odpowiedź C (bezpieczeństwo zawsze na pierwszym miejscu – nie zatrzymuj się, by odebrać telefon komórkowy w miejscach, w których mógłbyś stwarzać niebezpieczeństwo)

ALERTNESS - PRZEZORNOŚĆ

1.6. Po co te żółte linie są namalowane w poprzek jezdni?

1 odp.
A. by pomóc ci wybrać właściwy pas
B. by pomóc ci utrzymać właściwą odległość od samochodów
C. by ostrzec cię o twojej prędkości
D. by poinformować cię o odległości do ronda

Odpowiedź C (linie dają wizualne i słyszalne ostrzeżenie, jak blisko jesteś od niebezpieczeństwa, do którego się zbliżasz)

1.7. Zbliżasz się do świateł, które były przez jakiś czas zielone. Powinieneś
1 odp.
A. przyspieszyć
B. utrzymywać swoją prędkość
C. być przygotowanym do zatrzymania się
D. ostro zahamować

Odpowiedź C (jeśli światła były przez jakiś czas zielone, mogą one się zmienić. Jedź tak, abyś mógł bezpiecznie zatrzymać się, jeśli światła się zmienią)

1.8. Które z poniższych powinieneś wykonać przed zatrzymaniem się?
1 odp.
A. użyć klaksonu
B. spojrzeć w lusterka
C. wybrać wyższy bieg
D. mignąć światłami

Odpowiedź B (zawsze sprawdź swoje lusterka przed zmianą prędkości lub kierunku jazdy)

1.9. Podczas jazdy za dużym pojazdem powinieneś się trzymać z tyłu, ponieważ to
1 odp.
A. pozwoli ci szybciej skręcić
B. pomaga większemu pojazdowi łatwiej się zatrzymać
C. pozwoli kierowcy zobaczyć cię w lusterkach
D. pomaga ci trzymać się z dala od wiatru

Odpowiedź C (nie ograniczaj swojej widoczności z przodu. Pamiętaj, że kierowca może cię nie widzieć, jeśli jedziesz zbyt blisko niego)

1.10. Kiedy widzisz niebezpieczeństwo przed tobą, powinieneś używać lusterek. Dlaczego?
1 odp.
A. ponieważ będziesz zmuszony przyspieszyć, by przejechać szybciej przez niebezpieczeństwo
B. by ocenić jaki wpływ na ruch za tobą będzie miało twoje działanie
C. ponieważ będziesz musiał ostro zahamować, by się zatrzymać
D. by sprawdzić, co się dzieje na drodze przed tobą

Odpowiedź B (musisz sprawdzić swoje lusterka przed zmianą prędkości lub kierunku jazdy)

1.11. Czekasz, by skręcić w prawo na końcu ulicy. Twoja widoczność jest ograniczona z powodu zaparkowanych pojazdów. Co powinieneś zrobić?
1 odp.
A. zatrzymać się, ruszyć ostrożnie i powoli, aby mieć lepszą widoczność
B. wjechać szybko tam, gdzie będziesz lepiej widział, byś zablokował ruch tylko w jedną stronę
C. zaczekać, aż pieszy ci powie, kiedy możesz bezpiecznie wyjechać
D. zawrócić swoim pojazdem i znaleźć inne skrzyżowanie

ALERTNESS - PRZEZORNOŚĆ

Odpowiedź A (spojrzyj i wychyl się powoli do przodu, by uzyskać lepszą widoczność)

1.12. Przedmioty wiszące na twoim wewnętrznym lusterku mogą
2 odp.
A. ograniczać twoją widoczność
B. polepszyć twoją jazdę
C. odwracać twoją uwagę
D. pomóc ci w koncentracji

Odpowiedzi AC (powinieneś upewnić się, że twoja widoczność przez przednią szybę jest nieograniczona. Wiszące przedmioty mogą przeszkadzać i odwracać twoją uwagę od drogi)

1.13. Które z poniższych mogą spowodować utratę koncentracji za kierownicą, podczas długiej podróży?
4 odp.
A. głośna muzyka
B. kłótnia z pasażerem
C. używanie telefonu komórkowego
D. wkładanie kasety do radia
E. regularne zatrzymywanie się, by odpocząć
F. zatrzymywanie się, by nastroić radio

Odpowiedzi ABCD (zwróć uwagę na swoją jazdę i utrzymuj pełną kontrolę nad pojazdem przez cały czas)

1.14. Podczas długiej podróży autostradą znudzenie może spowodować, że poczujesz się śpiący. Powinieneś
2 odp.
A. zjechać z autostrady i znaleźć bezpieczne miejsce, by się zatrzymać
B. rozglądać się dookoła i patrzeć na krajobrazy
C. zwiększyć prędkość, by szybciej ukończyć swoją podróż
D. upewnić się, że jest dostęp świeżego powietrza do pojazdu
E. zatrzymać się na poboczu w celu odpoczynku

Odpowiedzi AD (otwórz okno, jeśli konieczne, by zażyć świeżego powietrza. Zjedź z autostrady, kiedy to możliwe i zrób przerwę na odpoczynek)

1.15. Jedziesz o zmierzchu. Powinieneś włączyć swoje światła
2 odp.
A. nawet wtedy, gdy światła uliczne nie są zapalone
B. by inni mogli cię widzieć
C. tylko, gdy inni to zrobią
D. tylko, gdy światła uliczne są zapalone

Odpowiedzi AB (włączenie świateł odpowiednio wcześnie pomoże innym cię zobaczyć, zmniejszając ryzyko wypadku)

1.16. Jest duże ryzyko, że stracisz koncentrację podczas jazdy, gdy
2 odp.
A. używasz telefonu komórkowego
B. słuchasz bardzo głośno muzyki
C. włączysz ogrzewanie tylnej szyby
D. spojrzysz w lusterka boczne

Odpowiedzi AB (używanie telefonu komórkowego lub bardzo głośna muzyka może odwrócić twoją uwagę od drogi)

1.17. Z powodu których CZTERECH możesz stracić koncentrację podczas jazdy?
4 odp.
A. używanie telefonu komórkowego
B. mówienie przez mikrofon
C. strojenie radia
D. patrzenie na mapę
E. sprawdzanie lusterek
F. używanie odmgławiacza

Odpowiedzi ABCD (by utrzymać kontrolę nad pojazdem, musisz koncentrować się na jeździe przez cały czas)

1.18. Powinieneś używać telefonu komórkowego tylko wtedy, gdy
1 odp.
A. odbierasz rozmowę przychodzącą

ALERTNESS - PRZEZORNOŚĆ

B. zaparkowałeś w odpowiednim miejscu
C. jedziesz z prędkością mniejszą niż 30mph
D. jedziesz pojazdem z automatyczną skrzynią biegów

Odpowiedź B (nawet rozmowa przez telefon przy pomocy zestawu głośnomówiącego może odwrócić twoją uwagę od drogi. Jeśli potrzebujesz wykonać lub odebrać telefon, zaparkuj najpierw w bezpiecznym miejscu)

1.19. Jedziesz po mokrej drodze. Musisz zatrzymać swój pojazd w nagłym wypadku. Powinieneś
1 odp.
A. nacisnąć na hamulec nożny i zaciągnąć hamulec ręczny jednocześnie
B. trzymać obie ręce na kierownicy
C. wrzucić bieg wsteczny
D. dać znak ręką

Odpowiedź B (podczas hamowania w nagłym wypadku, trzymaj mocno kierownicę w razie, gdybyś musiał nią sterować. Ciężar samochodu zostanie przesunięty do przodu, co spowoduje, że sterowanie kierownicą będzie cięższe)

1.20. Podczas ruszania zza zaparkowanego samochodu, powinieneś
3 odp.
A. rozejrzeć się, zanim ruszysz
B. użyć wszystkich lusterek pojazdu
C. rozejrzeć się po tym, jak ruszysz
D. użyć tylko lusterek zewnętrznych
E. użyć kierunkowskazu, gdy to konieczne
F. użyć kierunkowskazu, po ruszeniu z miejsca

Odpowiedzi ABE (zawsze upewnij się, że ruszanie z miejsca jest bezpieczne. Nie możesz spowodować, aby ruch zwalniał lub cię omijał)

1.21. Jedziesz tą wąską wiejską drogą. Podczas mijania motocyklisty, powinieneś jechać

1 odp.
A. powoli, używając klaksonu jak go mijasz
B. szybko, zachowując bezpieczną odległość
C. powoli, zachowując bezpieczną odległość
D. szybko, używając klaksonu jak go mijasz

Odpowiedź C (zapewnij rowerzystom dużo miejsca. Zwolnij, kiedy do nich podjeżdżasz, gdyż mogli cię oni nie usłyszeć)

1.22. Twój pojazd jest wyposażony w podręczny telefon ze słuchawką. By użyć telefonu, powinieneś
1 odp.
A. zmniejszyć prędkość
B. znaleźć bezpieczne miejsce, by się zatrzymać
C. kierować pojazdem jedną ręką
D. być szczególnie uważnym na skrzyżowaniach

Odpowiedź B (musisz utrzymywać właściwą kontrolę nad pojazdem. Używanie telefonu komórkowego podczas jazdy jest niebezpieczne)

1.23. By odebrać telefon komórkowy podczas podróży, powinieneś
1 odp.
A. zmniejszyć prędkość, gdziekolwiek jesteś
B. zatrzymać się w odpowiednim i dogodnym miejscu
C. ograniczyć czas rozmowy do minimum

ALERTNESS - PRZEZORNOŚĆ

D. zwolnić i pozwolić innym wyprzedzić twój pojazd

Odpowiedź B (nawet rozmowa przez telefon przy pomocy zestawu głośnomówiącego może odwrócić twoją uwagę od drogi. Jeśli potrzebujesz wykonać lub odebrać telefon, zaparkuj najpierw w bezpiecznym miejscu)

1.24. Zgubiłeś się na ruchliwej drodze. Jakie działanie powinieneś podjąć?
1 odp.
A. zatrzymać się na światłach i zapytać pieszych o drogę
B. krzyknąć do innych kierowców i zapytać ich o drogę
C. skręcić w drogę podrzędną, zatrzymać się i sprawdzić mapę
D. sprawdzić mapę podczas jazdy

Odpowiedź C (bezpieczniej jest zatrzymać się tam, gdzie nie będziesz stwarzał niebezpieczeństwa dla innych użytkowników drogi)

1.25. Filary przedniej szyby mogą zasłaniać twoją widoczność. Powinieneś uważać szczególnie podczas
1 odp.
A. jazdy po autostradzie
B. jazdy dwupasmówką
C. wjazdu w ulicę jednokierunkową
D. wjazdu w zakręty i na skrzyżowania

Odpowiedź D (filary przedniej szyby będą bardziej zasłaniać twoją widoczność, kiedy wjeżdżasz w zakręty i na skrzyżowania)

1.26. Nie widzisz dobrze podczas cofania. Co powinieneś zrobić?
1 odp.
A. otworzyć okno, by patrzeć przez nie do tyłu
B. otworzyć drzwi, by patrzeć do tyłu
C. patrzeć w lusterko od strony pasażera
D. poprosić kogoś, by cię pokierował

Odpowiedź D (nie próbuj cofać, jeśli nie widzisz, co jest za tobą. Jeśli to konieczne, niech ktoś cię naprowadzi)

1.27. Co oznacza termin „blind spot" („ślepy punkt") dla kierowcy?
1 odp.
A. strefę objętą przez twoje prawe lusterko
B. strefę nie objętą przez twoje światła
C. strefę objętą przez twoje lewe lusterko
D. strefę nie objętą przez twoje lusterka

Odpowiedź D (twoje lusterka nie dadzą ci widoczności dookoła samochodu. Zawsze miej na uwadze ślepe punkty twojego pojazdu i obserwuj wtedy, kiedy to konieczne)

1.28. Twój samochód jest wyposażony w zestaw głośnomówiący handsfree. Używanie go podczas jazdy
1 odp.
A. jest w miarę bezpieczne pod warunkiem, że zwolnisz
B. może odwrócić twoją uwagę na drodze
C. jest rekomendowane przez Kodeks Drogowy The Highway Code
D. pomoże zachować bezpieczeństwo na drodze

Odpowiedź B (skup się na jeździe samochodem i miej odpowiednią nad nim kontrolę)

1.29. Używanie telefonu handsfree może
1 odp.
A. poprawić bezpieczeństwo
B. poprawić koncentrację
C. zmniejszyć widoczność
D. odwrócić uwagę

Odpowiedź D (skup się na jeździe samochodem i miej odpowiednią nad nim kontrolę)

ALERTNESS - PRZEZORNOŚĆ

1.30. Jaki jest najbardziej bezpieczny sposób używania telefonu komórkowego w samochodzie?
1 odp.
A. używanie zestawu głośnomówiącego handsfree
B. znalezienie odpowiedniego miejsca, by się zatrzymać
C. podczas powolnej jazdy po cichej drodze
D. przekierowanie rozmowy przez operatora

Odpowiedź B (skup się na jeździe samochodem i miej odpowiednią nad nim kontrolę. Bezpieczniej jest się zatrzymać, by wykonać lub odebrać połączenie telefoniczne)

1.31. Twój telefon komórkowy dzwoni, kiedy jesteś na autostradzie. Przed odebraniem go powinieneś
1 odp.
A. zmniejszyć swoją prędkość do 30mph
B. zjechać na pobocze
C. zjechać na lewy pas
D. zatrzymać się w bezpiecznym miejscu

Odpowiedź D (skup się na jeździe samochodem i miej odpowiednią nad nim kontrolę. Bezpieczniej jest się zatrzymać, by wykonać lub odebrać połączenie telefoniczne)

1.32. Skręcasz w prawo na dwupasmówkę. Co powinieneś zrobić przed wyjechaniem na drogę?
1 odp.
A. zatrzymać się, zaciągnąć hamulec ręczny, po czym wrzucić niski bieg
B. umiejscowić swój pojazd po lewej stronie drogi podporządkowanej
C. sprawdzić czy central reservation (pas pomiędzy przeciwnymi kierunkami ruchu) jest wystarczająco szeroki na twój pojazd
D. upewnić się, że zostawiłeś wystarczająco dużo miejsca pojazdom z tyłu

Odpowiedź C (jeśli nie możesz przyłączyć się do dwupasmówki za pomocą jednego manewru, nie jedź, chyba że pas środkowy między kierunkami jest wystarczająco szeroki, by w nim zaczekać)

1.33. Czekasz, by wyłonić się na skrzyżowaniu. Filar przedniej szyby zasłania ci widoczność. Na co powinieneś szczególnie uważać?
1 odp.
A. ciężarówki
B. autobusy
C. motocyklistów
D. autokary

Odpowiedź C (filar przedniej szyby może utrudnić ci dostrzeżenie rowerzystów i motocyklistów)

1.34. Co najbardziej może zasłaniać twoją widoczność podczas wyłaniania się na skrzyżowaniach?
1 odp.
A. filary przedniej szyby
B. kierownica
C. wewnętrzne lusterko
D. przednie wycieraczki

Odpowiedź A (filar przedniej szyby może utrudnić ci dostrzeżenie rowerzystów i motocyklistów)

1.35. Twój pojazd jest wyposażony w system nawigacyjny. W jaki sposób powinieneś go obsługiwać, by nie przeszkadzał ci on podczas jazdy?
1 odp.
A. jechać i jednocześnie wpisywać miejsce docelowe do systemu
B. jechać, ponieważ system dostosuje się do trasy
C. zatrzymać się natychmiast, by użyć systemu

ALERTNESS - PRZEZORNOŚĆ

D. zatrzymać się w bezpiecznym miejscu przed użyciem systemu

Odpowiedź D (nie próbuj wpisywać szczegółów trasy podczas jazdy)

1.36. Jedziesz autostradą i chcesz użyć telefonu komórkowego. Co powinieneś zrobić?
1 odp.
A. spróbować znaleźć bezpieczne miejsce na poboczu
B. zjechać z autostrady i zatrzymać się w bezpiecznym miejscu
C. zjechać następnym zjazdem i zatrzymać się na drodze zjazdowej
D. zjechać na lewy pas i zmniejszyć prędkość

Odpowiedź B (nawet rozmowa przez telefon przy pomocy zestawu głośnomówiącego może odwrócić twoją uwagę od drogi. Jeśli potrzebujesz wykonać lub odebrać telefon, zaparkuj najpierw w bezpiecznym miejscu)

1.37. Nie możesz używać telefonu komórkowego podczas prowadzenia pojazdu. Używanie zestawu głośnomówiącego handsfree podczas jazdy
1 odp.
A. jest akceptowane w pojazdach ze wspomaganiem kierownicy
B. zmniejszy twoje pole widzenia
C. będzie miało wpływ na system elektroniczny twojego pojazdu
D. mogłoby odwrócić twoją uwagę na drodze

Odpowiedź D (nawet rozmowa przez telefon przy pomocy zestawu głośnomówiącego może odwrócić twoją uwagę od drogi. Jeśli potrzebujesz wykonać lub odebrać telefon, zaparkuj najpierw w bezpiecznym miejscu)

ATTITUDE - POSTAWA

2.1. Na przejściu pelican migające pomarańczowe światło oznacza, że MUSISZ
1 odp.
A. zatrzymać się i poczekać na zielone światło
B. zatrzymać się i czekać na czerwone światło
C. ustąpić pierwszeństwa pieszym czekającym, by przejść
D. ustąpić pierwszeństwa pieszym, którzy przechodzą

Odpowiedź D (migające pomarańczowe oznacza to samo co przejście zebra)

2.2. Nigdy nie powinieneś machać do ludzi na przejściach dla pieszych, ponieważ
1 odp.
A. może nadjeżdżać inny pojazd
B. mogą oni nie patrzeć
C. jest bezpieczniej, byś kontynuował jazdę
D. mogą oni nie być gotowi, by przejść

Odpowiedź A (za tobą mogą być inne pojazdy, chcące cię wyprzedzić)

2.3. „Tailgating" (gonienie ogona) oznacza
1 odp.
A. używanie tylnich drzwi samochodu
B. cofanie w miejsce parkingowe
C. jazdę zbyt blisko za innym pojazdem
D. jazdę z włączonymi tylnimi światłami przeciwmgielnymi

Odpowiedź C (zawsze pozostaw bezpieczną odległość między swoim pojazdem, a pojazdem z przodu)

2.4. Jazda za tym pojazdem zbyt blisko jest niemądra, ponieważ

1 odp.
A. twoje hamulce się przegrzeją
B. twoja widoczność z przodu będzie zwiększona
C. twój silnik się przegrzeje
D. twoja widoczność z przodu będzie ograniczona

Odpowiedź D (nie ograniczaj swojej widoczności na drogę przed tobą. Pamiętaj, że kierowca może cię nie widzieć, jeśli jedziesz za nim zbyt blisko)

2.5. Jedziesz za pojazdem po mokrej drodze. Powinieneś zachować od niego odstęp co najmniej
1 odp.
A. jednej sekundy
B. dwóch sekund
C. trzech sekund
D. czterech sekund

Odpowiedź D (pozostaw podwójną odległość w stosunku do tej w dobrych warunkach)

2.6. Długa, ciężko załadowana ciężarówka długo cię wyprzedza. Co powinieneś zrobić?
1 odp.
A. przyspieszyć
B. zwolnić
C. utrzymywać swoją prędkość
D. zmienić kierunek jazdy

Odpowiedź B (myśl z wyprzedzeniem – im szybciej pojazd jest z powrotem na swoim pasie, tym bezpieczniej dla ciebie i innych użytkowników drogi)

2.7. Które z poniższych pojazdów użyją migających niebieskich świateł?
3 odp.
A. obsługa autostrady

ATTITUDE - POSTAWA

B. bomb disposal (pojazd saperski)
C. pojazd transfuzji krwi
D. patrol policyjny
E. breakdown recovery (pojazd napraw awaryjnych na drodze)

Odpowiedzi BCD (niebieskie światła są zarezerwowane dla serwisów nagłych wypadków)

2.8. Które trzy z poniższych pojazdów serwisów nagłych wypadków mogą mieć niebieskie migające światła?
3 odp.
A. straż przybrzeżna
B. bomb disposal (pojazd saperski)
C. gritting lorries (ciężarówki rozsypujące żwir)
D. ambulansy zwierzęce
E. górskie pojazdy ratownicze
F. samochody lekarzy

Odpowiedzi ABE (niebieskie światła są zarezerwowane dla serwisów nagłych wypadków)

2.9. Kiedy jedzie za tobą ambulans z migającym niebieskim światłem, powinieneś
1 odp.
A. zjechać z drogi najszybciej, jak to bezpiecznie możliwe, by pozwolić mu przejechać
B. przyspieszyć, by oddalić się od niego
C. utrzymywać swoją prędkość i tor jazdy
D. gwałtownie zahamować i natychmiast zatrzymać się na drodze

Odpowiedź A (kiedy ustępujesz pierwszeństwa serwisom nagłych wypadków, pomyśl o dostępnym miejscu na drodze i innych pojazdach poruszających się blisko ciebie)

2.10. Jaki rodzaj pojazdu nagłych wypadków jest wyposażony w zielone migające światło?
1 odp
A. wóz strażacki
B. road gritter (pojazd rozsypujący żwir)
C. ambulans
D. samochód lekarza

Odpowiedź D (lekarz podczas pilnego wezwania może pokazywać zielone migające światło)

2.11. Migające zielone światło na pojeździe oznacza
1 odp.
A. policję podczas mniej pilnych zadań
B. lekarza podczas pilnego wezwania
C. patrol bezpieczeństwa dróg
D. gritting in progress (pojazd w trakcie rozsypywania żwiru)

Odpowiedź B (lekarz podczas pilnego wezwania może pokazywać zielone migające światło)

2.12. Znaki w kształcie rombu dają instrukcje dla

1 odp.
A. kierowców tramwajów
B. kierowców autobusów
C. kierowców ciężarówek
D. kierowców taksówek

Odpowiedź A (powinieneś znać znaczenie wszystkich znaków, nawet jeśli nie odnoszą się one do ciebie. Możesz dzięki temu przewidzieć działanie kierowców, do których odnoszą się znaki)

2.13. Które z poniższych pojazdów będą najbardziej narażone na niebezpieczeństwo z powodu szyn kolejowych, na drogach, gdzie jeżdżą tramwaje?
1 odp.
A. samochody
B. rowery
C. autobusy

ATTITUDE - POSTAWA

D. ciężarówki

Odpowiedź B (wąskie koła mogą wkręcić się miedzy szyny)

2.14. W jakim celu powinieneś używać klaksonu?
1 odp.
A. by ostrzec innych o swojej obecności
B. by zapewnić sobie pierwszeństwo przejazdu
C. by pozdrowić innych użytkowników drogi
D. by zasygnalizować swoje zdenerwowanie

Odpowiedź A (klakson jest używany w tym samym celu, co migające światła)

2.15. Jesteś na drodze jednokierunkowej i chcesz skręcić w prawo. Powinieneś ustawić się
1 odp.
A. na prawym pasie
B. na lewym pasie
C. na którymkolwiek pasie, w zależności od natężenia ruchu
D. trochę na lewo od środkowej linii

Odpowiedź A (ustaw się w odpowiedniej pozycji tak wcześnie, jak możesz to bezpiecznie zrobić)

2.16. Chcesz skręcić w prawo. Dlaczego powinieneś ustawić się na prawym pasie odpowiednio wcześniej?
1 odp.
A. by umożliwić innym kierowcom wjechanie przed ciebie
B. by polepszyć sobie widoczność na drogę, do której się przyłączasz
C. by uzmysłowić innym użytkownikom drogi, co zamierzasz zrobić
D. by pozwolić kierowcom wyminąć cię z prawej strony

Odpowiedź C (umiejscowienie się w odpowiednim momencie pozwoli innym przewidzieć, co zamierzasz zrobić)

2.17. Na którym rodzaju przejścia rowerzyści mogą przekraczać je razem z pieszymi?
1 odp
A. toucan
B. puffin
C. pelican
D. zebra

Odpowiedź A (obydwoje mogą przechodzić!)

2.18. Jedziesz z dozwoloną prędkością. Nagle za tobą pojawia się pojazd, migający światłami. Powinieneś
1 odp.
A. przyspieszyć, by zwiększyć odstęp za tobą
B. nacisnąć delikatnie na hamulec, by mignąć światłem stopu
C. utrzymywać swoją prędkość, by zapobiec wyprzedzeniu cię przez pojazd
D. pozwolić pojazdowi wyprzedzić cię

Odpowiedź D (pozwól pojazdowi przejechać. Nie jest twoim obowiązkiem narzucać limit prędkości)

2.19. Powinieneś migać światłami do innych użytkowników drogi TYLKO
1 odp.
A. by pokazać, że ustępujesz im pierwszeństwa
B. by pokazać, że zamierzasz skręcić
C. by oznajmić im, że masz pierwszeństwo
D. by oznajmić im, że tam jesteś

Odpowiedź D (migające światła mają ten sam cel, co użycie klaksonu – ostrzeganie o twojej obecności)

ATTITUDE - POSTAWA

2.20. **Dojeżdżasz do nieoznakowanego skrzyżowania. Jak powinieneś się zachować?**
1 odp.
A. przyspieszyć i trzymać się blisko środka jezdni
B. zwolnić i trzymać się prawej strony
C. przyspieszyć, patrząc na lewo
D. zwolnić i spojrzeć w obie strony

Odpowiedź D (nikt nie ma pierwszeństwa na nieoznakowanych skrzyżowaniach. Zwolnij i bądź przygotowany do zatrzymania się, gdy to konieczne)

2.21. **Zbliżasz się do przejścia pelican. Pomarańczowe światło miga. Musisz**
1 odp.
A. ustąpić pierwszeństwa pieszym, którzy przechodzą
B. zachęcić pieszych do przechodzenia
C. nie ruszać z miejsca, dopóki nie pojawi się zielone światło
D. zatrzymać się nawet, jeśli nikt nie przechodzi

Odpowiedź A (migające pomarańczowe światło oznacza to samo, co przejście zebra)

2.22. **Warunki są dobre i suche. Możesz użyć zasady dwóch sekund**
1 odp.
A. przed ponownym zapaleniem silnika po tym, jak zgasł
B. by utrzymać bezpieczny dystans od pojazdu z przodu
C. przed użyciem rutyny „lusterko – sygnał – manewr"
D. podczas wyjeżdżania na mokre drogi

Odpowiedź B (w suchych warunkach drogowych dwusekundowy odstęp powinien dać ci czas, by zareagować i zatrzymać się bezpiecznie, jeśli przed tobą na drodze pojawi się problem)

2.23. **Jaki kolor następuje po zielonym na przejściu puffin?**
1 odp.
A. ciągły czerwony
B. migający pomarańczowy
C. ciągły pomarańczowy
D. migający zielony

Odpowiedź C (naucz się kolejności świateł!)

2.24. **Jesteś w linii ruchu. Kierowca za tobą jedzie zbyt blisko ciebiw. Co powinieneś zrobić?**
1 odp.
A. zignorować kierowcę i jechać z dozwoloną prędkością
B. zwolnić, zwiększając odstęp między tobą a pojazdem z przodu
C. zasygnalizować lewym kierunkowskazem i zamachać do kierowcy, by przejechał
D. przemieścić się na lewo od środkowej linii

Odpowiedź B (zwiększenie odstępu z przodu da tobie i pojazdowi za tobą więcej czasu, by zwolnić i/lub zatrzymać się w razie niebezpieczeństwa przed tobą)

2.25. **Pojazd ma migające zielone światło. Co to oznacza?**
1 odp.
A. lekarz odbiera pilny telefon
B. wolno poruszający się pojazd
C. patrol policyjny na autostradzie
D. pojazd przewozi niebezpieczne materiały

Odpowiedź A (lekarze na pilnym wezwaniu mogą pokazywać migające zielone światło. Bądź przygotowany na ustąpienie pierwszeństwa)

2.26. **Autobus zatrzymał się na przystanku przed tobą. Prawy kierunkowskaz mu miga. Powinieneś**

ATTITUDE - POSTAWA

1 odp.
A. mignąć światłami i zwolnić
B. zwolnić i ustąpić pierwszeństwa, jeśli jest to bezpieczne
C. użyć klaksonu i kontynuować jazdę
D. zwolnić, po czym użyć klaksonu

Odpowiedź B (spodziewaj się, że kierowca chce ruszyć. Ustąp pierwszeństwa, jeśli to bezpiecznie możesz zrobić)

2.27. Jedziesz w nocy podczas dobrej pogody. Z naprzeciwka jedzie sznur samochodów. Ma zastosowanie narodowy limit prędkości. Których świateł powinieneś użyć?
1 odp.
A. długich (drogowych)
B. pozycyjnych
C. krótkich (mijania)
D. przeciwmgielnych

Odpowiedź C (użyj świateł krótkich, by być widzianym, bez oślepiania kierowców z naprzeciwka)

2.28. Jedziesz za dużym pojazdem. Sygnalizuje on skręt w lewo, ale zbliża się do prawej strony. Powinieneś
1 odp.
A. zwolnić i pozwolić pojazdowi skręcić
B. jechać, trzymając się lewej strony
C. wyprzedzić go z prawej strony
D. utrzymywać swoją prędkość i użyć klaksonu

Odpowiedź A (duże pojazdy potrzebują więcej miejsca, by skręcić i mogą zawadzać na drodze. Bądź cierpliwy i jeśli to konieczne, zatrzymaj się i zaczekaj)

2.29. Jedziesz tą drogą. Czerwony van wcina się przed ciebie. Co powinieneś zrobić?

1 odp.
A. przyspieszyć, by zbliżyć się do vana
B. użyć klaksonu
C. zwolnić, by utrzymać prawidłową odległość od vana
D. mignąć światłami parę razy

Odpowiedź C (nikt nie jest perfekcyjny. Pozostań spokojny)

2.30. Czekasz w korku w nocy. By uniknąć oślepienia kierowców za tobą powinieneś
1 odp.
A. zaciągnąć tylko hamulec ręczny
B. nacisnąć tylko na hamulec nożny
C. wyłączyć światła
D. użyć zarówno hamulca ręcznego jak i nożnego

Odpowiedź A (zawsze zwracaj uwagę na innych)

2.31. Jedziesz zgodnie z limitem prędkości na drodze. Kierowca z tyłu próbuje cię wyprzedzać. Powinieneś
1 odp.
A. przybliżyć się do samochodu z przodu, aby kierowca z tyłu nie miał miejsca na wyprzedzenie
B. zamachać do kierowcy z tyłu, kiedy wyprzedzanie jest bezpieczne
C. utrzymywać stałą prędkość i pozwolić kierowcy z tyłu wyprzedzić
D. przyspieszyć, by oddalić się od kierowcy z tyłu

ATTITUDE - POSTAWA

Odpowiedź C (nie staraj się blokować innego kierowcy. Zachowaj bezpieczeństwo, pozwalając pojazdowi cię wyprzedzić)

2.32. Pas dla autobusów po twojej lewej stronie nie pokazuje godzin operacji. To oznacza, że

1 odp.
A. nie jest on w ogóle w użyciu
B. jest w użyciu tylko w godzinach szczytu
C. jest w użyciu 24 godziny na dobę
D. jest w użyciu podczas godzin dziennych

Odpowiedź C (nie możesz jechać ani parkować na pasie dla autobusów podczas jego godzin operacji. Jeśli nie ma pokazanego czasu operacji, pas dla autobusów jest w użyciu 24 godziny na dobę)

2.33. Jedziesz wzdłuż wiejskiej drogi. Nadjeżdża jeździec na koniu. Co powinieneś zrobić?

2 odp.
A. zwiększyć prędkość
B. użyć klaksonu
C. mignąć światłami
D. przejechać powoli
E. pozostawić dużo miejsca
F. zwiększyć obroty silnika

Odpowiedzi DE (zwierzęta mogą się wystraszyć nadjeżdżającego ruchu i hałasu silnika. Przejedź powoli i pozostaw jeźdźcy dużo miejsca)

2.34. Osoba pędząca owce prosi cię, byś się zatrzymał. Powinieneś

1 odp.
A. zignorować ją, ponieważ nie ma ona uprawnień do zatrzymywania pojazdów
B. zatrzymać się i wyłączyć silnik
C. kontynuować jazdę, ale jechać powoli
D. spróbować szybko przejechać

Odpowiedź B (zwierzęta mogą się wystraszyć nadjeżdżającego ruchu i hałasu silnika. Jeśli zostaniesz poproszony o zatrzymanie, zrób to, wyłącz swój silnik i poczekaj, dopóki niebezpieczeństwo nie minie)

2.35. Podczas wyprzedzania jeźdźca konnego powinieneś

1 odp.
A. ostrzec go za pomocą klaksonu
B. przejechać tak szybko, jak to możliwe
C. ostrzec go migając światłami
D. przejechać powoli i ostrożnie

Odpowiedź D (zwierzęta mogą się wystraszyć nadjeżdżającego ruchu i hałasu silnika. Przejedź powoli i pozostaw jeźdźcy dużo miejsca)

2.36. Dojeżdżasz do przejścia dla pieszych zebra. Piesi czekają, by przejść. Powinieneś

1 odp.
A. przepuścić tylko starsze osoby
B. zwolnić i być przygotowanym na zatrzymanie się
C. użyć swoich świateł, by dać im znać, że mogą przechodzić
D. pomachać im, by przechodzili

Odpowiedź B (ustąp pierwszeństwa pieszym czekającym, by przejść. Sygnalizowanie pieszym, by przechodzili może być niebezpieczne – mogliby wejść na jezdnię, nie sprawdzając czy jadą inne pojazdy)

2.37. Pojazd wjeżdża przed ciebie na skrzyżowaniu. Co powinieneś zrobić?

1 odp.
A. ominąć go i użyć klaksonu
B. mignąć światłami i podjechać blisko niego
C. zwolnić i być przygotowanym do zatrzymania się
D. przyspieszyć i natychmiast go wyminąć

Odpowiedź C (nikt nie jest doskonały! Pozostań spokojny)

ATTITUDE - POSTAWA

2.38. **Zatrzymujesz się na przejściu zebra, by piesi mogli przejść. Oni nie przechodzą. Co powinieneś zrobić?**
1 odp.
A. być cierpliwym i czekać
B. użyć klaksonu
C. jechać
D. zamachać im, by przechodzili

Odpowiedź A (ustąp pierwszeństwa pieszym czekającym, by przejść. Sygnalizowanie pieszym, by przechodzili może być niebezpieczne – mogliby wejść na jezdnię, nie sprawdzając czy jadą inne pojazdy)

2.39. **Jedziesz za tą ciężarówką. Powinieneś trzymać się z tyłu, by**

1 odp.
A. mieć dobrą widoczność na drogę przed tobą
B. powstrzymać ruch za tobą, by nie spieszył się na skrzyżowaniu
C. zapobiec wyprzedzaniu cię przez ruch, który jest za tobą
D. pozwolić sobie na przyspieszenie na światłach, jeśli się zmienią

Odpowiedź A (nie ograniczaj swojej widoczności na drogę przed tobą. Pamiętaj, że kierowca może cię nie widzieć, jeśli jedziesz za nim zbyt blisko)

2.40. **Zbliżasz się do czerwonego światła na przejściu puffin. Piesi są na przejściu. Czerwone światło pozostanie zapalone, aż do momentu**
1 odp.
A. kiedy zaczniesz powoli się jechać do przodu

B. kiedy piesi dojdą do bezpiecznego miejsca
C. kiedy piesi znikną sprzed twojego samochodu
D. kiedy kierowca z naprzeciwka dojedzie do przejścia

Odpowiedź B (czujniki opóźnią zmianę świateł, kiedy wyczują ruch na przejściu)

2.41. **Które światełko pojawi się na twojej desce rozdzielczej, kiedy włączysz światła drogowe (długie)?**
1 odp.

A.   B.

C.   D.

Odpowiedź A (kontrolki na tablicy rozdzielczej są po to, byś był świadomy stanu pojazdu. Naucz się znaczenia symboli)

2.42. **Które światło nie pojawi się dla kierowcy na przejściu puffin?**
1 odp.
A. migające pomarańczowe
B. czerwone
C. ciągłe pomarańczowe
D. zielone

Odpowiedź A (przejścia puffin nie mają migającego pomarańczowego światła)

2.43. **Powinieneś pozostawić odstęp dwóch sekund między twoim pojazdem a pojazdem z przodu, kiedy warunki są**

1 odp.
A. mokre
B. dobre
C. wilgotne

ATTITUDE - POSTAWA

D. mgliste

Odpowiedź B (w suchych warunkach dwusekundowy odstęp powinien dać ci wystarczający czas, byś zareagował i zatrzymał się bezpiecznie, jeśli jest jakiś problem przed tobą)

2.44. **Jedziesz nieoświetloną drogą za innym pojazdem. Powinieneś**
1 odp.
A. mignąć światłami
B. używać świateł krótkich (mijania)
C. wyłączyć światła
D. używać świateł długich (drogowych)

Odpowiedź B (używaj świateł mijania, by kierowca przed tobą nie został oślepiony przez odbicia twoich świateł w swoich lusterkach)

2.45. **Jedziesz powolnym pojazdem po wąskiej krętej drodze. Powinieneś**
1 odp.
A. trzymać się z tyłu, by uniemożliwić pojazdom wyprzedzanie
B. zamachać do pojazdów za tobą, jeśli sądzisz, że mogą cię oni szybko wyprzedzić
C. zjechać bezpiecznie, kiedy możesz, by pozwolić pojazdom cię wyprzedzić
D. włączyć lewy kierunkowskaz, kiedy jest bezpiecznie, by pojazdy cię wyprzedziły

Odpowiedź C (licz się z innymi. Jechanie za innymi może być frustrujące i wielu z kierowców może próbować wyprzedzać, kiedy nie jest to bezpieczne)

2.46. **Masz poluzowaną zakrętkę na baku z paliwem diesel. To**
2 odp.
A. zmarnuje paliwo i pieniądze
B. spowoduje, że droga będzie śliska dla innych użytkowników drogi
C. zwiększy zużycie paliwa

D. zwiększy poziom emisji wydechowych (spalin)

Odpowiedź AB (zawsze upewnij się, że nakrętka paliwa jest odpowiednio zakręcona. Rozlanie paliwa kosztuje i mogłoby spowodować wypadek!)

2.47. **By uniknąć rozlania paliwa po zatankowaniu, powinieneś upewnić się, że**
1 odp.
A. twój bak jest pełny tylko do ¾
B. użyłeś zakrętki zamykanej na zamek
C. sprawdzisz, czy wskaźnik paliwa działa
D. zakrętka od baku jest dobrze zakręcona

Odpowiedź D (zawsze upewnij się, że nakrętka paliwa jest odpowiednio zakręcona. Rozlanie paliwa kosztuje i mogłoby spowodować wypadek!)

2.48. **Jeśli twój pojazd używa paliwa diesel, musisz być szczególnie ostrożny podczas tankowania. Paliwo diesel, kiedy rozlane jest**
1 odp.
A. klejące
B. bez zapachu
C. przezroczyste
D. śliskie

Odpowiedź D (zawsze upewnij się, że nakrętka paliwa jest odpowiednio zakręcona. Rozlanie paliwa kosztuje i mogłoby spowodować wypadek!)

2.49. **Jaki sposób prowadzenia pojazdu powoduje zwiększone ryzyko dla wszystkich?**
1 odp.
A. rozważny
B. niepewny
C. wyczynowy
D. odpowiedzialny

Odpowiedź C (nigdy nie jedź w duchu współzawodnictwa lub, by pokazać się przed pasażerami czy innymi użytkownikami drogi)

ATTITUDE - POSTAWA

2. 50. **Młodzi, niedoświadczeni, nowowykwalifikowani kierowcy mogą być często uwikłani w wypadki. Wynika to z**
1 odp.
A. bycia zbyt ostrożnym na skrzyżowaniach
B. jazdy pośrodku swojego pasa
C. popisywania się i współzawodnictwa z innymi
D. pozostawania w limicie dozwolonej prędkości

Odpowiedź C (nowo wykwalifikowani a zwłaszcza młodzi kierowcy są najbardziej narażeni w ciągu pierwszego roku po zdaniu egzaminu)

SAFETY & YOUR VEHICLE - BEZPIECZEŃSTWO A TWÓJ POJAZD

3.1. **Na które DWA będą mieć wpływ niedopompowane opony?**
2 odp.
A. hamowanie
B. sterowanie (kierowanie) pojazdem
C. zmianę biegów
D. parkowanie

Odpowiedzi AB (nieprawidłowo napompowane opony mogą mieć wpływ na obsługę pojazdu)

3.2. **NIE możesz używać klaksonu**
1 odp.
A. pomiędzy 10 wieczorem a 6 rano w obszarze zabudowanym
B. o jakiejkolwiek porze w obszarze zabudowanym
C. pomiędzy 11.30 w nocy a 7 rano w obszarze zabudowanym
D. pomiędzy 11.30 w nocy a 6 rano na jakiejkolwiek drodze

Odpowiedź C (używanie klaksonu na terenie zabudowanym w nocy pomiędzy 11.30 a 7 rano jest wykroczeniem)

3.3. **Tramwaj jest przyjazny środowisku, ponieważ**
3 odp.
A. zmniejsza natężenie hałasu
B. używa paliwa diesel
C. używa elektryczności
D. używa paliwa bezołowiowego (unleaded)
E. redukuje miejsca do parkowania
F. pomaga zmniejszyć ruch w mieście

Odpowiedzi ACF (tramwaje do jazdy wykorzystują elektryczność, więc nie zanieczyszczają środowiska. Mogą one przewozić większą liczbę pasażerów i są bardziej ciche.)

3.4. **Systemy Supertrams lub Light Rapid Transit (LRT) (szybkich kolejek miejskich) są przyjazne środowisku, ponieważ**
1 odp.
A. używają paliwa diesel
B. jeżdżą cichymi drogami
C. używają napędu elektrycznego
D. nie są one w operacji podczas godzin szczytu

Odpowiedź C (używanie energii elektrycznej redukuje zanieczyszczenie powietrza w zatłoczonych strefach, poprzez eliminowanie emisji wydechowych)

3.5. **„Red routes" (czerwone trasy, w których obowiązuje zakaz zatrzymywania się) w głównych miastach zostały przedstawione, by**
1 odp.
A. zwiększyć limity prędkości
B. ułatwić przepływ ruchu
C. umożliwić wygodniejsze parkowanie
D. pozwolić ciężarówkom na lepszy załadunek

Odpowiedź B (zatory na drodze są najczęściej spowodowane przez zatłoczenie ruchu. Jazda powoli zwiększa zużycie paliwa i powoduje nagromadzenie emisji wydechowych)

3.6. **Garby na drodze, zwężenia drogi, wysepki zmuszające do jazdy zygzakiem (chicanes) są**
1 odp.
A. stosowane zawsze podczas głównych robót drogowych
B. używane, by zwiększyć szybkość ruchu
C. tylko przy wjazdach na płatne mosty
D. sposobami na spowolnienie ruchu

Odpowiedź D (te sposoby są przedstawiane na ulicach, gdzie jest szczególne niebezpieczeństwo dla pieszych ze strony kierowców jadących zbyt szybko, jak na panujące warunki pogodowe)

3.7. **Zadaniem katalizatora jest zmniejszenie**
1 odp.
A. zużycia paliwa
B. ryzyka pożaru
C. ilości toksycznych gazów wydechowych

SAFETY & YOUR VEHICLE - BEZPIECZEŃSTWO A TWÓJ POJAZD

D. zużycia silnika

Odpowiedź C (katalizator zmniejsza ilość toksycznych emisji pojazdu. Najlepsze działanie ma, kiedy silnik jest nagrzany, więc powinieneś unikać krótkich podróży, kiedy to możliwe. Katalizator robi się bardzo gorący i może być ryzykiem pożaru, jeśli zatrzymasz się lub zaparkujesz na długiej trawie)

3.8. Katalizatory są wbudowane, by
1 odp.
A. wzmocnić silnik
B. system wydechowy był łatwiejszy do wymiany
C. silnik cicho chodził
D. wyziewy wydechowe były mniej zanieczyszczone

Odpowiedź D (katalizator zmniejsza ilość toksycznych emisji pojazdu. Najlepsze działanie ma, kiedy silnik jest nagrzany, więc powinieneś unikać krótkich podróży, kiedy to możliwe. Katalizator robi się bardzo gorący i może być ryzykiem pożaru, jeśli zatrzymasz się lub zaparkujesz na długiej trawie)

3.9. Ważnym jest, by ciśnienie opon było sprawdzane regularnie. Kiedy powinno być to wykonywane?
1 odp.
A. po każdej podróży niezależnie od jej długości
B. po podróżowaniu z dużą szybkością
C. kiedy opony są gorące
D. kiedy opony są zimne

Odpowiedź D (opony nagrzewają się podczas jazdy, mając wpływ na ciśnienie. Rekomendowane ciśnienie powinno być ustalane, kiedy opony są zimne)

3.10. Kiedy NIE powinieneś używać klaksonu w obszarze zabudowanym?
1 odp.
A. pomiędzy 8 wieczorem a 8 rano
B. pomiędzy 9 wieczorem a świtem
C. pomiędzy zmierzchem a 8 rano
D. pomiędzy 11.30 w nocy a 7 rano

Odpowiedź D (jest wykroczeniem używać klaksonu pomiędzy 11.30 w nocy a 7 rano z wyjątkiem, kiedy inny pojazd stwarza niebezpieczeństwo dla ciebie)

3.11. Zużyjesz więcej benzyny, jeśli twoje opony są
1 odp.
A. niedopompowane
B. różnych firm
C. nadpompowane
D. nowe i prawie nieużywane

Odpowiedź A (im niższe ciśnienie opon, tym większy opór przeciwko toczeniu się one mają. Oznacza to, że silnik musi pracować ciężej, by obracać koła, marnując paliwo)

3.12. W jaki sposób powinieneś pozbyć się zużytego akumulatora?
2 odp.
A. zanieść go w odpowiednie miejsce władzy lokalnej
B. włożyć go do śmietnika
C. połamać go na części
D. zostawić go na miejscu nieużytków
E. zanieść go do warsztatu
F. spalić go

Odpowiedzi AE (pozbywaj się starych części do samochodu tylko w autoryzowanych centrach)

3.13. Co jest najbardziej prawdopodobną przyczyną zwiększonego zużycia paliwa?
1 odp.
A. słaba kontrola nad pojazdem
B. przyspieszanie na zakrętach
C. pozostawanie na wysokich biegach
D. gwałtowne hamowanie i przyspieszanie

Odpowiedź D (możesz oszczędzać paliwo i środowisko poprzez płynne użycie układu sterowania)

3.14. Poziom elektrolitu w twoim akumulatorze jest niski. Czym powinieneś go dopełnić?

SAFETY & YOUR VEHICLE - BEZPIECZEŃSTWO A TWÓJ POJAZD

1 odp.
A. kwasem
B. wodą destylowaną
C. olejem silnikowym
D. płynem chłodzącym

Odpowiedź B (by dopełnić akumulator, używaj tylko wody destylowanej)

3.15. Zaparkowałeś na drodze w nocy. Kiedy musisz użyć świateł pozycyjnych?
1 odp.
A. kiedy na środku drogi są namalowane białe linie ciągłe
B. kiedy limit prędkości jest większy niż 30mph
C. kiedy stoisz przodem do nadjeżdżającego ruchu
D. kiedy jesteś blisko przystanku autobusowego

Odpowiedź B (jeśli nie ma specjalnego miejsca przeznaczonego do parkowania, nie możesz parkować na drodze w nocy bez świateł, chyba że limit prędkości wynosi 30mph lub mniej)

3.16. Pojazdy motorowe mogą zanieczyszczać środowisko. Ma to skutek w
3 odp.
A. zanieczyszczeniu powietrza
B. uszkodzeniach budynków
C. mniejszym ryzyku zachorowań
D. ulepszonym transporcie publicznym
E. mniejszym użyciu pojazdów elektrycznych
F. zużyciu naturalnych zasobów

Odpowiedzi ABF (emisje wydechowe są szkodliwe dla zdrowia. Razem z wibracjami wzmożonego ruchu mogą powodować uszkodzenia budynków. Większość paliwa pochodzi z nieodnawialnych źródeł)

3.17. Które TRZY z poniższych mogą spowodować nadmierne lub nierówne zużycie opony?
3 odp.
A. skrzynia biegów
B. system hamulcowy
C. gaz
D. system wydechowy
E. ustawienie koła
F. zawieszenie

Odpowiedzi BEF (regularne sprawdzanie opon może poinformować cię o bardziej poważnych problemach, które może mieć twój pojazd)

3.18. Potrzebujesz dopełnić akumulator elektrolitem. Do jakiego poziomu powinieneś to zrobić?
1 odp.
A. do końca akumulatora
B. do połowy akumulatora
C. tuż poniżej płytek
D. tuż powyżej płytek

Odpowiedź D (nie przelej akumulatora)

3.19. Parkujesz na dwukierunkowej drodze w nocy. Limit prędkości jest 40mph. Powinieneś zaparkować
1 odp.
A. po lewej stronie z włączonymi światłami postojowymi
B. po lewej stronie bez świateł
C. po prawej stronie z włączonymi światłami postojowymi
D. po prawej stronie z włączonymi światłami mijania

Odpowiedź A (zawsze parkuj w kierunku nadjeżdżającego ruchu. Używaj świateł postojowych, chyba że parkujesz w specjalnym miejscu parkingowym lub limit prędkości wynosi 30mph lub mniej)

3.20. Przed rozpoczęciem podróży, mądrym posunięciem jest zaplanowanie trasy. W jaki sposób możesz to zrobić?
1 odp.
A. patrząc na mapę
B. kontaktując się z lokalnym warsztatem
C. patrząc do podręcznika pojazdu
D. sprawdzając dokument rejestracyjny pojazdu

SAFETY & YOUR VEHICLE - BEZPIECZEŃSTWO A TWÓJ POJAZD

Odpowiedź A (dobrym pomysłem jest zaplanowanie podróży z wyprzedzeniem i znajomość miejsc, w których możesz się zatrzymać by odpocząć. Zanotuj swoją trasę dla odniesienia)

3.21. Może być pomocne zaplanowanie swojej trasy przed rozpoczęciem podróży. Możesz to zrobić przez kontakt z
1 odp.
A. twoją lokalną stacją benzynową
B. organizacją motorową
C. the Driver Vehicle Licensing Agency (DVLA)
D. producentem twojego pojazdu

Odpowiedź B (możesz to zrobić przez internet! Organizacje motorowe również mogą ci doradzić odnośnie opóźnień w ruchu lub wypadkach na twojej trasie)

3.22. W jaki sposób możesz zaplanować swoją trasę przed rozpoczęciem długiej podróży?
1 odp.
A. sprawdzając podręcznik swojego pojazdu
B. pytając w lokalnym warsztacie
C. używając planowacza podróży na internecie
D. konsultując się ze swoim biurem podróży

Odpowiedź C (możesz to zrobić przez internet! Organizacje motorowe również mogą ci doradzić odnośnie opóźnień w ruchu lub wypadkach na twojej trasie)

3.23. Zaplanowanie swojej podróży z wyprzedzeniem może być pomocne. W jaki sposób możesz to zrobić?
1 odp.
A. przeglądając magazyn motorowy
B. odwiedzając jedynie miejsca, które znasz
C. próbując jechać podczas godzin szczytu
D. drukując lub spisując trasę

Odpowiedź D (możesz to zrobić przez internet! Organizacje motorowe również mogą ci doradzić odnośnie opóźnień w ruchu lub wypadkach na twojej trasie)

3.24. Dlaczego jest dobrym pomysłem zaplanowanie podróży, by unikać godzin szczytu?
1 odp.
A. będziesz miał łatwiejszą podróż
B. będziesz miał bardziej stresującą podróż
C. twoja podróż będzie dłuższa
D. spowoduje to większe zatłoczenie ruchu

Odpowiedź A (unikaj godzin szczytu na podróżowanie. Będziesz miał mniej stresującą podróż, zajmie ci ona mniej czasu i zmniejszy zatłoczenie)

3.25. Zaplanowanie podróży z uniknięciem godzin szczytu ma dużo zalet. Jedną z nich jest to, że
1 odp.
A. twoja podróż będzie dłuższa
B. będziesz miał bardziej przyjemną podróż
C. zwiększysz zanieczyszczenie środowiska
D. twój poziom stresu będzie wyższy

Odpowiedź B (unikaj godzin szczytu na podróżowanie. Będziesz miał mniej stresującą podróż, zajmie ci ona mniej czasu i zmniejszy zatłoczenie)

3.26. Dobrym pomysłem jest zaplanowanie podróży, by uniknąć godzin szczytu. Jest to dobre, ponieważ
1 odp.
A. twój pojazd zużyje więcej paliwa
B. będzie mniej robót drogowych
C. pomoże to zmniejszyć zatłoczenie
D. będziesz jechał znacznie krótszą odległość

Odpowiedź C (unikaj godzin szczytu na podróżowanie. Będziesz miał mniej stresującą podróż, zajmie ci ona mniej czasu i zmniejszy zatłoczenie)

SAFETY & YOUR VEHICLE - BEZPIECZEŃSTWO A TWÓJ POJAZD

3.27. Poprzez unikanie godzin szczytu podczas podróży
1 odp.
A. jest bardziej możliwe, że zostaniesz przetrzymany na drodze
B. twój czas podróży będzie dłuższy
C. będziesz jechał znacznie krótszą odległość
D. jest mniejsze ryzyko, że będziesz opóźniony

Odpowiedź D (unikaj godzin szczytu na podróżowanie. Będziesz miał mniej stresującą podróż, zajmie ci ona mniej czasu i zmniejszy zatłoczenie)

3.28. Może być pomocne planowanie trasy przed rozpoczęciem podróży. Dlaczego powinieneś zaplanować również alternatywną trasę?
1 odp.
A. twoja pierwsza trasa może być zablokowana
B. twoje mapy mają różne skale
C. możesz znaleźć się w sytuacji, że będziesz musiał płacić opłatę za zatłoczenie (congestion charge)
D. ponieważ możesz zostać przetrzymany przez traktor

Odpowiedź A (znajomość alternatywnej trasy pomoże ci, jeśli są nieprzewidziane korki lub zamknięcia dróg)

3.29. Tak jak zaplanowanie trasy przed rozpoczęciem podróży, powinieneś również zaplanować alternatywna trasę. Dlaczego?
1 odp.
A. by pozwolić innym kierowcom cię wyprzedzać
B. twoja pierwsza trasa może być zablokowana
C. by unikać przejazdów kolejowych
D. w przypadku, gdy będziesz musiał unikać pojazdów nagłych wypadków

Odpowiedź B (znajomość alternatywnej trasy pomoże ci, jeśli są nieprzewidziane korki lub zamknięcia dróg)

3.30. Masz umówione spotkanie i będziesz musiał jechać długi dystans. Powinieneś
1 odp.
A. zapewnić sobie sporo czasu na tą podróż
B. zaplanować jazdę w godzinach szczytu
C. unikać wszystkich dróg z narodowym ograniczeniem prędkości
D. uniemożliwiać innym kierowcom wyprzedzanie

Odpowiedź A (zaplanuj przybycie niezestresowanym na swoje spotkanie, poprzez zapewnienie dużej ilości czasu na swoją podróż)

3.31. Nagłe przyspieszanie i ciężkie hamowanie może doprowadzić do
1 odp.
A. zmniejszenia zanieczyszczeń środowiska
B. zwiększenia konsumpcji paliwa
C. zmniejszenia emisji wydechowych
D. zwiększenia bezpieczeństwa na drodze

Odpowiedź B (płynna jazda z rozsądną prędkością może zmniejszyć zużycie paliwa oraz zanieczyszczenie powietrza)

3.32. Za jaki procent wszystkich emisji odpowiada transport?
1 odp.
A. 10%
B. 20%
C. 30%
D. 40%

Odpowiedź B (transport jest nieodłączną częścią współczesnego życia, ale ma on negatywny wpływ na środowisko)

3.33. Które z poniższych, jeśli jego stan jest zbyt niski, może spowodować wypadek?
1 odp.
A. poziom płynu antyzamarzającego

SAFETY & YOUR VEHICLE - BEZPIECZEŃSTWO A TWÓJ POJAZD

B. poziom płynu hamulcowego
C. poziom wody w akumulatorze
D. poziom płynu chłodniczego

Odpowiedź B (jeśli poziom płynu hamulcowego jest zbyt niski, twoje hamulce mogą nie działać wcale!)

3.34. Nowe samochody na benzynę muszą mieć wbudowany katalizator. Jego celem jest
1 odp.
A. kontrola poziomu hałasu z rury wydechowej
B. przedłużenie żywotności układu wydechowego
C. pozwolenie, aby układ wydechowy został ponownie przetworzony (recycled)
D. zmniejszenie szkodliwych emisji wydechowych (spalin)

Odpowiedź D (katalizator zmniejsza ilość toksycznych emisji pojazdu. Najlepsze działanie ma, kiedy silnik jest nagrzany, więc powinieneś unikać krótkich podróży, kiedy to możliwe. Katalizator robi się bardzo gorący i może być ryzykiem pożaru, jeśli zatrzymasz się lub zaparkujesz na długiej trawie)

3.35. Co może powodować ciężkie prowadzenie pojazdu (sterowanie)?
1 odp.
A. jazda po lodzie
B. zużyte hamulce
C. zbyt napompowane opony
D. niedopompowane opony

Odpowiedź D (niedopompowane opony stawiają większy opór podczas skrętów, powodując, że ruszanie kierownicą staje się cięższe)

3.36. Jazda z niedopompowanymi oponami może mieć wpływ na
2 odp.
A. temperaturę silnika
B. konsumpcję paliwa
C. hamowanie
D. ciśnienie oleju

Odpowiedzi BC (im niższe ciśnienie opon, tym większy opór przeciwko toczeniu się one mają. Oznacza to że silnik musi pracować ciężej, by obracać koła, marnując paliwo)

3.37. Nadmierne lub nierówne zużycie opon może być spowodowane wadami
2 odp.
A. skrzyni biegów
B. systemu hamulcowego
C. zawieszenia
D. układu wydechowego

Odpowiedzi BC (nierówna siła hamowania lub wadliwe zawieszenie będzie miało wpływ na wytarcie twoich opon. Regularne sprawdzanie opon może zidentyfikować te wady)

3.38. Główną przyczyną zaniku hamulców jest
1 odp.
A. przegrzanie się hamulców
B. powietrze w płynie hamulcowym
C. olej na hamulcach
D. nieustawione hamulce

Odpowiedź A (używanie hamulców zbyt szorstko lub zbyt długo spowoduje ich przegrzanie, zmniejszając ich działanie)

3.39. Twoja kontrolka hamulców anti-lock (ABS - system zapobiegający blokowaniu się kół, kiedy pojazd hamuje w nagłym wypadku) się świeci. Powinieneś
1 odp.
A. sprawdzić poziom płynu hamulcowego
B. sprawdzić działanie hamulca nożnego, poprzez naciskanie go
C. sprawdzić, czy hamulec ręczny jest zwolniony
D. zlecić natychmiast sprawdzenie hamulców

Odpowiedź D (poszukaj wykwalifikowanej pomocy. Upewnij się, że rozumiesz znaczenie kontrolek ostrzegawczych na desce rozdzielczej. Sprawdź w podręczniku pojazdu i naucz się symboli)

SAFETY & YOUR VEHICLE - BEZPIECZEŃSTWO A TWÓJ POJAZD

3.40. Podczas jazdy zapala się ta kontrolka na twojej tablicy rozdzielczej. To oznacza

1 odp.
A. wadę systemu hamowania
B. że jest mało oleju w silniku
C. że tylne światło popsuło się
D. że pas bezpieczeństwa nie jest zapięty

Odpowiedź A (poszukaj wykwalifikowanej pomocy. Upewnij się, że rozumiesz znaczenie kontrolek ostrzegawczych na desce rozdzielczej. Sprawdź w podręczniku pojazdu i naucz się symboli)

3.41. Ważnym jest, byś nosił odpowiednie obuwie podczas jazdy. Dlaczego?
1 odp.
A. by zapobiec wycieraniu się pedałów
B. by utrzymać kontrolę nad pedałami
C. by pozwolić sobie na ustawienie siedzenia
D. by pozwolić ci na pójście piechotą po pomoc w razie awarii

Odpowiedź B (wygodne buty na płaskim obcasie są najlepsze. Możesz operować pedałami z łatwością podczas jazdy)

3.42. Co zmniejszy ryzyko uszkodzenia karku w wyniku kolizji?
1 odp.
A. siedzenie sprężynowe
B. hamulce anti-lock (system ABS zamontowany w pojeździe)
C. składana kierownica
D. odpowiednio ustawiony zagłówek

Odpowiedź D (ustaw zagłówek, zanim zaczniesz podróż)

3.43. Sprawdzasz swoje zawieszenie. Zauważasz, że twój pojazd podskakuje, kiedy naciskasz na przedni błotnik. Co to oznacza?
1 odp.
A. zużyte opony
B. niedopompowane opony
C. niewypośrodkowaną kierownicę
D. zużyte amortyzatory

Odpowiedź D (zużyte amortyzatory są niebezpieczne. Twoja przyczepność do podłoża będzie zredukowana. Poszukaj wykwalifikowanej pomocy i wymień amortyzatory)

3.44. Bagażnik dachowy przymocowany do twojego samochodu
1 odp.
A. zmniejszy zużycie paliwa
B. polepszy prowadzenie pojazdu
C. spowoduje, że samochód będzie jechał szybciej
D. zwiększy zużycie paliwa

Odpowiedź D (jeśli używałeś bagażnika dachowego, zdejmij go, jeśli nie jest więcej potrzebny. Zwiększony opór wiatru spowoduje, że silnik będzie musiał pracować ciężej, marnując paliwo)

3.45. Nielegalna jest jazda z oponami, które
1 odp.
A. były kupione z drugiej ręki
B. mają głębokie nacięcie na ścianie bocznej
C. są różnych firm
D. mają różny wzór bieżnika

Odpowiedź B (jazda pojazdem z uszkodzonymi oponami jest wykroczeniem)

3.46. Legalne minimum bieżnika opon na ¾ ich szerokości wynosi
1 odp.
A. 1mm
B. 1.6mm
C. 2.5mm
D. 4mm

SAFETY & YOUR VEHICLE - BEZPIECZEŃSTWO A TWÓJ POJAZD

Odpowiedź B (bieżnik 1.6mm musi rozciągać się na szerokości ¾ opony, a na pozostałej ¼ musi być widoczny bieżnik. Zmień opony w odpowiednim czasie – ich przyczepność do podłoża maleje wraz z wytarciem)

3.47. Wieziesz dwoje 13-letnich dzieci i ich rodziców samochodem. Kto jest odpowiedzialny za sprawdzenie, czy dzieci są zapięte pasami bezpieczeństwa?
1 odp.
A. rodzice dzieci
B. ty - kierowca
C. pasażer siedzący na przednim siedzeniu
D. dzieci

Odpowiedź B (obowiązkiem kierowcy jest upewnienie się, że dzieci poniżej 14 roku życia zastosują się do zapięcia pasów)

3.48. Kiedy bagażnik dachowy nie jest w użyciu, powinien być zdjęty. Co się stanie, jeśli tego nie zrobisz?
1 odp.
A. będzie miał on wpływ na zawieszenie pojazdu
B. będzie to nielegalne
C. będzie miało to wpływ na hamowanie pojazdu
D. zmarnuje on paliwo

Odpowiedź D (jeśli używałeś bagażnika dachowego, zdejmij go, jeśli nie jest więcej potrzebny. Zwiększony opór wiatru spowoduje, że silnik będzie musiał pracować ciężej, marnując paliwo)

3.49. W jaki sposób jako kierowca możesz pomóc środowisku?
3 odp.
A. poprzez zmniejszanie prędkości
B. poprzez delikatne przyspieszanie
C. poprzez używanie paliwa bezołowiowego
D. poprzez szybszą jazdę
E. poprzez nagłe przyspieszanie
F. poprzez właściwe serwisowanie pojazdu

Odpowiedzi ABF (płynne użycie układu sterowania, utrzymywanie twojego pojazdu oraz małe redukcje prędkości zaoszczędzą na paliwie, zmniejszając zanieczyszczenie powietrza)

3.50. By pomóc środowisku, możesz unikać marnowania paliwa poprzez
3 odp.
A. właściwe serwisowanie pojazdu
B. upewnienie się, że twoje opony są właściwie napompowane
C. niezwiększanie obrotów silnika na niższych biegach
D. jazdę z większą prędkością tam, gdzie to możliwe
E. jazdę z odpowiednio przymocowanym bagażnikiem dachowym
F. mniej regularne serwisowanie pojazdu

Odpowiedzi ABC (płynne użycie układu sterowania, utrzymywanie twojego pojazdu oraz małe redukcje prędkości zaoszczędzą na paliwie, zmniejszając zanieczyszczenie powietrza)

3.51. By zmniejszyć natężenie ruchu na drogach, mógłbyś
3 odp.
A. używać częściej transportu publicznego
B. dzielić z kimś samochód, kiedy to możliwe
C. chodzić pieszo lub jeździć rowerem na krótszych dystansach
D. cały czas jeździć samochodem
E. używać samochodu z mniejszym silnikiem
F. jeździć pasem dla autobusów

Odpowiedzi ABC (chodzenie piechotą lub jazda rowerem są dobrymi ćwiczeniami fizycznymi. Używanie transportu publicznego również daje możliwość ćwiczeń, jeśli musisz przejść piechotą do stacji kolejowej lub na przystanek autobusowy. Pozostawiaj samochód w domu, tak często, jak możesz)

SAFETY & YOUR VEHICLE - BEZPIECZEŃSTWO A TWÓJ POJAZD

3.52. Które TRZY z poniższych najbardziej marnują paliwo?
3 odp.
A. zmniejszanie prędkości
B. przewożenie niepotrzebnego ciężaru
C. używanie złej jakości paliwa
D. niedopompowane opony
E. używanie różnych marek paliwa
F. przymocowany pusty bagażnik dachowy

Odpowiedzi BDF (im ciężej twój silnik musi pracować, tym więcej paliwa zużyje)

3.53. Które TRZY rzeczy możesz jako użytkownik drogi robić, by pomóc środowisku?
3 odp.
A. jeździć na rowerze, kiedy to możliwe
B. jeździć na niedopompowanych oponach
C. używać ssania tak długo, jak to możliwe na zimnym silniku
D. odpowiednio ustawiać i serwisować swój pojazd
E. zwracać uwagę na ruch i planować z wyprzedzeniem
F. hamować tak późno, jak to możliwe bez poślizgu

Odpowiedzi ADE (wszyscy jesteśmy odpowiedzialni za środowisko)

3.54. By pomóc chronić środowisko, NIE powinieneś
1 odp.
A. zdejmować swojego bagażnika dachowego, kiedy nie jest on załadowany
B. używać samochodu do krótkich podróży
C. chodzić pieszo, jeździć rowerem czy używać transportu publicznego
D. opróżniać bagażnika z niepotrzebnego obciążenia

Odpowiedź B (krótkie podróże bardzo marnują paliwo)

3.55. Zgodnie z prawem, które TRZY muszą być utrzymywane w dobrej kondycji?
3 odp.
A. biegi
B. przekładnia
C. światła
D. przednia szyba
E. pasy bezpieczeństwa

Odpowiedzi CDE (jazda pojazdem z wadliwymi światłami, przednią szybą lub pasami bezpieczeństwa jest wykroczeniem)

3.56. Jazda z prędkością 70mph zużywa więcej paliwa, niż jazda z prędkością 50mph do
1 odp.
A. 10%
B. 30%
C. 75%
D. 100%

Odpowiedź B (zaplanuj swoją podróż z dużą ilością czasu, by zaoszczędzić paliwo)

3.57. Twój pojazd zjeżdża na jedną stronę podczas hamowania. Powinieneś
1 odp.
A. zmienić opony
B. skonsultować się ze swoim warsztatem tak szybko, jak to możliwe
C. pompować pedał podczas hamowania
D. użyć hamulca ręcznego i nożnego w tym samym czasie

Odpowiedź B (poszukaj wykwalifikowanej pomocy – może być wada w układzie hamulcowym)

3.58. Niezbalansowane koła w samochodzie mogą powodować
1 odp.
A. że kierownica ciągnie w jedną stronę
B. że kierownica wibruje
C. że zawiodą hamulce
D. że zejdzie powietrze z opon

SAFETY & YOUR VEHICLE - BEZPIECZEŃSTWO A TWÓJ POJAZD

Odpowiedź B (niezbalansowane koła spowodują, że kierownica zacznie wibrować, zwłaszcza przy dużych prędkościach. Sprawdź swoje opony i zbalansuj je, jeśli to konieczne)

3.59. Kręcenie kierownicą samochodu podczas postoju może spowodować uszkodzenie
2 odp.
A. skrzyni biegów
B. silnika
C. hamulców
D. kierownicy
E. opon

Odpowiedzi DE (kierowanie "na sucho" nadwyręży mechanizm sterowania i wytrze opony)

3.60. Musisz zostawić wartościowe rzeczy w samochodzie. Byłoby bezpieczniej
1 odp.
A. włożyć je do reklamówki
B. zaparkować pojazd blisko wejścia do szkoły
C. ukryć je z dala od widoku
D. zaparkować pojazd w pobliżu przystanku autobusowego

Odpowiedź C (nie kuś złodziei poprzez zostawianie wartościowych rzeczy na wierzchu w swoim pojeździe. Weź je ze sobą lub zamknij je z dala od widoku w bagażniku lub schowku)

3.61. Jak mógłbyś zapobiec włamaniu do twojego samochodu, gdy pozostawiasz go bez opieki?
1 odp.
A. zostawiając rzeczy wartościowe w reklamówce
B. zamykając rzeczy wartościowe z dala od widoku
C. kładąc rzeczy wartościowe na siedzeniach
D. pozostawiając rzeczy wartościowe na podłodze

Odpowiedź B (nie kuś złodziei poprzez zostawianie wartościowych rzeczy na wierzchu w swoim pojeździe. Weź je ze sobą lub zamknij je z dala od widoku w bagażniku lub schowku)

3.62. Które z poniższych mogłoby odstraszyć złodzieja od kradzieży twojego samochodu?
1 odp.
A. pozostawianie włączonych świateł
B. wstawienie szyb odbijających
C. pozostawienie włączonego wewnętrznego światła
D. wygrawerowanie numeru rejestracyjnego samochodu na szybach

Odpowiedź D (wygrawerowanie szyb numerem rejestracyjnym samochodu odstraszy złodziei)

3.63. Które z poniższych nie powinny być trzymane w samochodzie?
1 odp.
A. apteczka pierwszej pomocy
B. atlas drogowy
C. dysk podatku drogowego
D. dokumenty pojazdu

Odpowiedź D (nie trzymaj dokumentów (MOT itp.) w samochodzie. Złodziej mógłby użyć ich jako dowód posiadania pojazdu, by go szybko sprzedać)

3.64. Co powinieneś zrobić podczas pozostawiania swojego pojazdu bez opieki?
1 odp.
A. włożyć wartościowe rzeczy pod siedzenia
B. wyjąć wszystkie wartościowe rzeczy
C. przykryć wartościowe rzeczy kocem
D. pozostawić włączone wewnętrzne światło

Odpowiedź B (nie kuś złodziei poprzez zostawianie wartościowych rzeczy na wierzchu w swoim pojeździe. Weź je ze sobą lub zamknij je z dala od widoku w bagażniku lub schowku)

SAFETY & YOUR VEHICLE - BEZPIECZEŃSTWO A TWÓJ POJAZD

3.65. **Co najbardziej odstraszy złodzieja od twojego samochodu?**
1 odp.
A. immobiliser
B. przyciemniane szyby
C. specjalne indywidualne śruby do kół (locking wheel nuts)
D. daszek od słońca

Odpowiedź A (immobilizer zapobiegnie uruchomieniu silnika bez klucza)

3.66. **Kiedy parkujesz swój samochód, powinieneś**
1 odp.
A. zaparkować pod drzewem dającym cień
B. wyjąć dysk podatku drogowego
C. zaparkować na cichej ulicy
D. założyć blokadę kierownicy

Odpowiedź D (użycie blokady kierownicy odstraszy złodziei)

3.67. **Kiedy zostawiasz swój pojazd bez opieki, powinieneś**
1 odp.
A. zaparkować w pobliżu ruchliwego skrzyżowania
B. zaparkować na osiedlu mieszkaniowym
C. wyjąć kluczyk i zamknąć pojazd
D. pozostawić włączony lewy kierunkowskaz

Odpowiedź C (nigdy nie pozostawiaj swojego pojazdu bez opieki z kluczykiem w stacyjce. Złodzieje mogliby odjechać nim w ciągu paru sekund)

3.68. **Które DWA z poniższych zmniejszą zużycie paliwa?**
2 odp.
A. zmniejszanie prędkości na drodze
B. planowanie z wyprzedzeniem
C. zbyt późne i gwałtowne hamowanie
D. jazda na niższych biegach
E. krótkie podróże z zimnym silnikiem
F. gwałtowne przyspieszanie

Odpowiedzi AB (płynne użycie układu sterowania zaoszczędzi na paliwie, zmniejszając zanieczyszczenie powietrza)

3.69. **Serwisujesz swój własny pojazd. W jaki sposób powinieneś pozbyć się starego oleju silnikowego?**
1 odp.
A. zanieść go do odpowiedniego miejsca władzy lokalnej
B. wlać go do odpływu ściekowego
C. wlać go do wykopanej dziury w ziemi
D. wyrzucić go na śmietnik

Odpowiedź A (oleju silnikowego powinieneś pozbyć się zanosząc go w autoryzowane miejsce)

3.70. **Dlaczego na przeglądzie technicznym MOT występuje szczegółowy test na emisję spalin?**
1 odp.
A. by pokryć koszty drogiego wyposażenia warsztatu
B. by pomóc chronić środowisko
C. by sprawdzić, który dostawca paliwa jest używany najczęściej
D. by upewnić się, że silniki diesel i na benzynę emitują te same opary

Odpowiedź B (utrzymywanie twojego pojazdu zmniejszy zanieczyszczenie powietrza)

3.71. **By zmniejszyć szkody jakie twój pojazd powoduje dla środowiska, powinieneś**
3 odp.
A. jeździć po wąskich bocznych ulicach
B. unikać gwałtownego przyspieszania
C. hamować w odpowiednim momencie
D. przewidywać z wyprzedzeniem
E. jeździć po ruchliwych trasach

Odpowiedzi BCD (dobre planowanie i płynne użycie układu sterowania pomoże zmniejszyć zużycie paliwa i zanieczyszczenie powietrza)

SAFETY & YOUR VEHICLE - BEZPIECZEŃSTWO A TWÓJ POJAZD

3.72. Twój pojazd ma wbudowany katalizator. Jego celem jest zmniejszenie
1 odp.
A. hałasu rury wydechowej
B. zużycia paliwa
C. emisji wydechowych (spalin)
D. hałasu silnika

Odpowiedź C (katalizatory zostały zaprojektowane, by zmniejszyć ilość szkodliwych emisji wydechowych)

3.73. Właściwie serwisowany pojazd zapewni
2 odp.
A. niższe składki ubezpieczeniowe
B. zwrot pieniędzy na podatku drogowym
C. lepszą ekonomiczność paliwa
D. bardziej czyste emisje wydechowe

Odpowiedzi CD (utrzymanie twojego pojazdu zaoszczędzi twoje pieniądze i zmniejszy zanieczyszczenie powietrza)

3.74. Wjeżdżasz na drogę, gdzie są garby spowalniające. Co powinieneś zrobić?

1 odp.
A. utrzymywać mniejszą prędkość
B. przyspieszać między garbami
C. zawsze trzymać się maksymalnej dozwolonej prędkości
D. jechać powoli tylko podczas czasu szkolnego

Odpowiedź A (zachowaj szczególną ostrożność tam, gdzie są spowalniacze ruchu. Zwolnij i bądź przygotowany na obecność pieszych)

3.75. Kiedy na pewno powinieneś sprawdzić poziom oleju silnikowego?
1 odp.
A. przed długą podróżą
B. kiedy silnik jest gorący
C. wcześnie rano
D. co 6 tysięcy mil

Odpowiedź A (długie podróże bardziej zużyją pojazd i silnik)

3.76. Masz problem ze znalezieniem miejsca parkingowego w zatłoczonym mieście. Widzisz, że jest miejsce na zygzakowatych liniach przejścia dla pieszych zebra. Czy możesz tam parkować?
1 odp.
A. nie, chyba, że pozostaniesz przy samochodzie
B. tak, w przypadku wysadzania pasażera
C. tak, jeśli nie blokujesz ludzi na przejściu
D. nie, w żadnym wypadku

Odpowiedź D (parkowanie wzdłuż zygzakowatych linii mógłby narazić na niebezpieczeństwo pieszych i jest wykroczeniem)

3.77. Kiedy zostawiasz swój samochód bez opieki na kilka minut, powinieneś
1 odp.
A. pozostawić włączony silnik
B. wyłączyć silnik, ale pozostawić kluczyk w stacyjce
C. wyjąć kluczyk ze stacyjki i zamknąć pojazd
D. zaparkować w pobliżu pracownika parkingowego (parking attendant)

Odpowiedź C (nigdy nie zostawiaj kluczyków w pojeździe. Nie zostawiaj niezamkniętego pojazdu. Złodziej mógłby go ukraść w ciągu paru sekund)

SAFETY & YOUR VEHICLE - BEZPIECZEŃSTWO A TWÓJ POJAZD

3.78. Kiedy parkujesz i pozostawiasz swój samochód na parę minut, powinieneś
1 odp.
A. nie zamykać pojazdu
B. wyjąć kluczyk ze stacyjki i zamknąć pojazd
C. pozostawić go na światłach awaryjnych (ostrzegawczych)
D. pozostawić włączone wewnętrzne światło

Odpowiedź B (nigdy nie zostawiaj kluczyków w pojeździe. Nie zostawiaj niezamkniętego pojazdu. Złodziej mógłby go ukraść w ciągu paru sekund)

3.79. Gdzie, jeśli to możliwe, powinieneś zaparkować, kiedy pozostawiasz samochód?
1 odp.
A. naprzeciwko wysepki ulicznej
B. na bezpiecznym parkingu
C. na zakręcie
D. na postoju taxi lub w pobliżu

Odpowiedź B (myśl bezpiecznie. Jeśli to możliwe, pozostaw swój pojazd na strzeżonym parkingu, by odstraszyć złodziei)

3.80. W których TRZECH miejscach parkowanie twojego pojazdu spowodowałoby niebezpieczeństwo lub przeszkodę dla innych użytkowników drogi?
3 odp.
A. na wjeździe do czyjejś posesji
B. na przystanku autobusowym lub w pobliżu
C. na twoim podjeździe pod domem
D. na oznaczonym miejscu do parkowania
E. na wjeździe na przejazd kolejowy

Odpowiedzi ABE (nigdy nie parkuj i nie czekaj tam, gdzie mógłbyś spowodować zagrożenie lub niedogodności dla innych użytkowników drogi)

3.81. W których TRZECH miejscach parkowanie spowoduje utrudnienie (przeszkodę) dla innych?
3 odp.
A. w pobliżu wierzchołka wzgórza
B. w zatoce parkingowej
C. tam, gdzie krawężnik jest podniesiony
D. tam, gdzie krawężnik został zniżony dla wózków inwalidzkich
E. na przystanku autobusowym lub w pobliżu

Odpowiedzi ADE (nigdy nie parkuj i nie czekaj tam, gdzie mógłbyś spowodować zagrożenie lub niedogodności dla innych użytkowników drogi)

3.82. Jesteś z dala od domu i musisz zaparkować swój pojazd na noc. Gdzie powinieneś go zostawić?
1 odp.
A. naprzeciwko innego zaparkowanego pojazdu
B. na cichej ulicy
C. naprzeciwko wysepki ulicznej
D. na bezpiecznym parkingu

Odpowiedź D (myśl bezpiecznie. Jeśli to możliwe pozostaw swój pojazd na strzeżonym parkingu, by odstraszyć złodziei)

3.83. Najważniejszym celem, dla którego powinieneś mieć odpowiednio ustawiony zagłówek jest
1 odp.
A. bardziej komfortowa jazda
B. pomoc w uniknięciu kontuzji karku
C. pomoc w zrelaksowaniu się
D. pomoc w utrzymaniu odpowiedniej pozycji do jazdy

Odpowiedź B (zagłówek jest po to, by uniknąć kontuzji karku w razie wypadku)

3.84. Jako kierowca, możesz spowodować większe zanieczyszczenie środowiska poprzez
2 odp.

SAFETY & YOUR VEHICLE - BEZPIECZEŃSTWO A TWÓJ POJAZD

A. wybranie bardziej wydajnego pojazdu, jeśli chodzi o paliwo
B. dużą liczbę krótkich podróży
C. jazdę na tak wysokim biegu, jak to możliwe
D. przyspieszanie tak szybko, jak to możliwe
E. regularne serwisowanie swojego pojazdu

Odpowiedzi BD (krótkie podróże i ostre przyspieszanie mamują paliwo i zanieczyszczają powietrze)

3.85. Jako kierowca, możesz pomóc zmniejszać poziom zanieczyszczenia w centrum miasta poprzez
1 odp.
A. szybszą jazdę
B. zwiększanie obrotów silnika na niższym biegu
C. chodzenie pieszo lub jazdę rowerem
D. jazdę na krótkich dystansach

Odpowiedź C (publiczny transport, alternatywne paliwa, elektryczne pojazdy i dzielenie samochodu są sposobami na zmniejszanie działania podróży na środowisko)

3.86. Jak możesz zmniejszyć ryzyko włamania do samochodu podczas pozostawiania go bez opieki?
1 odp.
A. wziąć wszystkie wartościowe rzeczy ze sobą
B. zaparkować w pobliżu postoju taksówek
C. położyć wszystkie wartościowe rzeczy na podłodze
D. zaparkować w pobliżu straży pożarnej

Odpowiedź A (nie kuś złodziei poprzez zostawianie wartościowych rzeczy na wierzchu w swoim pojeździe. Weź je ze sobą lub zamknij je z dala od widoku w bagażniku lub schowku)

3.87. W jaki sposób możesz zapobiec kradzieży radia?
1 odp.
A. zaparkować pojazd w nieoświetlonym miejscu
B. przykryć radio kocem
C. zaparkować pojazd w pobliżu ruchliwego skrzyżowania
D. zainstalować radio chronione kodem

Odpowiedź D (kodowane radia samochodowe są mniej atrakcyjne dla złodziei)

3.88. Parkujesz swój samochód. Masz pewne wartościowe rzeczy, których nie możesz wziąć ze sobą. Co powinieneś zrobić?
1 odp.
A. zaparkować pojazd w pobliżu komendy policji
B. włożyć je pod siedzenie kierowcy
C. zamknąć je z dala od widoku
D. zaparkować pojazd na nieoświetlonej bocznej drodze

Odpowiedź C (nie kuś złodziei poprzez zostawianie wartościowych rzeczy na wierzchu w swoim pojeździe. Weź je ze sobą lub zamknij je z dala od widoku w bagażniku lub schowku)

3.89. Tam, gdzie to możliwe, które z poniższych powinno być wykonane podczas parkowania samochodu w nocy?
1 odp.
A. parkowanie na cichym parkingu
B. parkowanie w dobrze oświetlonym miejscu
C. parkowanie przodem naprzeciwko ruchu
D. parkowanie w pobliżu ruchliwego skrzyżowania

Odpowiedź B (myśl bezpiecznie. Dobrze oświetlone miejsca zmniejszają ryzyko kradzieży)

3.90. Jak możesz zmniejszyć ryzyko włamania do samochodu w nocy?
1 odp.
A. pozostawić go w dobrze oświetlonym miejscu

SAFETY & YOUR VEHICLE - BEZPIECZEŃSTWO A TWÓJ POJAZD

B. zaparkować pojazd na cichej bocznej drodze
C. nie zakładać blokady kierownicy
D. zaparkować pojazd w słabo oświetlonym miejscu

Odpowiedź A (myśl bezpiecznie. Dobrze oświetlone miejsca zmniejszają ryzyko kradzieży)

3.91. By zapewnić bezpieczeństwo swojemu pojazdowi, mógłbyś przyłączyć się do
1 odp.
A. vehicle breakdown organization – organizacji pomocy drogowej
B. vehicle watch scheme – systemów obserwowania pojazdów
C. advanced driver's scheme – kursu zaawansowanych kierowców
D. car maintenance class – szkolenia utrzymywania pojazdów w dobrym stanie technicznym

Odpowiedź B (systemy obserwowania pojazdów odstraszają złodziei)

3.92. Gdzie w samochodzie znajdziesz katalizator?
1 odp.
A. w baku na paliwo
B. w filtrze powietrza
C. w układzie chłodzenia
D. w układzie wydechowym

Odpowiedź D (katalizator zmniejsza ilość toksycznych emisji pojazdu. Najlepsze działanie ma, kiedy silnik jest nagrzany, więc powinieneś unikać krótkich podróży, kiedy to możliwe. Katalizator robi się bardzo gorący i może być ryzykiem pożaru, jeśli zatrzymasz się lub zaparkujesz na długiej trawie)

3.93. Pozostawiasz swój samochód bez opieki. Aby zapewnić mu bezpieczeństwo, powinieneś
1 odp.
A. pozostawić włączone światła awaryjne
B. wyjąć kluczyk ze stacyjki i zamknąć pojazd
C. zaparkować pojazd na ulicy jednokierunkowej
D. zaparkować pojazd na terenie zamieszkałym

Odpowiedź B (nigdy nie pozostawiaj pojazdu bez opieki z kluczykami w środku czy niezamknięty. Złodziej mógłby go ukraść w ciągu paru sekund)

3.94. Zauważysz, że płynna jazda może
1 odp.
A. skrócić czas podróży o około 15%
B. zwiększyć zużycie paliwa o około 15%
C. zmniejszyć zużycie paliwa o około 15%
D. wydłużyć czas podróży o około 15%

Odpowiedź C (znacznie zaoszczędzić na paliwie można poprzez odpowiednie używanie układu sterowania i planowanie z wyprzedzeniem)

3.95. Kiedy warunki na to pozwalają, możesz zaoszczędzić na paliwie poprzez
1 odp.
A. używanie niskich biegów tak często, jak to możliwe
B. ostre przyspieszanie na każdym biegu
C. wrzucanie biegów po kolei
D. omijanie niektórych biegów

Odpowiedź D (zawsze wybieraj najbardziej odpowiedni bieg w stosunku do swojej prędkości oraz warunków na drodze)

3.96. W jaki sposób jazda sposobem Eco-safe może pomóc chronić środowisko?
1 odp.
A. poprzez legalne wprowadzenie regulacji prędkości
B. poprzez zwiększenie liczby samochodów na drogach

SAFETY & YOUR VEHICLE - BEZPIECZEŃSTWO A TWÓJ POJAZD

C. poprzez wyższe rachunki za paliwo
D. poprzez zmniejszenie emisji wydechowych (spalin)

Odpowiedź D (płynna jazda z rozsądną prędkością może zmniejszyć zużycie paliwa i zanieczyszczenie powietrza)

3.97. Co można osiągnąć poprzez jazdę Eco-safe (sposób pomagający chronić środowisko naturalne)?
1 odp.
A. zwiększone zużycie paliwa
B. większe bezpieczeństwo na drodze
C. szkody dla środowiska
D. zwiększone emisje wydechowe (spaliny)

Odpowiedź B (chodzi tu o bycie świadomym zagrożeń i planowanie z wyprzedzeniem)

3.98. W jaki sposób omijanie niektórych biegów pomoże zaoszczędzić na paliwie?
1 odp.
A. poprzez zmniejszenie czasu, w którym przyspieszasz
B. jest mniejsza potrzeba używania hamulca nożnego
C. poprzez kontrolę liczby manewrów kierownicą
D. jazda rozpędem (na luzie) jest utrzymana w minimum

Odpowiedź A (poprzez zmniejszanie ilości czasu spędzanego na przyspieszaniu, zużyjesz mniej benzyny i zmniejszysz zanieczyszczenie powietrza)

3.99. Omijanie niektórych biegów pomaga oszczędzać paliwo poprzez skrócenie czasu, który spędzasz na
1 odp.
A. hamowaniu
B. jeździe rozpędem (na luzie)
C. manewrowaniu pojazdem
D. przyspieszaniu

Odpowiedź D (poprzez zmniejszanie ilości czasu spędzanego na przyspieszaniu, zużyjesz mniej benzyny i zmniejszysz zanieczyszczenie powietrza)

3.100. Sprawdzasz swoje opony. Jaka jest minimalna legalna grubość bieżnika na ¾ szerokości opony?
1 odp.
A. 1mm
B. 1.6mm
C. 2mm
D. 2.6mm

Odpowiedź B (bieżnik 1.6mm musi rozciągać się na szerokości ¾ opony a na pozostałej ¼ musi być widoczny bieżnik. Zmień opony w odpowiednim czasie – ich przyczepność do podłoża maleje wraz z wytarciem)

3.101. Zużycie paliwa jest najwyższe podczas
1 odp.
A. hamowania
B. jazdy rozpędem (na luzie)
C. przyspieszania
D. manewrowania pojazdem

Odpowiedź C (poprzez zmniejszanie ilości czasu spędzanego na przyspieszaniu, zużyjesz mniej benzyny i zmniejszysz zanieczyszczenie powietrza)

3.102. Pasażerowie samochodu MUSZĄ zapinać pasy bezpieczeństwa, kiedy są one dostępne, chyba że
1 odp.
A. mają poniżej 14 lat
B. są niżsi niż 1.5 metra (5 stóp)
C. siedzą na tylnym siedzeniu
D. nie mogą z powodów zdrowotnych

Odpowiedź D (zgodnie z prawem wszyscy pasażerowie samochodu powinni zapinać pasy bezpieczeństwa, wyjątek stanowi tylko przyczyna medyczna. Pamiętaj, że jako kierowca, jesteś odpowiedzialny za upewnienie się, że pasażerowie poniżej 14 roku życia mają zapięte pasy bezpieczeństwa)

SAFETY & YOUR VEHICLE - BEZPIECZEŃSTWO A TWÓJ POJAZD

3.103. **Pasażerowie samochodu MUSZĄ zapinać pas bezpieczeństwa, gdy jest on dostępny, chyba że**
1 odp.
A. są w pojeździe wyposażonym w poduszki powietrzne
B. podróżują w strefie zatłoczenia ruchu (congestion charging)
C. siedzą na tylnym siedzeniu
D. nie mogą z powodów medycznych

Odpowiedź D (zgodnie z prawem wszyscy pasażerowie samochodu powinni zapinać pasy bezpieczeństwa, wyjątek stanowi tylko przyczyna medyczna. Pamiętaj, że jako kierowca, jesteś odpowiedzialny za upewnienie się, że pasażerowie poniżej 14 roku życia mają zapięte pasy bezpieczeństwa)

3.104. **Wieziesz dzieci znajomego ze szkoły do domu. Oboje mają poniżej 14 lat. Kto jest odpowiedzialny za upewnienie się, że mają oni zapięte pasy bezpieczeństwa, kiedy jest to wymagane?**
1 odp.
A. dorosły pasażer
B. dzieci
C. ty - kierowca
D. twój znajomy

Odpowiedź C (Pamiętaj, że jako kierowcy, jest twoja odpowiedzialnością upewnić się, że pasażerowie poniżej 14 roku życia stosują się do zapinania pasów)

3.105. **Masz zbyt dużo oleju w silniku. Co to może spowodować?**
1 odp.
A. niskie ciśnienie oleju
B. przegrzanie silnika
C. zużycie łańcucha rozrządu
D. wycieki oleju

Odpowiedź D (zbyt dużo oleju może powodować zbyt duże ciśnienie oleju powodujące wycieki)

3.106. **Wieziesz pięcioletnie dziecko na tylnym siedzeniu** twojego samochodu. Ma ono poniżej 1.35m (4 stopy i 5 cali) wzrostu. Nie ma dostępnego specjalnego zabezpieczenia dla dzieci. MUSI ono
1 odp.
A. siedzieć za siedzeniem pasażera
B. użyć pasa dla dorosłych
C. dzielić pas z dorosłym
D. siąść między dwojgiem innych dzieci

Odpowiedź B (wedle prawa dzieci podróżujące samochodem muszą być odpowiednio unieruchomione – np. fotelik. Jeśli nie ma odpowiedniego dziecięcego zabezpieczenia, dziecko MUSI zapiąć pas bezpieczeństwa)

3.107. **Przewozisz dziecko używając do tego fotelika dziecięcego skierowanego do tyłu. Chcesz umieścić je na przednim siedzeniu pasażera. Co musisz zrobić zanim ruszysz?**
1 odp.
A. dezaktywować wszystkie przednie i tylne poduszki powietrzne
B. upewnić się, że poduszka powietrzna pasażera z przodu jest dezaktywowana
C. upewnić się, że wszystkie blokady bezpieczeństwa dla dziecka są wyłączone
D. złożyć przednie siedzenie pasażera

Odpowiedź B (jest niebezpieczne używanie fotelika dziecięcego skierowanego do tyłu na przednim siedzeniu pasażera wyposażonym w poduszki powietrzne. Sprawdź podręcznik pojazdu, by upewnić się, że wiesz jak dezaktywować poduszkę)

3.108. **Wieziesz 11-letnie dziecko na tylnym siedzeniu samochodu. Ma ono mniej niż 1.35m (4 stopy i 5 cali) wzrostu. MUSISZ się upewnić, że**
1 odp.
A. siedzi ono pomiędzy dwojgiem ludzi, którzy są zapięci pasami
B. potrafi ono zapiąć swój pas

SAFETY & YOUR VEHICLE - BEZPIECZEŃSTWO A TWÓJ POJAZD

C. jest dostępne specjalne zabezpieczenie dla dzieci
D. ma ono dobrą widoczność przez okno z przodu

Odpowiedź C (jako kierowca jesteś odpowiedzialny za upewnienie się, że dzieci przewożone jako pasażerowie są odpowiednio zabezpieczone)

3.109. Zaparkowałeś na krawędzi drogi. Będziesz przez jakiś czas czekał na pasażera. Co powinieneś zrobić?
1 odp.
A. wyłączyć silnik
B. zablokować kierownicę
C. wyłączyć radio
D. włączyć światła

Odpowiedź A (okaż uprzejmość i rozwagę w stosunku do innych oraz środowiska podczas czekania, by zabrać pasażera)

3.110. Używasz fotelika dziecięcego skierowanego do tyłu. Chcesz umieścić go na przednim siedzeniu pasażera, który jest wyposażony w poduszkę powietrzną. Co MUSISZ zrobić zanim ruszysz?
1 odp.
A. dezaktywować poduszkę
B. obrócić fotelik, by był skierowany przodem w bok
C. poprosić pasażera o przytrzymanie dziecka
D. zapiąć dziecko pasem dla dorosłych

Odpowiedź A (jest niebezpieczne używanie fotelika dziecięcego skierowanego do tyłu na przednim siedzeniu pasażera wyposażonym w poduszki powietrzne. Sprawdź podręcznik pojazdu by upewnić się, że wiesz jak dezaktywować poduszkę)

3.111. Przewozisz pięcioletnie dziecko na tylnym siedzeniu samochodu. Ma ono mniej niż 1.35m (4 stopy i 5 cali) wzrostu. MUSI ono używać pasa dla dorosłych TYLKO wtedy, gdy
1 odp.
A. nie ma dostępnego specjalnego zabezpieczenia dla dzieci
B. jest to pas na kolana
C. siedzi ono pomiędzy dwojgiem dorosłych ludzi
D. może on być dzielony z innym dorosłym

Odpowiedź A (zgodnie z prawem wszyscy pasażerowie samochodu powinni zapinać pasy bezpieczeństwa, wyjątek stanowi tylko przyczyna medyczna. Pamiętaj, że jako kierowca, jesteś odpowiedzialny za upewnienie się, że pasażerowie poniżej 14 roku życia mają zapięte pasy bezpieczeństwa)

3.112. Pozostawiasz swój pojazd zaparkowany na ulicy. Kiedy możesz pozostawić włączony silnik?
1 odp.
A. jeśli będziesz parkował krócej niż pięć minut
B. kiedy akumulator jest słaby
C. kiedy jesteś w strefie ograniczenia prędkości do 20mph
D. nigdy, jeśli pozostawiasz pojazd bez opieki

Odpowiedź D (pozostawianie swojego pojazdu bez opieki z włączonym silnikiem jest wykroczeniem)

SAFETY MARGINS - PODSTAWY BEZPIECZEŃSTWA

4.1. **Dystans hamowania na lodzie może być**
1 odp.
A. dwukrotnie dłuższy niż normalnie
B. 5 razy dłuższy niż normalnie
C. 7 razy dłuższy niż normalnie
D. 10 razy dłuższy niż normalnie

Odpowiedź D (twoje opony będą miały bardzo małą przyczepność do podłoża)

4.2. **Mroźne warunki pogodowe będą miały wpływ na drogę hamowania. Powinieneś oczekiwać, że dystans ten wzrośnie do**
1 odp.
A. 2 razy
B. 3 razy
C. 5 razy
D. 10 razy

Odpowiedź D (twoje opony będą miały bardzo małą przyczepność do podłoża)

4.3. **W wietrznych warunkach musisz szczególnie uważać, gdy**
1 odp.
A. używasz hamulców
B. ruszasz z miejsca na wzgórzu
C. skręcasz w wąską drogę
D. mijasz rowerzystów

Odpowiedź D (podmuchy wiatru mogą spowodować, że rowerzyści nagle zboczą z drogi lub zmienią tor jazdy)

4.4. **Podczas dojeżdżania do ostrego zakrętu w prawo, powinieneś trzymać się lewej strony. Dlaczego?**
1 odp.
A. by zapewnić sobie lepszą widoczność drogi
B. by przezwyciężyć efekt nachylenia drogi
C. by pozwolić szybszemu ruchowi z tyłu wyprzedzić cię
D. by umiejscowić się bezpiecznie, jeśli wpadniesz w poślizg

Odpowiedź A (prawidłowe umiejscowienie się przy wjeździe w zakręt jest niezbędne, by zapewnić ci najlepszą widoczność drogi i trzymanie się z dala od pasa przeciwległego ruchu)

4.5. **Właśnie wyjechałeś z głębokiej wody na drodze. By osuszyć hamulce, powinieneś**
1 odp.
A. dodać gazu i utrzymywać dużą prędkość przez krótki czas
B. jechać powoli i delikatnie naciskać na hamulce
C. unikać używania hamulców przez następnych kilka mil
D. zatrzymać się na co najmniej godzinę, by pozwolić im wyschnąć

Odpowiedź B (jedź powoli z lewą stopą naciskającą lekko na pedał hamulca)

4.6. **Podczas upałów nawierzchnia drogi może zrobić się miękka. Na które DWA z poniższych będzie to miało największy wpływ?**
2 odp.
A. zawieszenie
B. przyczepność opon
C. hamowanie
D. system wydechowy

Odpowiedź BC (zmiany warunków nawierzchni drogi będą miały wpływ na przyczepność i zdolność hamowania twojego pojazdu)

4.7. **Gdzie możesz najbardziej odczuć skutki wiatru bocznego?**
1 odp.
A. na wąskiej wiejskiej drodze
B. na otwartym odcinku drogi
C. na ruchliwym odcinku drogi
D. na długiej prostej drodze

Odpowiedź B (wiatry boczne są najbardziej niebezpieczne w odkrytych miejscach)

4.8. **Jaki jest dystans zatrzymania się w dobrych warunkach pogodowych przy prędkości 70mph?**
1 odp.

SAFETY MARGINS - PODSTAWY BEZPIECZEŃSTWA

A. 53 metry (175 stóp)
B. 60 metrów (197 stóp)
C. 73 metry (240 stóp)
D. 96 metrów (315 stóp)

Odpowiedź D (znajomość twojego dystansu zatrzymania się jest ważna – czy możesz ocenić odległość na oko?)

4.9. Jaki jest najkrótszy możliwy okres zatrzymania się na suchej drodze przy prędkości 60mph?
1 odp.
A. 53 metry (175 stóp)
B. 58 metrów (190 stóp)
C. 73 metry (240 stóp)
D. 96 metrów (315 stóp)

Odpowiedź C (znajomość twojego dystansu zatrzymania się jest ważna – czy możesz ocenić odległość na oko?)

4.10. Jedziesz za pojazdem w bezpiecznej odległości, po mokrej nawierzchni drogi. Inny kierowca cię wyprzedza i wjeżdża w lukę pomiędzy tobą a pojazdem z przodu. Co powinieneś zrobić?
1 odp.
A. ostrzec go migając światłami
B. starać się wyprzedzić bezpiecznie, tak szybko, jak to możliwe
C. pozostać z tyłu, by utrzymać bezpieczny dystans od pojazdu przed tobą
D. pozostać blisko pojazdu, dopóki on nie odjedzie

Odpowiedź C (bądź cierpliwy i pozostań z tyłu, by utrzymać bezpieczną odległość)

4.11. Jedziesz z prędkością 50mph na dobrej suchej drodze. Jaki jest najkrótszy dystans zatrzymania się?

1 odp.

A. 36 metrów (120 stóp)
B. 53 metry (175 stóp)
C. 75 metrów (245 stóp)
D. 96 metrów (315 stóp)

Odpowiedź B (znajomość dystansu zatrzymania się jest ważna – czy możesz ocenić tę odległość na oko?)

4.12. Jesteś na dobrej, suchej nawierzchni drogi i twój pojazd ma dobre hamulce i opony. Jaki jest dystans zatrzymania się przy prędkości 40mph?
1 odp.
A. 23 metry (75 stóp)
B. 36 metrów (118 stóp)
C. 53 metry (175 stóp)
D. 96 metrów (315 stóp)

Odpowiedź B (znajomość dystansu zatrzymania się jest ważna – czy możesz ocenić tę odległość na oko?)

4.13. Co powinieneś zrobić, kiedy wyprzedzasz motocyklistę w czasie silnych wiatrów?
1 odp.
A. minąć go, jadąc blisko niego
B. minąć go szybko
C. minąć go szerokim łukiem
D. minąć go natychmiast

Odpowiedź C (w czasie silnych wiatrów kierowcy dwukołowych pojazdów są szczególnie narażeni. Kiedy ich wyprzedzasz, zapewnij dużo miejsca)

4.14. Wyprzedzasz motocyklistę podczas silnych wiatrów. Co powinieneś zrobić?
1 odp.
A. zachować bezpieczną odległość
B. machnąć ręką w podziękowaniu
C. zjechać od razu z powrotem na lewo
D. użyć klaksonu

Odpowiedź A (motocykliści mogą być łatwo zwiani ze swojego toru jazdy. Zawsze zapewnij im dużo miejsca, jeśli zdecydujesz się ich wyprzedzić, zwłaszcza podczas silnych wiatrów)

SAFETY MARGINS - PODSTAWY BEZPIECZEŃSTWA

4.15. **Całkowity dystans zatrzymania składa się z myślenia i dystansu hamowania. Jesteś na dobrej, suchej nawierzchni drogi. Twój pojazd ma dobre hamulce i opony. Jaki jest dystans HAMOWANIA przy prędkości 50mph?**
1 odp.
A. 14 metrów (46 stóp)
B. 24 metry (80 stóp)
C. 38 metrów (125 stóp)
D. 55 metrów (180 stóp)

Odpowiedź C (bądź świadomy, że jest to tylko dystans hamowania. Będziesz musiał dodać do niego dystans myślenia, by dało ci to ogólny dystans zatrzymania się)

4.16. **Podczas wzmożonego ruchu na autostradzie jedzie za tobą blisko pojazd. Jak możesz zmniejszyć ryzyko kolizji?**

1 odp.
A. zwiększyć odstęp między tobą a pojazdem z przodu
B. nacisnąć ostro na pedał hamulca
C. włączyć światła ostrzegawcze
D. zjechać na pobocze hard shoulder i zatrzymać się

Odpowiedź A (zwiększenie odległości przed tobą daje tobie i pojazdowi za tobą więcej czasu na to, aby zwolnić lub zatrzymać się, gdy pojawi się niebezpieczeństwo z przodu)

4.17. **Jedziesz za innym pojazdem podczas mgły, z włączonymi światłami. W jaki inny sposób możesz zmniejszyć ryzyko bycia uwikłanym w kolizję?**
1 odp.

A. trzymając się blisko pojazdu z przodu
B. używając świateł długich zamiast krótkich
C. jadąc równo z szybszymi pojazdami
D. zmniejszając swoją prędkość i zwiększając odstęp od pojazdu w przodu

Odpowiedź D (trzymanie się z tyłu zapewni ci więcej czasu na reakcję, jeśli pojazd przed tobą nagle się zatrzyma. Pamiętaj, że we mgle może być utrudnione dostrzeżenie świateł stopu pojazdu z przodu)

4.18. **By uniknąć kolizji podczas wjeżdżania w system contraflow (ruch w drugą stronę), powinieneś**
3 odp.
A. zmniejszyć prędkość odpowiednio wcześniej
B. zmieniać pasy, by zrobić postępy w ruchu
C. wybrać odpowiedni pas wcześniej
D. utrzymywać odpowiednią odległość od pojazdu z przodu
E. zwiększyć prędkość, by szybko przejechać
F. jechać blisko za innymi pojazdami, by uniknąć długich korków

Odpowiedzi ACD (systemy contraflow – w przeciwnym kierunku – są niebezpieczne, ponieważ ruch może być wzmożony i nie ma barierek pomiędzy przeciwnymi kierunkami ruchu. Bądź świadomy zagrożenia i jedź ostrożnie)

4.19. **Co jest najbardziej częstą przyczyną poślizgu?**
1 odp.
A. zużyte opony
B. błąd kierowcy
C. inne pojazdy
D. piesi

Odpowiedź B (poprzez zwracanie uwagi na warunki drogi i jej nawierzchnię, możesz uniknąć poślizgu poprzez jazdę z właściwą prędkością i właściwe użycie układu sterowania)

SAFETY MARGINS - PODSTAWY BEZPIECZEŃSTWA

4.20. Jedziesz po oblodzonej drodze. Jak możesz uniknąć poślizgu kół?
1 odp.
A. jechać powoli, na jak najwyższym biegu
B. używać hamulca ręcznego, gdy koło zaczyna się ślizgać
C. hamować delikatnie raz za razem
D. jechać na niskim biegu przez cały czas

Odpowiedź A (utrzymanie niskich obrotów silnika na wysokim biegu zmniejszy siłę obracania koła. W rezultacie zmniejszy to ryzyko poślizgu)

4.21. Poślizg jest powodowany głównie
1 odp.
A. przez pogodę
B. przez kierowcę
C. przez pojazd
D. przez drogę

Odpowiedź B (poprzez zwracanie uwagi na warunki drogi i jej nawierzchnię, możesz uniknąć poślizgu poprzez jazdę z właściwą prędkością i właściwe użycie układu sterowania)

4.22. Jedziesz w mroźnych warunkach pogodowych. Co powinieneś zrobić, kiedy dojeżdżasz do ostrego zakrętu?
2 odp.
A. zwolnić, zanim dojedziesz do zakrętu
B. delikatnie zaciągnąć hamulec ręczny
C. pewnie użyć hamulca nożnego
D. wjechać z rozpędem w zakręt
E. unikać nagłych ruchów kierownicą

Odpowiedzi AE (zwolnij odpowiednio wcześniej, by uniknąć hamowania i sterowania kierownicą w tym samym czasie. Silnik powinien lekko pociągnąć samochód przez zakręt podczas, gdy ty sterujesz delikatnie kierownicą)

4.23. Skręcasz w lewo na śliskiej drodze. Tył twojego pojazdu zjeżdża w prawo. Powinieneś
1 odp.
A. pewnie zahamować i nie ruszać kierownicą
B. ostrożnie skręcić kierownicą w lewo
C. ostrożnie skręcić kierownicą w prawo
D. pewnie zahamować i skręcić kierownicą w lewo

Odpowiedź C (jeśli twój pojazd wpadł w poślizg kieruj tak, by wyprostować pojazd)

4.24. Przed rozpoczęciem podróży w mroźnych warunkach pogodowych, powinieneś usunąć lód i śnieg z
4 odp.
A. anteny
B. szyb
C. zderzaka
D. świateł
E. lusterek
F. tablic rejestracyjnych

Odpowiedzi BDEF (jazda samochodem z brudnymi szybami, światłami czy tablicą rejestracyjną jest wykroczeniem)

4.25. Próbujesz ruszyć na śniegu. Powinieneś użyć
1 odp.
A. najniższego możliwego biegu
B. najwyższego możliwego biegu
C. wysokich obrotów silnika
D. hamulca nożnego i ręcznego jednocześnie

Odpowiedź B (utrzymanie niskich obrotów silnika na wysokim biegu zmniejszy siłę obracania kół. W rezultacie zmniejszy to ryzyko poślizgu)

4.26. Podczas jazdy gdy pada śnieg, powinieneś
1 odp.
A. hamować pewnie i szybko
B. być przygotowanym na ostre manewrowanie pojazdem

SAFETY MARGINS - PODSTAWY BEZPIECZEŃSTWA

C. używać tylko świateł pozycyjnych
D. hamować delikatnie, zapewniając na to dużo czasu

Odpowiedź D (śnieg i lód zmniejszy przyczepność twoich opon do podłoża. Jedź odpowiednio, unikając ostrego kręcenia kierownicą)

4.27. GŁÓWNĄ zaletą pojazdu czterokołowego jest
1 odp.
A. zwiększona przyczepność do podłoża
B. zwiększone zużycie paliwa
C. wydłużony dystans hamowania (zatrzymania)
D. większy komfort pasażera

Odpowiedź A (przyczepność wszystkich czterech kół zwiększa przyczepność pojazdu do nawierzchni drogi)

4.28. Będziesz zjeżdżał z górki. By kontrolować swoją prędkość, powinieneś
1 odp.
A. wybrać wysoki bieg i używać ostrożnie hamulców
B. wybrać wysoki bieg i używać pewnie hamulców
C. wybrać niski bieg i używać ostrożnie hamulców
D. wybrać niski bieg i unikać używania hamulców

Odpowiedź C (używanie niskiego biegu bez przyspieszania pozwoli silnikowi na utrzymanie kontroli nad prędkością pojazdu. Bądź świadomy, że zbytnie nadużywanie hamulców może doprowadzić do ich przegrzania i zaniku)

4.29. Chcesz zaparkować przodem w stronę zjazdu z górki. Które DWA z poniższych powinieneś wykonać?
2 odp.
A. skręcić kierownicą w stronę krawężnika
B. zaparkować blisko zderzaka innego samochodu
C. zaparkować dwoma kołami na krawężniku
D. zaciągnąć pewnie hamulec ręczny
E. skręcić kierownicą od strony krawężnika

Odpowiedzi AD (zawsze zaciągaj hamulec ręczny, kiedy parkujesz. Skręć kołami tak, by nawet, gdyby samochód zjechał, nie wyjechałby na ulicę)

4.30. Jedziesz w obszarze zabudowanym. Dojeżdżasz do progu spowalniającego. Powinieneś

1 odp.
A. zjechać na lewą stronę drogi
B. poczekać na pieszych, aż przejdą
C. zwolnić
D. zatrzymać się i sprawdzić chodniki po obu stronach

Odpowiedź C (jazda po progach zwalniających z dużą szybkością mogłaby doprowadzić do tego, że stracisz kontrolę nad pojazdem jak również do uszkodzenia podwozia twojego samochodu)

4.31. Jesteś na długim pochyłym zboczu zjeżdżającym w dół. Co powinieneś zrobić, by pomóc sobie zachować kontrolę nad prędkością pojazdu?
1 odp.
A. wybrać bieg neutralny (luz)
B. wybrać niższy bieg
C. zaciągnąć pewnie hamulec ręczny
D. zaciągnąć delikatnie hamulec ręczny

SAFETY MARGINS - PODSTAWY BEZPIECZEŃSTWA

Odpowiedź B (używanie niskiego biegu bez przyspieszania, pozwoli silnikowi na utrzymanie kontroli nad prędkością pojazdu. Bądź świadomy że zbytnie nadużywanie hamulców może doprowadzić do ich przegrzania i zaniku)

4.32. Hamulce anti-lock (system ABS) zapobiegają zablokowaniu hamulców. To oznacza, że jest mniejsze ryzyko, że opony
1 odp.
A. poddadzą się zjawisku aquaplane (zbieranie się wody między oponą a nawierzchnią drogi)
B. wpadną w poślizg
C. przebiją się
D. zużyją się

Odpowiedź B (poślizg spowodowany hamowaniem zdarza się, kiedy koło się blokuje i traci przyczepność do podłoża)

4.33. Hamulce anti-lock (system ABS) zmniejszają ryzyko poślizgu, występującego głównie podczas
1 odp.
A. jazdy w dół ze wzgórza
B. hamowania podczas normalnej jazdy
C. hamowania w nagłych wypadkach
D. jazdy po dobrych nawierzchniach drogi

Odpowiedź C (hamulce anti-lock są po to, by zapobiec blokowaniu się koła podczas ostrego hamowania)

4.34. Pojazdy wyposażone w hamulce anti-lock (system ABS)
1 odp.
A. nie mogą wpaść w poślizg
B. mogą być sterowane podczas hamowania
C. przyspieszają znacznie szybciej
D. nie posiadają hamulca ręcznego

Odpowiedź B (ABS nie zapobiegnie całkowicie poślizgowi. System został stworzony, by pomóc twoim umiejętnościom jazdy, a nie je zastępować!)

4.35. Hamulce anti-lock (system ABS) mogą nie działać tak efektywnie, gdy nawierzchnia drogi jest
2 odp.
A. sucha
B. sypka
C. mokra
D. dobra
E. ubita

Odpowiedzi BC (ABS nie zapobiegnie całkowicie poślizgowi. System został stworzony, by pomóc twoim umiejętnościom jazdy, a nie je zastępować!)

4.36. Hamulce anti-lock (system ABS) są najczęściej w użyciu podczas
1 odp.
A. delikatnego hamowania
B. jazdy na wytartych oponach
C. nadmiernego hamowania
D. normalnej jazdy

Odpowiedź C (hamulce anti-lock są po to, by zapobiec blokowaniu się koła podczas ostrego hamowania)

4.37. Jazda pojazdem wyposażonym w hamulce anti-lock (system ABS) pozwala ci na
1 odp.
A. ostrzejsze hamowanie, ponieważ niemożliwy jest poślizg
B. jazdę z większą prędkością
C. sterowanie kierownicą i hamowanie jednocześnie
D. zwracanie mniejszej uwagi na drogę przed tobą

Odpowiedź C (ABS pomoże ci zachować kontrolę, kiedy musisz sterować kierownicą i hamować w tym samym czasie)

4.38. Hamulce anti-lock (system ABS) mogą doskonale wspomagać
1 odp.
A. sterowanie pojazdem podczas dużych prędkości

SAFETY MARGINS - PODSTAWY BEZPIECZEŃSTWA

B. kontrolę sterowania kierownicą podczas hamowania
C. kontrolę przyspieszania
D. jazdę na autostradzie

Odpowiedź B (ABS pomoże ci zachować kontrolę, kiedy musisz sterować kierownicą i hamować w tym samym czasie)

4.39. Jedziesz pojazdem wyposażonym w hamulce anti-lock (system ABS). Musisz się zatrzymać w nagłym wypadku. Powinieneś nacisnąć na pedał hamulca nożnego
1 odp.
A. powoli i delikatnie
B. powoli, ale pewnie
C. gwałtownie, lecz delikatnie
D. gwałtownie i pewnie

Odpowiedź D (hamuj tak, jakbyś miał pojazd bez ABS. System zacznie działać, jeśli wyczuje, że koła chcą się zablokować)

4.40. Twój pojazd jest wyposażony w hamulce anti-lock (system ABS), ale to nie zawsze zapobiega poślizgowi. Może się on zdarzyć podczas jazdy
2 odp.
A. w warunkach mgły
B. na bardzo mokrej nawierzchni drogi
C. na sypkich nawierzchniach drogi
D. na suchym asfalcie
E. w nocy, na nieoświetlonych drogach

Odpowiedzi BC (ABS nie zapobiegnie całkowicie poślizgowi. System został stworzony, by pomóc twoim umiejętnościom jazdy, a nie je zastępować!)

4.41. Jedziesz wzdłuż wiejskiej drogi. Widzisz ten znak. PO przejechaniu tego miejsca bezpiecznie, powinieneś zawsze

1 odp.
A. sprawdzić ciśnienie w oponach
B. włączyć światła ostrzegawcze
C. przyspieszyć
D. przetestować swoje hamulce

Odpowiedź D (twoje hamulce mogą być mokre po przejechaniu przez wodę. Przetestuj je delikatnie i jeśli to konieczne, wysusz je podczas powolnej jazdy, z lewą stopą delikatnie naciskającą pedał hamulca)

4.42. Jedziesz podczas dużej ulewy. Twoje sterowanie kierownicą staje się nagle bardzo lekkie. Powinieneś
1 odp.
A. skręcić kierownicą w kierunku obrzeża drogi
B. delikatnie dodać gazu
C. pewnie zahamować, by zmniejszyć prędkość
D. zdjąć nogę z gazu

Odpowiedź D (prawdopodobnie między twoimi oponami a podłożem zebrała się woda – opony nie mają kontaktu z nawierzchnią drogi z powodu wody na drodze)

4.43. Drogi są oblodzone. Powinieneś jechać powoli
1 odp.
A. na możliwie najwyższym biegu
B. na możliwie najniższym biegu
C. z częściowo zaciągniętym hamulcem ręcznym
D. z lewą stopą na hamulcu nożnym

Odpowiedź A (utrzymanie niskich obrotów silnika na wysokim biegu zmniejszy siłę obracania kół. W rezultacie zmniejszy to ryzyko poślizgu)

4.44. Jedziesz wzdłuż mokrej drogi. W jaki sposób dowiesz się, że zachodzi zjawisko aquaplaning (woda zbiera się między oponą a nawierzchnią drogi)?

SAFETY MARGINS - PODSTAWY BEZPIECZEŃSTWA

1 odp.
A. silnik zgaśnie
B. odgłos silnika będzie głośniejszy
C. sterowanie kierownicą stanie się bardzo ciężkie
D. sterowanie kierownicą stanie się bardzo lekkie

Odpowiedź D (sterowanie będzie bardzo lekkie, ponieważ opony stracą przyczepność do podłoża)

4.45. Jak możesz stwierdzić, że jedziesz po lodzie?
2 odp.
A. opony wydają odgłos huku
B. opony nie wydają prawie żadnego odgłosu
C. manewrowanie kierownicą staje się cięższe
D. manewrowanie kierownicą staje się lżejsze

Odpowiedzi BD (sterowanie będzie bardzo lekkie, ponieważ opony stracą przyczepność do podłoża. Hałas nawierzchni drogi zostanie zmniejszony)

4.46. Jedziesz wzdłuż mokrej drogi. Jak możesz stwierdzić, że opony tracą przyczepność do podłoża?
1 odp.
A. silnik zgaśnie
B. sterowanie kierownicą stanie się bardzo ciężkie
C. hałas silnika zwiększy się
D. sterowanie kierownicą stanie się bardzo lekkie

Odpowiedź D (sterowanie będzie bardzo lekkie, ponieważ opony stracą przyczepność do podłoża)

4.47. Twój ogólny dystans zatrzymania się będzie znacznie dłuższy podczas jazdy
1 odp.
A. w deszczu
B. we mgle
C. w nocy
D. podczas silnych wiatrów

Odpowiedź A (znajomość dystansu zatrzymania jest ważna – czy możesz ocenić t odległość na oko? Długość zatrzymania się na mokrej drodze może być 2 razy większa niż w normalnych warunkach pogodowych)

4.48. Przejechałeś przez głęboką wodę na drodze. Co powinieneś zrobić najpierw?
1 odp.
A. zatrzymać się i sprawdzić opony
B. zatrzymać się i osuszyć hamulce
C. sprawdzić swój system wydechowy
D. przetestować hamulce

Odpowiedź D (zanim przetestujesz swoje hamulce, musisz sprawdzić czy jest ruch za tobą. Jeśli jest to bezpieczne, delikatnie naciśnij na hamulce)

4.49. Jesteś na szybkiej otwartej drodze w dobrych warunkach atmosferycznych. Dla bezpieczeństwa, dystans pomiędzy tobą a pojazdem z przodu powinien wynosić

1 odp.
A. dwusekundowy odstęp
B. jedną długość samochodu
C. 2 metry (6 stóp i 6 cali)
D. dwie długości samochodu

Odpowiedź A (w suchych warunkach dwusekundowy odstęp da ci wystarczającą ilość czasu, potrzebną na zareagowanie i bezpieczne zatrzymanie się, jeśli to konieczne)

4.50. W jaki sposób możesz używać pojazdu jako hamulca?
1 odp.
A. poprzez zmianę biegu na niższy
B. poprzez wybranie biegu wstecznego
C. poprzez zmianę biegu na wyższy
D. poprzez wybranie biegu neutralnego (luzu)

SAFETY MARGINS - PODSTAWY BEZPIECZEŃSTWA

Odpowiedź A (używanie niskiego biegu pomoże pojazdowi zwolnić)

4.51. Hamulce anti-lock (system ABS) mają najlepszą skuteczność, kiedy
1 odp.
A. pompujesz na pedał hamulca, by zapobiec poślizgowi
B. hamujesz normalnie, ale trzymasz mocno kierownicę
C. hamujesz natychmiast i mocno, dopóki nie zwolnisz
D. zaciągniesz hamulec ręczny, by zmniejszyć dystans zatrzymania się

Odpowiedź C (ABS zacznie działać tylko wtedy, gdy naciśniesz natychmiast na hamulce. Zapobiegnie to zablokowaniu kół, zmniejszając ryzyko poślizgu)

4.52. Twój samochód jest wyposażony w hamulce anti-lock (system ABS). Musisz się zatrzymać w nagłym wypadku. Powinieneś
1 odp.
A. zahamować normalnie i unikać kręcenia kierownicą
B. natychmiast mocno nacisnąć na pedał hamulca, dopóki się nie zatrzymasz
C. pulsacyjnie naciskać i zwalniać pedał hamulca nożnego, by zapobiec wpadnięciu w poślizg
D. zaciągnąć hamulec ręczny, by zmniejszyć dystans zatrzymania się

Odpowiedź B (ABS zacznie działać tylko wtedy, gdy naciśniesz natychmiast na hamulce. Zapobiegnie to zablokowaniu kół, zmniejszając ryzyko poślizgu)

4.53. Kiedy system hamowania anti-lock (ABS) zaczyna działać?
1 odp.
A. po tym, jak hamulec ręczny został zaciągnięty
B. po jakimkolwiek naciśnięciu hamulca nożnego
C. w momencie, gdy koła chcą się zablokować
D. kiedy normalny system hamowania zawiedzie

Odpowiedź C (ABS został stworzony, by zapobiec poślizgowi poprzez zmniejszanie siły hamowania, tuż przed tym, jak koła miałyby się zablokować)

4.54. Hamulce anti-lock (system ABS) zaczną działać, kiedy
1 odp.
A. nie zahamujesz odpowiednio szybko
B. maksymalnie wcisnąłeś pedał hamulca
C. nie widziałeś niebezpieczeństwa z przodu
D. jedziesz szybko po śliskich nawierzchniach drogi

Odpowiedź B (ABS został stworzony do asystowania w hamowaniu w nagłych wypadkach)

4.55. Jesteś na mokrej autostradzie, gdzie pojazdy chlapią. Powinieneś użyć
1 odp.
A. świateł ostrzegawczych
B. świateł mijania (krótkich)
C. tylnych świateł przeciwmgielnych
D. świateł pozycyjnych

Odpowiedź B (światła krótkie spowodują, że będziesz bardziej widoczny dla ruchu z przodu)

4.56. Twój pojazd jest wyposażony w hamulce anti-lock (system ABS). By zatrzymać się szybko w nagłym wypadku, powinieneś
1 odp.
A. zahamować pewnie i pompować na pedał hamulca
B. zahamować mocno od razu, bez zdejmowania nogi z hamulca
C. zahamować delikatnie i pompować na pedał hamulca
D. zahamować szybko raz i od razu zdjąć nogę z hamulca

SAFETY MARGINS - PODSTAWY BEZPIECZEŃSTWA

Odpowiedź B (hamuj pewnie – nie ma potrzeby zmniejszania siły, ponieważ system anti-lock powinien pomóc zapobiec poślizgowi)

4.57. Jazda na długich dystansach na biegu neutralnym (znana jako jazda rozpędem)
1 odp.
A. zwiększa kontrolę kierowcy
B. sprawia, że sterowanie kierownicą jest łatwiejsze
C. zmniejsza kontrolę kierowcy
D. zużywa więcej paliwa

Odpowiedź C („Jazda rozpędem" z wciśniętym pedałem sprzęgła lub jazda na luzie zmniejsza przyczepność kół do podłoża. Ma to wpływ zarówno na sterowanie jak i na hamowanie i jest niebezpieczne, zwłaszcza podczas zjeżdżania z góry)

4.58. Jak się zorientujesz, że jedziesz po tzw. „black ice" (gołoledź)?
1 odp.
A. hamowanie jest łatwiejsze
B. hałas opon jest większy
C. zobaczysz ślady opon na drodze
D. twoje sterowanie kierownicą jest lżejsze

Odpowiedź D („Black ice" spowoduje, że twoje opony stracą przyczepność do podłoża. Zmniejszy się hałas opon i sterowanie będzie bardzo lekkie)

4.59. Które z poniższych jest poprawne podczas jazdy we mgle?
3 odp.
A. używać świateł krótkich
B. używać świateł długich
C. poświęcić więcej czasu na swoją podróż
D. trzymać się blisko samochodu z przodu
E. zwolnić
F. używać tylko świateł pozycyjnych

Odpowiedzi ACE (jeśli musisz jechać podczas mgły, zapewnij sobie dużo czasu na podróż. Użyj świateł krótkich dla lepszej widoczności i zmniejsz prędkość)

HAZARD AWARENESS - PRZEWIDYWANIE ZAGROŻEŃ

5.1. Gdzie możesz znaleźć te oznaczenia?

2 odp.
A. na znaku na autostradzie
B. na wjeździe na wąski most
C. na pojeździe przewożącym duże rzeczy
D. na kontenerze (skipie) robotników, umiejscowionym na drodze

Odpowiedzi CD (te oznaczenia są odblaskowe po to, by być łatwo widocznymi w ciemności)

5.2. Jakie jest główne niebezpieczeństwo pokazane na tym zdjęciu?

1 odp.
A. pojazdy skręcające w prawo
B. zawracające pojazdy
C. rowerzysta przekraczający ulicę
D. zaparkowane pojazdy w rogu

Odpowiedź C (na tym skrzyżowaniu na ruchliwej drodze, najbardziej musisz uważać na rowerzystę. Czy inni kierowcy go widzieli?)

5.3. Który użytkownik drogi stworzył niebezpieczeństwo?

1 odp.
A. zaparkowany samochód (strzałka A)
B. pieszy, czekający by przejść (strzałka B)
C. jadący samochód (strzałka C)
D. skręcający samochód (strzałka D)

Odpowiedź A (bezmyślne parkowanie może doprowadzić do wypadku lub zatłoczenia)

5.4. Co powinien zrobić kierowca samochodu, dojeżdżającego do przejścia?

1 odp.
A. kontynuować jazdę z tą samą prędkością
B. użyć klaksonu
C. szybko przejechać
D. zwolnić i być przygotowanym do zatrzymania się

Odpowiedź D (ustąp pierwszeństwa pieszym czekającym, by przejść)

5.5. Na jakie TRZY rzeczy powinien uważać kierowca szarego samochodu (oznaczonego strzałką)?

HAZARD AWARENESS - PRZEWIDYWANIE ZAGROŻEŃ

3 odp.
A. pieszych, przewijających się między samochodami
B. inne samochody za nim
C. otwierające się drzwi zaparkowanych samochodów
D. pagórkowatą nawierzchnię drogi
E. samochody opuszczające miejsca parkingowe
F. puste miejsca parkingowe

Odpowiedzi ACE (zazwyczaj dużo niebezpiecznych sytuacji jest w pobliżu sklepów, gdzie parkują samochody. Bądź uważny i zwolnij)

5.6. **Widzisz ten znak z przodu. Powinieneś oczekiwać, że droga**

1 odp.
A. będzie pięła się pod górę
B. będzie zjeżdżała w dół
C. skręci gwałtownie w lewo
D. skręci gwałtownie w prawo

Odpowiedź C (ostre odchylenie znaku oznacza, że potrzebujesz zwolnić w odpowiednim czasie podczas wjeżdżania w zakręt, by uniknąć utraty kontroli nad pojazdem na zakręcie)

5.7. **Zbliżasz się do tego rowerzysty. Powinieneś**

1 odp.
A. wyprzedzić go, zanim dojedzie on do skrzyżowania
B. mignąć na niego światłami
C. zwolnić i pozwolić rowerzyście skręcić
D. wyprzedzić rowerzystę po lewej stronie

Odpowiedź C (nie powinieneś wyprzedzać żadnego pojazdu przy wjeździe na skrzyżowanie)

5.8. **Dlaczego musisz być szczególnie ostrożny przed skrętem w prawo na tym skrzyżowaniu?**

1 odp.
A. nawierzchnia drogi jest w złym stanie
B. chodniki są wąskie
C. znaki na drodze są wytarte
D. jest ograniczona widoczność

Odpowiedź D (im mniej widzisz, tym większe niebezpieczeństwo)

5.9. **Podczas zbliżania się do tego mostu, powinieneś ustąpić pierwszeństwa**

HAZARD AWARENESS - PRZEWIDYWANIE ZAGROŻEŃ

1 odp.
A. rowerzystom
B. autobusom
C. motocyklom
D. samochodom

Odpowiedź B (ograniczenie wysokości oznacza, że wysokie pojazdy będą musiały umiejscowić się pośrodku drogi)

5.10. Jaki rodzaj pojazdu oczekujesz, że spotkasz w tym miejscu?

1 odp.
A. ciężarówkę
B. rower
C. samochód
D. motocykl

Odpowiedź A (ograniczenie wysokości oznacza, że wysokie pojazdy będą musiały umiejscowić się pośrodku drogi)

5.11. Na tym ślepym skrzyżowaniu musisz zatrzymać się

1 odp.
A. przed linią, po czym wychylić się, by dobrze widzieć
B. za linią w miejscu, z którego dobrze widzisz
C. tylko, jeśli jest ruch na drodze głównej
D. tylko, jeśli skręcasz w prawo

Odpowiedź A (nie możesz wyjechać bezpiecznie bez uprzedniego zatrzymania się, by ocenić czy bezpiecznym jest przekroczenie linii)

5.12. Kierowca wyjeżdża z drogi podrzędnej tuż przed ciebie. Musisz gwałtownie zahamować. Powinieneś
1 odp.
A. zignorować jego błąd i zachować spokój
B. mignąć światłami, by okazać swoje zdenerwowanie
C. użyć klaksonu, by okazać swoje zdenerwowanie
D. wyprzedzić tak szybko, jak to możliwe

Odpowiedź A (postaraj się nie reagować, gdy inny kierowca zrobił coś, co cię zdenerwowało. Pozwól na błędy drugiemu kierowcy)

5.13. Zdolność kierowania pojazdem przez osobę starszą może być mniejsza, ponieważ może ona
1 odp.
A. nie mieć ubezpieczenia samochodu
B. nie rozumieć znaczenia znaków drogowych
C. reagować bardzo powoli

HAZARD AWARENESS - PRZEWIDYWANIE ZAGROŻEŃ

D. nie dawać odpowiednich sygnałów podczas wykonywania manewrów

Odpowiedź C (umiejętności/zdolności fizyczne zmieniają się wraz z wiekiem. Pozwól na to starszemu kierowcy. Bycie świadomym swoich własnych ograniczeń może oznaczać, że będą oni jeździć bardziej ostrożnie niż ty)

5.14. Właśnie przejechałeś przez te światła ostrzegawcze. Jakie niebezpieczeństwo zobaczysz przed tobą?

1 odp.
A. przejazd kolejowy bez barierek
B. pogotowie
C. patrol przejścia szkolnego
D. otwierający się most

Odpowiedź C (światła ostrzegawcze są umiejscowione przed przejściem szkolnym i migają w czasie, kiedy dzieci przychodzą lub wychodzą ze szkoły. Zmniejsz prędkość i bądź zdolny przewidywać niebezpieczeństwo wybiegających nagle dzieci)

5.15. Planujesz długą podróż. Czy potrzebujesz zaplanować przerwy na odpoczynek?
1 odp.
A. tak, powinieneś planować przerwy co każde pół godziny
B. tak, regularny odpoczynek pomaga w koncentracji
C. nie, będziesz mniej zmęczony, jeśli dotrzesz do celu tak szybko, jak to możliwe
D. nie, uwzględnisz tylko przerwy na tankowanie

Odpowiedź B (zapewnij dużo czasu na swoją podróż. Zaplanuj przystanki na odpoczynek, by pozostać czujnym)

5.16. Kierowca zrobił coś, co cię zdenerwowało. Powinieneś
1 odp.

A. starać się nie reagować
B. dać mu znać, jak się czujesz
C. mignąć światłami parę razy
D. użyć klaksonu

Odpowiedź A (nikt nie jest doskonały. Zachowaj spokój)

5.17. Czerwone światła migają. Co powinieneś zrobić, dojeżdżając do tego przejazdu kolejowego?

1 odp.
A. szybko go przejechać
B. przejechać go ostrożnie
C. zatrzymać się przed barierkami
D. włączyć światła ostrzegawcze

Odpowiedź C (czerwone światła oznaczają stop! Byłoby niebezpieczne, oraz wykroczeniem gdybyś jechał)

5.18. Dojeżdżasz do skrzyżowania. Światła nie działają. Co powinieneś zrobić?
1 odp.
A. zahamować i zatrzymać się tylko, by ustąpić pierwszeństwa dużym pojazdom
B. zahamować gwałtownie, by się zatrzymać, po czym rozejrzeć się
C. być przygotowanym do gwałtownego hamowania, by się zatrzymać
D. być przygotowanym do zatrzymania się w razie dużego ruchu

Odpowiedź D (potraktuj skrzyżowanie jako „nieoznakowane". Nie przewiduj, że masz pierwszeństwo. Bądź przygotowany do ustąpienia pierwszeństwa)

HAZARD AWARENESS - PRZEWIDYWANIE ZAGROŻEŃ

5.19. Co powinien zrobić kierowca czerwonego samochodu (oznaczonego strzałką)?

1 odp.
A. zamachać do pieszych, którzy czekają, by przechodzili
B. poczekać, aż pieszy znajdujący się na przejściu przejdzie
C. szybko przejechać za pieszym na drodze
D. powiedzieć pieszemu na drodze, że nie powinien był przechodzić

Odpowiedź B (musisz ustąpić pierwszeństwa pieszym, którzy przechodzą przez drogę, do której się przyłączasz)

5.20. Jedziesz za powoli poruszającym się pojazdem po wąskiej wiejskiej drodze. Jest skrzyżowanie przed tobą po prawej stronie. Co powinieneś zrobić?
1 odp.
A. wyprzedzić, po sprawdzeniu w lusterkach i zasygnalizowaniu kierunkowskazem
B. pozostać z tyłu, do czasu minięcia skrzyżowania
C. przyspieszyć, by wyprzedzić przed skrzyżowaniem
D. zwolnić i być przygotowanym na wyprzedzanie z lewej strony

Odpowiedź B (byłoby zbyt niebezpieczne, abyś wyprzedzał przy wjeździe na skrzyżowanie. Pojazd ukryty przed twoim polem widzenia mógłby wyjechać przed ciebie)

5.21. Co powinieneś zrobić, dojeżdżając do tego mostu?

1 odp.
A. zbliżyć się do środka drogi, przed przejechaniem pod mostem
B. znaleźć inną drogę, ta jest tylko dla wysokich pojazdów
C. być przygotowanym, aby ustąpić pierwszeństwa dużym pojazdom na środku drogi
D. zjechać na prawą stronę, przed przejechaniem pod mostem

Odpowiedź C (ograniczenie wysokości na bokach mostu oznacza, że wysokie pojazdy będą musiały przemieścić się na środek drogi)

5.22. Dlaczego lusterka są często lekko wypukłe?
1 odp.
A. dają szersze pole widzenia
B. pokrywają one ślepe punkty (blind spots)
C. ułatwiają one ocenę prędkości ruchu za tobą
D. powodują, że ruch za tobą wydaje się większy

Odpowiedź A (wypukłe szkło daje szersze pole widzenia, ale powoduje, że pojazdy za tobą wydają się być dalej, niż w rzeczywistości są)

5.23. Widzisz ten znak na tyle powoli poruszającej się ciężarówki, którą chcesz wyprzedzić. Jedzie ona środkowym pasem trójpasmowej autostrady. Powinieneś

1 odp.

HAZARD AWARENESS - PRZEWIDYWANIE ZAGROŻEŃ

A. ostrożnie podjechać do ciężarówki, by wyprzedzić ją z którejkolwiek strony
B. jechać za ciężarówką do czasu, aż nie zjedziesz z autostrady
C. poczekać na poboczu, dopóki ciężarówka się nie zatrzyma
D. podjechać ostrożnie i trzymać się z lewej strony ciężarówki

Odpowiedź D (te oznaczenia są używane, kiedy są roboty na drodze, z zamknięciami pasów. Strzałka na znaku wyraźnie pokazuje, że powinieneś wyminąć pojazd po lewej stronie)

5.24. Myślisz, że kierowca przed tobą zapomniał wyłączyć prawego kierunkowskazu. Powinieneś
1 odp.
A. mignąć światłami, by ostrzec kierowcę
B. użyć klaksonu przed wyprzedzaniem
C. wyprzedzić z lewej strony, jeśli jest miejsce
D. pozostać z tyłu i nie wyprzedzać

Odpowiedź D (trzymaj się z tyłu, kierowca mógł źle ocenić odległość do skrętu)

5.25. Jakie jest możliwe niebezpieczeństwo, na które powinien uważać kierowca czerwonego samochodu (oznaczonego strzałką)?

1 odp.
A. odblask słońca może zredukować widoczność kierowców
B. czarny samochód może się nagle zatrzymać
C. autobus może włączyć się do ruchu
D. pojazdy z naprzeciwka założą, że kierowca skręca w prawo

Odpowiedź C (zawsze miej na uwadze miejsca, gdzie zatrzymują się autobusy. Zasłaniają one twoją widoczność i piesi mogą wychodzić na drogę lub autobus może włączyć się do ruchu)

5.26. Ten żółty znak na pojeździe oznacza, że jest to

1 odp.
A. popsuty pojazd
B. autobus szkolny
C. van z lodami
D. prywatny ambulans

Odpowiedź B (kiedy widzisz ten znak, zachowaj szczególną ostrożność ze względu na dzieci wychodzące z autobusu lub spieszące się do niego i przechodzące przez jezdnię)

5.27. Na jakie DWA główne niebezpieczeństwa powinieneś uważać podczas jazdy tą ulicą?

2 odp.
A. odblask słońca
B. otwierające się drzwi samochodów
C. brak oznaczeń na drodze
D. włączone światła zaparkowanych samochodów
E. duże pojazdy
F. dzieci wybiegające zza samochodów

HAZARD AWARENESS - PRZEWIDYWANIE ZAGROŻEŃ

Odpowiedzi BF (na terenach zabudowanych z wieloma zaparkowanymi pojazdami, może być utrudnione dostrzeżenie wybiegających dzieci lub kierowców otwierających drzwi samochodów)

5.28. Jakie jest główne niebezpieczeństwo, na jakie powinieneś zwrócić uwagę podczas jazdy za tym rowerzystą?

1 odp.
A. rowerzysta może zjechać na lewo i zsiąść z roweru
B. rowerzysta może zachwiać się i wyjechać na drogę przed ciebie
C. zawartość koszyka rowerzysty może wypaść na ulicę
D. rowerzysta może mieć zamiar skręcić w prawo na końcu ulicy

Odpowiedź B (kiedy są zaparkowane samochody lub są inne utrudnienia ograniczające szerokość drogi, uważaj na rowerzystów, którzy mogą zboczyć z toru lub zachwiać się)

5.29. Zachowanie kierowcy zdenerwowało cię. Może ci pomóc, jeśli
1 odp.
A. zatrzymasz się i zrobisz sobie przerwę
B. użyjesz wobec niego obelżywego języka
C. pokażesz mu gest ręką
D. pojedziesz za jego samochodem, migając światłami

Odpowiedź A (jazda, kiedy jesteś zdenerwowany będzie miała wpływ na twoją koncentrację. Nie ryzykuj, zrób sobie przerwę)

5.30. W miejscach, gdzie są spowalniacze ruchu, powinieneś
1 odp.
A. jechać z mniejszą prędkością
B. zawsze jechać z dozwoloną prędkością
C. umiejscowić się pośrodku drogi
D. zwolnić tylko wtedy, gdy piesi są w pobliżu

Odpowiedź A (spowalniacze ruchu są używane w miejscach, gdzie jest szczególne niebezpieczeństwo dla pieszych. Zwolnij i bądź uważny)

5.31. Dlaczego powinieneś zwolnić podczas dojeżdżania do tego niebezpiecznego miejsca?

2 odp.
A. z powodu zakrętu
B. ponieważ widoczność po prawej stronie jest ograniczona
C. z powodu nadjeżdżającego ruchu
D. z powodu obecności zwierząt
E. z powodu przejazdu kolejowego

Odpowiedzi AE (znaki ostrzegają cię o naturze niebezpieczeństwa przed tobą)

5.32. Dlaczego nazwy miejsc (np. miast) są namalowane na nawierzchni drogi?
1 odp.
A. by ograniczyć ruch
B. by ostrzec cię o ruchu z naprzeciwka
C. by pomóc ci wybrać właściwy pas odpowiednio wcześnie
D. by zapobiec zmienianiu pasów

Odpowiedź C (zwracanie uwagi na znaki drogowe i oznaczenia na drodze pozwoli ci

53

HAZARD AWARENESS - PRZEWIDYWANIE ZAGROŻEŃ

umiejscowić się na odpowiednim pasie w odpowiednim czasie)

5.33. Niektóre drogi dwukierunkowe są podzielone na 3 pasy. Dlaczego są one szczególnie niebezpieczne?
1 odp.
A. ruch z obu stron może używać środkowego pasa do wyprzedzania
B. ruch może jechać szybciej w złych warunkach atmosferycznych
C. ruch może wyprzedzać po lewej stronie
D. ruch używa środkowego pasa tylko w wyjątkowych sytuacjach

Odpowiedź A (nie możesz zakładać, że masz pierwszeństwo nad środkowym pasem)

5.34. Jesteś na dwupasmówce. Z przodu widzisz pojazd z migającym pomarańczowym światłem. Co to może być?
1 odp.
A. ambulans
B. wóz strażacki
C. doktor na wezwanie
D. pojazd osoby niepełnosprawnej

Odpowiedź D (powolne pojazdy i te, które są trudne do zauważenia, mogą używać migającego pomarańczowego światła)

5.35. Co oznacza ten sygnał policji dla nadjeżdżającego ruchu?

1 odp.
A. jedź prosto
B. zatrzymaj się
C. skręć w lewo
D. skręć w prawo

Odpowiedź B (naucz się sygnałów opisanych w Kodeksie Drogowym The Highway Code)

5.36. Dlaczego powinieneś być szczególnie ostrożny, przejeżdżając obok tego autobusu?

2 odp.
A. ze względu na nadjeżdżające pojazdy z naprzeciwka
B. kierowca może otworzyć drzwi
C. może on nagle ruszyć
D. ludzie mogą przechodzić przez jezdnię przed autobusem
E. na chodniku są zaparkowane rowery

Odpowiedzi CD (wysiadający pasażerowie mogą przechodzić przed autobusem. Zwróć uwagę na wsiadających ludzi - kiedy wszyscy wsiedli, kierowca autobusu ruszy. Powinieneś ustąpić pierwszeństwa autobusom sygnalizującym włączanie się do ruchu)

5.37. Wyprzedzanie jest główną przyczyną kolizji. W których TRZECH sytuacjach NIE powinieneś wyprzedzać?
3 odp.
A. jeśli skręcasz w lewo zaraz potem
B. kiedy jesteś na drodze jednokierunkowej
C. kiedy dojeżdżasz do skrzyżowania
D. kiedy wjeżdżasz pod długi pagórek
E. kiedy twoja widoczność z przodu jest ograniczona

Odpowiedzi ACE (wyprzedzaj tylko, gdy to konieczne i bezpieczne. Upewnij się, że widzisz wystarczająco dużo drogi z przodu przed wykonaniem manewru. Bądź przygotowany na wykonanie rutyny lusterka-kierunkowskaz-manewr, by wyprzedzić bezpiecznie)

HAZARD AWARENESS - PRZEWIDYWANIE ZAGROŻEŃ

5.38. **Które TRZY są efektami picia alkoholu?**
3 odp.
A. zmniejszona kontrola
B. złudna pewność siebie
C. szybsze reakcje
D. zła ocena prędkości
E. zwiększona ostrożność wobec niebezpieczeństw

Odpowiedzi ABD (alkohol spowalnia reakcje na niebezpieczeństwa, zmniejsza poczucie niebezpieczeństwa i obniża koncentrację)

5.39. **Co oznacza ta biała gruba linia na krawędzi drogi?**

1 odp.
A. sygnalizację świetlną z przodu
B. krawędź drogi szybkiego ruchu
C. chodnik z lewej strony
D. ścieżkę rowerową

Odpowiedź B (biała linia oznacza krawędź drogi szybkiego ruchu i jest ona po to, by pomóc w warunkach słabej widoczności np. podczas złej pogody lub w nocy)

5.40. **Zbliżasz się do tego przejazdu kolejowego. Co będzie pierwszym ostrzeżeniem o nadjeżdżającym pociągu?**

1 odp.
A. opuszczone obie połowy zapory
B. ciągłe pomarańczowe światło
C. opuszczona jedna połowa zapory
D. podwójne migające czerwone światła

Odpowiedź B (dla własnego bezpieczeństwa powinieneś nauczyć się kolejności świateł i dźwięków ostrzegawczych na przejazdach kolejowych)

5.41. **Jesteś za tym rowerzystą. Co powinieneś zrobić, kiedy światła się zmienią?**

1 odp.
A. starać się ruszyć przed rowerzystą
B. dać rowerzyście czas i miejsce na ruszenie
C. skręcić w prawo, ale pozostawić rowerzyście miejsce
D. użyć klaksonu i przejechać jako pierwszy

Odpowiedź B (pamiętaj, że rowerzysta może się zachwiać lub nawet spaść z roweru podczas powolnej jazdy. Zapewnij mu dużo czasu i miejsca, kiedy on rusza)

5.42. **Podczas jazdy zauważasz ten znak przed tobą. Powinieneś**

1 odp.
A. zatrzymać się przy znaku

HAZARD AWARENESS - PRZEWIDYWANIE ZAGROŻEŃ

B. zwolnić, ale jechać wzdłuż zakrętu
C. zwolnić do bardzo powolnego ruchu i kontynuować jazdę
D. zatrzymać się i poszukać bramy wjazdowej na farmę

Odpowiedź B (znak ostrzega cię o przejeździe kolejowym przed tobą. Zwolnij podczas wjeżdżania w zakręt i oceń sytuację, gdy podjeżdżasz do przejazdu)

5.43. Kiedy światła zmienią się na zielone, biały samochód powinien

1 odp.
A. poczekać, aż rowerzysta ruszy
B. szybko ruszyć i wjechać przed rowerzystę
C. zbliżyć się do rowerzysty i przejechać przez światła
D. użyć klaksonu, by ostrzec rowerzystę

Odpowiedź A (pamiętaj, że rowerzysta może się zachwiać lub nawet spaść z roweru podczas jazdy powoli. Zapewnij mu dużo czasu i miejsca, kiedy on rusza)

5.44. Masz zamiar skręcić w lewo na światłach. Tuż przed skrętem, powinieneś

1 odp.
A. sprawdzić swoje prawe lusterko

B. przybliżyć się do białego samochodu
C. stanąć na obu pasach
D. uważać na rowerzystę po lewej stronie

Odpowiedź D (pamiętaj, że rowerzyści i motocykliści mogą jechać wzdłuż stojącego lub powoli poruszającego się ruchu. Używaj lusterek, by widzieć wszystkie ich ruchy)

5.45. Powinieneś zmniejszyć prędkość podczas jazdy tą drogą, ponieważ

1 odp.
A. przed tobą jest skrzyżowanie
B. przed tobą jest niski most
C. jest zmiana nawierzchni drogi
D. droga z przodu zwęża się

Odpowiedź A (pojazdy skręcające przed tobą, mogą zwalniać lub zatrzymywać się przed skrzyżowaniem. Bądź zdolny to przewidzieć i zwolnij w odpowiednim czasie)

5.46. Jedziesz z prędkością 60mph. Gdy zbliżasz się do tego znaku ostrzegającego o niebezpieczeństwie, powinieneś

1 odp.
A. utrzymywać swoją prędkość
B. zmniejszyć prędkość
C. skręcić w prawo

HAZARD AWARENESS - PRZEWIDYWANIE ZAGROŻEŃ

D. skręcić w lewo

Odpowiedź B (pojazdy skręcające przed tobą, mogą zwalniać lub zatrzymywać się przed skrzyżowaniem. Bądź zdolny to przewidzieć i zwolnij w odpowiednim czasie)

5.47. Co zdarzy się w tej sytuacji?

1 odp.
A. ruch przemieści się na prawy pas
B. prędkość ruchu zwiększy się
C. ruch przemieści się na lewy pas
D. ruch nie zmieni się

Odpowiedź C (jeśli prawy pas jest zablokowany z powodu robót drogowych, bądź zdolny przewidzieć, że ruch przemieści się na lewy pas. Daj pojazdom na prawym pasie czas i miejsce do zmiany pasa)

5.48. Jedziesz drogą z kilkoma pasami ruchu. Widzisz te oznaczenia ponad pasami. Co one znaczą?

1 odp.
A. dwa prawe pasy są otwarte
B. dwa lewe pasy są otwarte
C. ruch na lewych pasach powinien się zatrzymać
D. ruch na prawych pasach powinien się zatrzymać

Odpowiedź B (zwróć uwagę na znaki na wielopasmowych drogach. Mogą się one zmieniać podczas różnych pór dnia)

5.49. Zostałeś zaproszony na lunch do pubu. Wiesz, że będziesz prowadził samochód wieczorem. Jaki jest najlepszy tok działania?
1 odp.
A. unikać miksowania drinków alkoholowych
B. w ogóle nie pić alkoholu
C. napić się mleka przed piciem alkoholu
D. zjeść ciepły posiłek, pijąc drinki

Odpowiedź B (picie alkoholu ma wpływ na zdolność prowadzenia pojazdu. Alkohol pozostaje we krwi po pewnym czasie od wypicia, więc skutki mogą nie być widoczne od razu)

5.50. Byłeś oskarżony za jazdę pod wpływem alkoholu lub narkotyków. Koszt jednego z poniższych na pewno wzrośnie. Którego?
1 odp.
A. licencji na fundusz drogowy
B. stawki ubezpieczenia
C. certyfikatu testu pojazdu
D. prawa jazdy

Odpowiedź B (jazda pod wpływem alkoholu lub narkotyków pokazuje, że masz poważny problem z postawą i stanowisz większe ryzyko dla firm ubezpieczeniowych. Składka na ubezpieczenie wzrośnie)

5.51. Jaką radę powinieneś dać kierowcy, który wypił kilka drinków na przyjęciu?
1 odp.
A. napij się mocnej kawy i jedź do domu
B. jedź do domu ostrożnie i powoli
C. jedź do domu publicznym transportem
D. poczekaj chwilę i jedź do domu

Odpowiedź C (autobus, taksówka czy inna forma transportu jest tańsza niż potencjalne

HAZARD AWARENESS - PRZEWIDYWANIE ZAGROŻEŃ

konsekwencje możliwego wypadku lub stracenia licencji)

5.52. Brałeś leki przez kilka dni. Powodowały one, że czułeś się senny. Dziś czujesz się lepiej, ale również musisz zażyć lek. Powinieneś prowadzić pojazd tylko
1 odp.
A. gdy twoja podróż jest nieunikniona
B. w nocy, po cichych drogach
C. gdy ktoś pojedzie z tobą
D. po uzgodnieniu tego z twoim lekarzem

Odpowiedź D (jeśli nie jesteś pewien skutków używania leków, powinieneś skonsultować się z lekarzem lub farmaceutą przed jazdą)

5.53. Szykujesz się do powrotu z wakacji. Nagle zachorowałeś. Lekarz przepisuje ci lek, który będzie miał wpływ na twoją zdolność prowadzenia pojazdu. Powinieneś
1 odp.
A. kierować tylko, jeśli ktoś z tobą jest
B. unikać jazdy po autostradach
C. nie prowadzić pojazdu
D. nigdy nie jechać więcej niż 30mph

Odpowiedź C (jeśli myślisz, że twoja zdolność do jazdy może być osłabiona, nie jedź!)

5.54. W czasie choroby twoja zdolność prowadzenia pojazdu może być ograniczona. MUSISZ
2 odp.
A. kontaktować się z lekarzem za każdym razem przed prowadzeniem pojazdu
B. brać tylko małe dawki leku
C. być w dobrej kondycji medycznej, by jechać
D. nie prowadzić pojazdu po zażyciu konkretnych leków
E. wziąć wszystkie leki ze sobą, kiedy prowadzisz pojazd

Odpowiedzi CD (jazda pod wpływem narkotyków/leków, włączając w to środki przepisane przez lekarza lub dostępne w sklepach, które mają wpływ na twoją zdolność prowadzenia jest wykroczeniem)

5.55. Czujesz się śpiący podczas jazdy. Powinieneś
2 odp.
A. zatrzymać się tak szybko, jak to możliwe i odpocząć
B. włączyć ogrzewanie, by czuć się komfortowo
C. upewnić się, że masz zapewniony dostęp świeżego powietrza
D. kontynuować swoją podróż, ale jechać wolniej
E. zamknąć okna w samochodzie, byś mógł się bardziej skoncentrować

Odpowiedzi AC (otwórz okno, jeśli to konieczne, by zaczerpnąć świeżego powietrza i zjedź w pierwsze bezpieczne miejsce, by zrobić sobie przerwę)

5.56. Jedziesz autostradą i poczułeś się zmęczony. Powinieneś
2 odp.
A. zatrzymać się w najbliższym miejscu serwisowym i odpocząć
B. zjechać z autostrady najbliższym zjazdem i odpocząć
C. zwiększyć prędkość i podgłośić radio
D. zamknąć wszystkie okna i ustawić ogrzewanie na ciepłe
E. zjechać na pobocze i zmienić kierowców

Odpowiedzi AB (otwórz okno, jeśli to konieczne, by zaczerpnąć świeżego powietrza i zjedź w pierwsze bezpieczne miejsce, by zrobić sobie przerwę)

5.57. Bierzesz leki, które mogą mieć wpływ na twoją zdolność prowadzenia pojazdu. Co powinieneś zrobić?

HAZARD AWARENESS - PRZEWIDYWANIE ZAGROŻEŃ

1 odp.
A. zasięgnąć porady medycznej przed jazdą
B. ograniczyć swoją jazdę do koniecznych podróży
C. jechać tylko wtedy, gdy jest z tobą posiadacz pełnej licencji
D. jeździć tylko na krótkich dystansach

Odpowiedź A (jeśli nie jesteś pewien skutków używania leków, powinieneś skonsultować się z lekarzem lub farmaceutą przed jazdą)

5.58. Masz zamiar jechać do domu. Czujesz się bardzo zmęczony i masz uporczywy ból głowy. Powinieneś
1 odp.
A. poczekać, aż będziesz w formie i poczujesz się lepiej, zanim pojedziesz
B. jechać do domu, ale wziąć tabletkę na ból głowy
C. jechać do domu, jeśli potrafisz być rozbudzony podczas jazdy
D. zaczekać chwilę i jechać powoli do domu

Odpowiedź A (musisz być w dobrej kondycji medycznej, by jechać – silny ból głowy osłabi twoją zdolność prowadzenia pojazdu, więc nie jedź)

5.59. Jeśli czujesz się zmęczony, najlepiej jest zatrzymać się tak szybko, jak to możliwe. Zanim to zrobisz, powinieneś
1 odp.
A. zwiększyć prędkość, by znaleźć szybciej miejsce, gdzie możesz się zatrzymać
B. zapewnić dostęp świeżego powietrza do pojazdu
C. delikatnie stukać palcami w kierownicę
D. zmieniać prędkość, by poprawić koncentrację

Odpowiedź B (otwórz okno, jeśli to konieczne, by zaczerpnąć świeżego powietrza i zjedź w pierwsze bezpieczne miejsce, by zrobić sobie przerwę)

5.60. Jazda na długich dystansach może być męcząca. Możesz temu zapobiec poprzez
3 odp.
A. częste zatrzymywanie się po to, by się przespacerować
B. otwieranie okna, by zaczerpnąć świeżego powietrza
C. zapewnianie wielu przerw na odświeżenie się
D. zakończenie podróży bez zatrzymywania się
E. zjedzenie obfitego posiłku przed jazdą

Odpowiedzi ABC (otwórz okno, jeśli to konieczne, by się odświeżyć. Zaplanuj swoją podróż z wystarczającą ilością przerw na odpoczynek)

5.61. Jedziesz na spotkanie socjalne i będziesz prowadził samochód niedługo potem. Jakie środki ostrożności powinieneś zastosować?
1 odp.
A. unikać picia alkoholu na pusty żołądek
B. wypić dużo kawy po wypiciu alkoholu
C. unikać w ogóle picia alkoholu
D. wypić dużo mleka przed wypiciem alkoholu

Odpowiedź C (picie i jazda samochodem rujnuje życie. Nie podejmuj ryzyka)

5.62. Bierzesz lek na kaszel, który dał ci znajomy. Co powinieneś zrobić przed prowadzeniem pojazdu?
1 odp.
A. zapytać znajomego, czy lek miał wpływ na jego zdolność prowadzenia pojazdu
B. wypić mocną kawę godzinę przed jazdą
C. sprawdzić ulotkę informacyjną leku, by zobaczyć, czy lek będzie

HAZARD AWARENESS - PRZEWIDYWANIE ZAGROŻEŃ

miał wpływ na zdolność prowadzenia pojazdu
D. przejechać krótki dystans, by zobaczyć czy lek ma wpływ na twoją zdolność prowadzenia

Odpowiedź C (jeśli nie jesteś pewien skutków używania leków, powinieneś skonsultować się z lekarzem lub farmaceutą przed jazdą)

5.63. **Pomyliłeś drogę i zauważasz, że znajdujesz się na ulicy jednokierunkowej. Powinieneś**

1 odp.
A. wycofać z drogi
B. skręcić w drogę podrzędną
C. kontynuować do końca ulicy
D. wycofać w podjazd (driveway)

Odpowiedź C (jazda pod prąd na ulicy jednokierunkowej byłaby niebezpieczna i jest to wykroczenie)

5.64. **Które TRZY mogą sprawić, że stracisz koncentrację podczas jazdy?**
3 odp.
A. patrzenie na mapę
B. słuchanie głośnej muzyki
C. używanie wycieraczek przedniej szyby
D. patrzenie w boczne lusterko
E. używanie telefonu komórkowego

Odpowiedzi ABE (by utrzymać kontrolę nad pojazdem, powinieneś zwracać uwagę na swoją jazdę przez cały czas)

5.65. **Jedziesz wzdłuż tej drogi. Kierowca z lewej strony cofa z podjazdu. Powinieneś**

1 odp.
A. zjechać na drugą stronę drogi
B. przejechać, ponieważ masz pierwszeństwo
C. użyć klaksonu i być przygotowanym do zatrzymania się
D. przyspieszyć i szybko przejechać

Odpowiedź C (kierowca mógł cię nie zauważyć. Użyj klaksonu, by ostrzec o swojej obecności i bądź przygotowany do zatrzymania się, jeśli to konieczne)

5.66. **Zostałeś uwikłany w kłótnię przed rozpoczęciem podróży. Jesteś zły. Powinieneś**
1 odp.
A. jechać, ale otworzyć okno
B. jechać wolniej niż zwykle i włączyć radio
C. napić się alkoholu, by pomógł ci się zrelaksować przed jazdą
D. uspokoić się przed jazdą

Odpowiedź D (zły nastrój będzie miał wpływ na twoją koncentrację. Uspokój się zanim, ruszysz)

5.67. **Dopada cię zmęczenie podczas jazdy. Co powinieneś zrobić?**
1 odp.
A. zwiększyć trochę prędkość
B. zmniejszyć trochę prędkość
C. znaleźć mniej ruchliwą trasę
D. zjechać w bezpieczne miejsce, by odpocząć

Odpowiedź D (otwórz okno, jeśli to konieczne, by się odświeżyć. Zaplanuj swoją podróż z wystarczającą ilością przerw na odpoczynek)

HAZARD AWARENESS - PRZEWIDYWANIE ZAGROŻEŃ

5.68. Jedziesz tą dwupasmówką. Dlaczego będziesz musiał zwolnić?

1 odp.
A. jest przerywana biała linia pośrodku drogi
B. są ciągłe białe linie po obu stronach drogi
C. przed tobą są roboty drogowe
D. nie ma chodników

Odpowiedź C (znaki robót drogowych są łatwo rozpoznawalne poprzez swój prostokątny kształt i żółte tło)

5.69. Zostałeś wyprzedzony przez tego motocyklistę, który wjeżdża przed ciebie. Powinieneś

1 odp.
A. użyć klaksonu
B. pewnie zahamować
C. utrzymać bezpieczny odstęp
D. mignąć światłami

Odpowiedź C (pozostań spokojny i zachowaj bezpieczny odstęp)

5.70. Masz zamiar jechać do domu. Nie możesz znaleźć swoich okularów. Powinieneś
1 odp.

A. jechać do domu powoli, spokojnymi i cichymi drogami
B. pożyczyć okulary od kolegi
C. jechać w nocy, aby pomogły ci światła
D. znaleźć sposób na dotarcie do domu bez jazdy samochodem

Odpowiedź D (jazda bez właściwej widoczności z przodu jest wykroczeniem)

5.71. Które TRZY są efektami picia alkoholu?
3 odp.

A. zredukowana koordynacja ruchowa
B. zwiększona pewność siebie
C. słaba ocena sytuacji
D. zwiększona koncentracja
E. szybsze reakcje
F. nierozróżnianie kolorów

Odpowiedź ABC (alkohol spowalnia reakcje na niebezpieczeństwa, zmniejsza poczucie niebezpieczeństwa i obniża koncentrację)

5.72. Jaki wpływ na organizm ma alkohol?
1 odp.

A. przyspiesza reakcje
B. zwiększa świadomość
C. polepsza koordynację ruchową
D. zmniejsza koncentrację

Odpowiedź D (alkohol spowalnia reakcje na niebezpieczeństwa, zmniejsza poczucie niebezpieczeństwa i obniża koncentrację)

5.73. Lekarz przepisał ci serię leków. Dlaczego powinieneś zapytać, jaki będą mieć wpływ na twoją zdolność prowadzenia pojazdu?
1 odp.

A. leki powodują, że jest się lepszym kierowcą, poprzez przyspieszanie reakcji na zdarzenia
B. będziesz musiał dać znać firmie ubezpieczeniowej o lekach, które zażywasz

HAZARD AWARENESS - PRZEWIDYWANIE ZAGROŻEŃ

C. pewien rodzaj leków może spowalniać reakcje na zdarzenia
D. leki, które zażywasz, mogą mieć wpływ na twój słuch

Odpowiedź C (jest wykroczeniem jazda pod wpływem narkotyków/leków, włączając w to środki przepisane przez lekarza lub dostępne w sklepach, które mają wpływ na twoją zdolność prowadzenia)

5.74. Jesteś na autostradzie. Czujesz się zmęczony. Powinieneś
1 odp.
A. jechać, ale powoli
B. zjechać z autostrady najbliższym zjazdem
C. dojechać do celu tak szybko, jak to możliwe
D. zatrzymać się na poboczu

Odpowiedź B (otwórz okno, jeśli to konieczne, by mieć dostęp do świeżego powietrza. Zjedź z autostrady, kiedy to bezpiecznie możliwe i zrób sobie przerwę na odpoczynek)

5.75. Zauważyłeś, że potrzebujesz okularów, by przeczytać numer rejestracyjny pojazdu z wymaganej odległości. Kiedy MUSISZ je nosić?
1 odp.
A. tylko w złych warunkach pogodowych
B. zawsze podczas jazdy
C. tylko, kiedy uważasz, że to konieczne
D. tylko w złym świetle lub w nocy

Odpowiedź B (jazda bez właściwej widoczności z przodu jest wykroczeniem)

5.76. Które DWIE rzeczy pomogą ci być czujnym podczas długiej podróży?
2 odp.
A. zakończenie podróży tak szybko, jak to możliwe
B. unikanie autostrad i używanie wiejskich dróg

C. upewnienie się, że masz dostęp świeżego powietrza do pojazdu
D. regularne zatrzymywanie się, by się odświeżyć

Odpowiedzi CD (zaplanuj swoją podróż, aby zawierała przystanki na odpoczynek. Otwórz okno, jeśli konieczne, by zażyć świeżego powietrza)

5.77. Który rodzaj okularów nie powinien być używany podczas jazdy w nocy?
1 odp
A. half-moon (półksiężycowe)
B. round (okrągłe)
C. bi-focal (powiększające)
D. tinted (przyciemnione)

Odpowiedź D (nie powinieneś używać okularów, które redukują widoczność)

5.78. Wypicie jakiejkolwiek ilości alkoholu
3 odp.
A. spowolni twoje reakcje na niebezpieczeństwa
B. zwiększy szybkość twoich reakcji
C. źle oceni twoją prędkość
D. zwiększy twoje wyczucie na niebezpieczeństwa
E. da ci fałszywą pewność siebie

Odpowiedzi ACE (alkohol spowalnia reakcje na niebezpieczeństwa, zmniejsza poczucie niebezpieczeństwa i obniża koncentrację)

5.79. Co, oprócz drinków alkoholowych, może mieć poważny wpływ na twoją koncentrację podczas jazdy?
3 odp.
A. narkotyki/leki
B. zmęczenie
C. przyciemniane szyby
D. szkła kontaktowe
E. głośna muzyka

Odpowiedzi ABE (zwróć uwagę na twoją jazdę i utrzymuj właściwą kontrolę nad pojazdem cały czas)

HAZARD AWARENESS - PRZEWIDYWANIE ZAGROŻEŃ

5.80. Jako kierowca dostrzegasz, że twój wzrok znacznie się pogorszył. Twój okulista mówi, że nie może ci pomóc. Zgodnie z prawem, powinieneś powiadomić o tym
1 odp.
A. władzę licencyjną DVLA
B. lekarza
C. komendę policyjną
D. innego okulistę

Odpowiedź A (zgodnie z prawem, powinieneś poinformować DVLA o problemie)

5.81. Kiedy możesz używać świateł ostrzegawczych?
1 odp.
A. kiedy zaparkowałeś na drodze dwukierunkowej
B. kiedy kierunkowskazy nie działają
C. podczas ostrzegania ruchu z naprzeciwka, że zamierzasz się zatrzymać
D. kiedy masz awarię samochodu i jesteś przeszkodą na drodze

Odpowiedź D (światła ostrzegawcze powinny być używane tylko, jeśli jesteś tymczasową przeszkodą na autostradzie lub drodze szybkiego ruchu albo ostrzec o niebezpieczeństwie przed tobą. Nie mogą być używane jako wymówka dla nielegalnego lub bezmyślnego parkowania)

5.82. Chcesz skręcić w lewo na tym skrzyżowaniu. Widoczność drogi głównej jest ograniczona. Co powinieneś zrobić?

1 odp.
A. pozostać z tyłu i poczekać, czy coś nadjeżdża
B. nadbudować prędkość, by móc szybko wyjechać
C. zatrzymać się i zaciągnąć hamulec ręczny, nawet jeśli droga jest wolna
D. podjechać powoli i wychylić się do miejsca, w którym lepiej widzisz

Odpowiedź D (rozejrzyj się i wyjedź powoli do przodu, by uzyskać lepsze pole widzenia)

5.83. Kiedy możesz użyć świateł ostrzegawczych?
1 odp.
A. kiedy parkujesz wzdłuż innego samochodu
B. kiedy parkujesz na podwójnej żółtej linii
C. kiedy jesteś holowany
D. kiedy masz awarię

Odpowiedź D (światła ostrzegawcze powinny być używane tylko, jeśli jesteś tymczasową przeszkodą na autostradzie lub drodze szybkiego ruchu albo ostrzec o niebezpieczeństwie przed tobą. Nie mogą być używane jako wymówka dla nielegalnego lub bezmyślnego parkowania)

5.84. Światła ostrzegawcze powinny być używane kiedy pojazd
1 odp.
A. zepsuł się i stanowi przeszkodę na drodze
B. jest uszkodzony i powoli się porusza
C. jest holowany na drodze
D. cofa w drogę podrzędną

Odpowiedź A (światła ostrzegawcze powinny być używane tylko, jeśli jesteś tymczasową przeszkodą na autostradzie lub drodze szybkiego ruchu albo ostrzec o niebezpieczeństwie przed tobą. Nie mogą być używane jako wymówka dla nielegalnego lub bezmyślnego parkowania)

5.85. Po co użyjesz „kick down" podczas jazdy samochodem z automatyczną skrzynią biegów?
1 odp.
A. do kontroli manewrów kierownicą

HAZARD AWARENESS - PRZEWIDYWANIE ZAGROŻEŃ

B. do szybkiego przyspieszenia
C. do powolnego hamowania
D. dla ekonomii paliwa

Odpowiedź B ("kick down" obciąża dodatkowo silnik, powodując szybszą zmianę biegu na niższy dla szybszego przyspieszenia)

5.86. Jedziesz tą autostradą. Pada deszcz. Podczas jazdy za tą ciężarówką, powinieneś

2 odp.
A. pozostawić odstęp co najmniej dwóch sekund
B. zjechać na lewo i jechać poboczem
C. pozostawić odstęp co najmniej czterech sekund
D. uważać na chlapanie, które zmniejszy widoczność
E. zjechać na prawo i pozostać na prawym pasie

Odpowiedzi CD (w mokrych warunkach atmosferycznych zwiększ podwójnie dystans między tobą a pojazdem z przodu. Trzymanie się z tyłu poprawi również widoczność)

5.87. Jedziesz w kierunku tego zakrętu w lewo. Na jakie niebezpieczeństwa powinieneś uważać?

1 odp.

A. pojazdy wyprzedzające cię
B. brak białych linii pośrodku drogi
C. brak znaku ostrzegającego o zakręcie
D. pieszych, idących w twoją stronę

Odpowiedź D (tam gdzie nie ma chodnika, piesi powinni dla własnego bezpieczeństwa iść prawą stroną drogi, twarzą w kierunku ruchu)

5.88. Ruch przed tobą na lewym pasie zwalnia. Powinieneś

2 odp.
A. uważać na samochody po twojej prawej, wcinające się przed ciebie
B. przyspieszyć, jadąc obok samochodów na lewym pasie
C. zjechać na lewo na pobocze
D. przemieścić się na prawy pas i kontynuować jazdę
E. zwolnić, utrzymując bezpieczną odległość od pojazdów

Odpowiedzi AE (znak pokazuje zamknięcie pasa. Bądź zdolny przewidzieć, że kierowcy będą zjeżdżać na lewy pas i zwolnij dla bezpieczeństwa)

5.89. Jako właściciel licencji provisional, nie możesz prowadzić samochodu
2 odp.
A. z prędkością większą niż 40mph
B. samemu
C. na autostradzie
D. poniżej wieku 18 lat w nocy
E. z pasażerami na tylnich siedzeniach

Odpowiedzi BC (jest wykroczeniem, jeśli kierowca uczący się jeździć, jeździ autostradą lub bez kierowcy opiekuna)

HAZARD AWARENESS - PRZEWIDYWANIE ZAGROŻEŃ

5.90. Nie jesteś pewien czy lek na kaszel nie będzie miał wpływu na twoją jazdę. Jakie DWIE rzeczy powinieneś zrobić?
2 odp.
A. zapytać lekarza
B. sprawdzić ulotkę informacyjną leku
C. jechać, jeśli czujesz się OK
D. zapytać znajomego lub kogoś z rodziny o poradę

Odpowiedzi AB (jest wykroczeniem jazda pod wpływem narkotyków/leków, włączając w to środki przepisane przez lekarza lub dostępne w sklepach, które mają wpływ na twoją zdolność prowadzenia)

5.91. Dla których z poniższych możesz użyć świateł ostrzegawczych?
1 odp.
A. podczas jazdy na autostradzie, by ostrzec ruch za tobą o niebezpieczeństwie z przodu
B. kiedy zaparkowałeś na drodze dwukierunkowej
C. kiedy twoje kierunkowskazy nie działają
D. dla ostrzeżenia nadjeżdżającego ruchu, że zamierzasz się zatrzymać

Odpowiedź A (światła ostrzegawcze powinny być używane tylko, jeśli jesteś tymczasową przeszkodą na autostradzie lub drodze szybkiego ruchu albo ostrzec o niebezpieczeństwie przed tobą. Nie mogą być używane jako wymówka dla nielegalnego lub bezmyślnego parkowania)

5.92. Czekasz, by wyłonić się na skrzyżowaniu. Twoja widoczność jest ograniczona poprzez zaparkowane pojazdy. Co może ci pomóc, abyś widział ruch na drodze, do której się przyłączasz?
1 odp.
A. obserwowanie ruchu za tobą
B. odbicia ruchu w witrynach sklepowych
C. złapanie kontaktu wzrokowego z innymi użytkownikami drogi
D. sprawdzenie ruchu w twoim lusterku wewnętrznym

Odpowiedź B (patrzenie przez szyby pojazdu lub na witryny sklepowe pomoże ci ocenić, czy nadjeżdża ruch)

5.93. Po zdaniu egzaminu na prawo jazdy zachorowałeś. Ma to wpływ na twoją zdolność prowadzenia pojazdu. MUSISZ
1 odp.
A. poinformować o tym lokalną komendę policji
B. unikać jazdy po autostradach
C. zawsze prowadzić pojazd w czyimś towarzystwie
D. poinformować o tym władzę licencyjną

Odpowiedź D (według prawa powinieneś poinformować DVLA o problemie)

5.94. Dlaczego droga z lewej strony na skrzyżowaniu powinna być wolna?

1 odp.
A. by pozwolić pojazdom wjeżdżać w nią i wyjeżdżać z niej
B. by pozwolić autobusowi na cofanie
C. by pozwolić pojazdom wykonać U-turn (zawracać)
D. by pozwolić pojazdom na parkowanie

Odpowiedź A (bądź roztropny i pozostawiaj przejezdne wyjazdy ze skrzyżowań, podczas stania w korkach. To poprawi płynność całego ruchu)

HAZARD AWARENESS - PRZEWIDYWANIE ZAGROŻEŃ

5.95. Jeśli podróż autostradą męczy cię i czujesz się śpiący podczas jazdy, powinieneś
1 odp.
A. zatrzymać się na poboczu, by się przespać
B. otworzyć okno i zatrzymać się szybko w bezpiecznym i dozwolonym miejscu
C. przyspieszyć, by dojechać do celu szybciej
D. zwolnić i pozwolić innym kierowcom wyprzedzić cię

Odpowiedź B (otwórz okno jeśli to konieczne, by mieć dostęp do świeżego powietrza. Zjedź z autostrady, kiedy to bezpiecznie możliwe i zrób sobie przerwę na odpoczynek)

5.96. Jedziesz autostradą. Ruch z przodu gwałtownie hamuje z powodu wypadku. W jaki sposób możesz ostrzec ruch za tobą?
1 odp.
A. poprzez chwilowe użycie świateł ostrzegawczych
B. poprzez włączenie świateł ostrzegawczych
C. poprzez chwilowe użycie tylnich świateł przeciwmgielnych
D. poprzez włączenie świateł krótkich

Odpowiedź A (światła ostrzegawcze powinny być używane tylko, jeśli jesteś tymczasową przeszkodą na autostradzie lub drodze szybkiego ruchu albo ostrzec o niebezpieczeństwie
przed tobą. Nie mogą być używane jako wymówka dla nielegalnego lub bezmyślnego parkowania)

VULNERABLE ROAD USERS - SZCZEGÓLNIE NARAŻENI UŻYTKOWNICY DROGI

6.1. Który znak oznacza, że ludzie mogą iść wzdłuż tej drogi?
1 odp.

A.
B.
C.
D.

Odpowiedź D (trójkąty ostrzegają! Powinieneś nauczyć się znaczenia wszystkich znaków i być w stanie reagować na niebezpieczeństwo odpowiednio wcześnie)

6.2. Skręcasz w lewo na skrzyżowaniu. Piesi zaczęli przechodzić przez jezdnię. Powinieneś

1 odp.
A. jechać, pozostawiając odstęp
B. zatrzymać się i zamachać im, by przechodzili
C. użyć klaksonu i kontynuować jazdę
D. ustąpić im pierwszeństwa

Odpowiedź D (nie wolno ci alarmować pieszych. Daj im czas, by przekroczyli jezdnię bezpiecznie)

6.3. Skręcasz w lewo z drogi głównej w podporządkowaną. Ludzie przechodzą przez drogę, w którą chcesz skręcić. Powinieneś

1 odp.
A. kontynuować jazdę, masz pierwszeństwo
B. zasygnalizować im, by przechodzili
C. zaczekać i pozwolić im przejść
D. użyć klaksonu, by ostrzec ich o swojej obecności

Odpowiedź C (nie wolno ci alarmować pieszych. Daj im czas, by przekroczyli jezdnię bezpiecznie)

6.4. Jesteś na skrzyżowaniu, skręcając w drogę podrzędną. Przechodzą na niej piesi przez jezdnię. Powinieneś

1 odp.
A. zatrzymać się i zamachać do przechodniów, by przechodzili
B. użyć klaksonu, by dać znać pieszym, że tam jesteś
C. ustąpić pierwszeństwa pieszym, którzy przechodzą
D. kontynuować jazdę, piesi powinni ustąpić ci pierwszeństwa

Odpowiedź C (nie wolno ci alarmować pieszych. Daj im czas, by przekroczyli jezdnię bezpiecznie)

VULNERABLE ROAD USERS - SZCZEGÓLNIE NARAŻENI UŻYTKOWNICY DROGI

6.5. Skręcasz w lewo w drogę podrzędną. Na jakie niebezpieczeństwa powinieneś szczególnie uważać?
1 odp.
A. jednokierunkową ulicę
B. pieszych
C. zatłoczenie ruchu
D. zaparkowane pojazdy

Odpowiedź B (bądź szczególnie świadomy najbardziej narażonych użytkowników drogi)

6.6. Masz zamiar skręcić w prawo w drogę podrzędną. Tuż przed skrętem powinieneś sprawdzić czy nie ma motocyklistów, którzy
1 odp.
A. mogą wyprzedzać cię z lewej strony
B. mogą jechać blisko za tobą
C. mogą wyłaniać się z drogi podporządkowanej
D. mogą wyprzedzać cię z prawej strony

Odpowiedź D (musisz wiedzieć, co się dzieje za tobą i obok ciebie, zanim wykonasz manewr)

6.7. Przejście toucan jest inne od pozostałych, ponieważ
1 odp.
A. mogą go używać kierowcy motorowerów
B. jest kontrolowane przez strażnika ruchu
C. jest kontrolowane przez dwa migające światła
D. rowerzyści mogą go używać

Odpowiedź D (rowerzyści mogą przekraczać jezdnię. To przejście jest stworzone zarówno dla pieszych jak i rowerzystów i nie ma migającego pomarańczowego światła. Zwróć uwagę na pasy dla rowerów, prowadzące do tego przejścia)

6.8. W jaki sposób patrol przejścia szkolnego zasygnalizuje ci, byś się zatrzymał?
1 odp.

A. poprzez wskazanie na dzieci po drugiej stronie chodnika
B. poprzez pokazanie czerwonego światła
C. poprzez pokazanie znaku stop
D. poprzez pokazanie sygnału ręką

Odpowiedź C (zwróć uwagę na patrol przejścia szkolnego – opiekun będzie nosił odblaskowe ubranie)

6.9. Gdzie zobaczysz ten znak?

1 odp.
A. w oknie samochodu wiozącego dzieci do szkoły
B. przy krawędzi drogi
C. w miejscach placu zabaw
D. na tyle autobusu lub autokaru szkolnego

Odpowiedź D (kiedy widzisz ten znak, uważaj szczególnie na dzieci wybiegające na drogę zza zaparkowanych pojazdów)

6.10. Który znak mówi o tym, że piesi mogą iść wzdłuż drogi, ponieważ nie ma chodnika?
1 odp.

A.   B.

C.   D.

Odpowiedź A (trójkąty ostrzegają! Powinieneś nauczyć się znaczenia wszystkich znaków i być w stanie reagować na niebezpieczeństwo odpowiednio wcześnie)

6.11. Co oznacza ten znak?

VULNERABLE ROAD USERS - SZCZEGÓLNIE NARAŻENI UŻYTKOWNICY DROGI

1 odp.
A. brak trasy dla pieszych i rowerów
B. trasa tylko dla pieszych
C. trasa tylko dla rowerów
D. trasa dla pieszych i rowerów

Odpowiedź D (powinieneś nauczyć się znaczenia wszystkich znaków i być w stanie reagować na niebezpieczeństwo odpowiednio wcześnie)

6.12. **Widzisz pieszego z białą laską i czerwoną opaską. Oznacza to, że ta osoba jest**
1 odp.
A. fizycznie niepełnosprawna
B. tylko głucha
C. tylko niewidoma
D. głucha i niewidoma

Odpowiedź D (pamiętaj - nie możesz stwierdzić czy ktoś nie słyszy, patrząc na niego. Nigdy nie zakładaj, że pieszy usłyszy, gdy podjeżdżasz pojazdem. Niesłyszący i niewidomi ludzie mogą trzymać białą laskę z czerwoną opaską)

6.13. **Jakie działanie powinieneś podjąć, kiedy starsi ludzie przechodzą przez jezdnię?**

1 odp.
A. zamachać im, by przechodzili, aby wiedzieli, że ich zauważyłeś
B. być cierpliwym i pozwolić im przejść w ich własnym tempie
C. zwiększyć obroty silnika, by dać im znać, że czekasz
D. użyć klaksonu w razie, gdyby niedosłyszeli

Odpowiedź B (nie wolno ci alarmować pieszych. Daj im czas, by przekroczyli jezdnię bezpiecznie. Jest niebezpiecznym machanie komuś, by przechodził – może on nie sprawdzić, czy nadjeżdżają inne pojazdy)

6.14. **Widzisz dwoje starszych pieszych, którzy chcą przejść przez jezdnię przed tobą. Powinieneś**
1 odp.
A. oczekiwać, że poczekają oni, aż przejedziesz
B. przyspieszyć, by szybko przejechać przed nimi
C. zatrzymać się i zamachać do nich
D. być ostrożnym, mogą oni źle ocenić twoją prędkość

Odpowiedź D (starsze osoby mogą nie mieć takiego dobrego wzroku, słuchu, oceny sytuacji i koncentracji jak wcześniej. Jest niebezpiecznym machanie komuś, by przechodził – może on nie sprawdzić, czy nadjeżdżają inne pojazdy)

6.15. **Dojeżdżasz do ronda. Rowerzysta sygnalizuje skręt w prawo. Co powinieneś zrobić?**
1 odp.
A. wyprzedzić go z prawej strony
B. użyć klaksonu jako ostrzeżenia
C. zasygnalizować do rowerzysty, by przesunął się
D. zachować bezpieczną odległość między rowerzystą, a twoim pojazdem

Odpowiedź D (powinieneś zapewnić rowerzyście dużo czasu, by wjechał na odpowiedni pas dla swojej trasy. Rowerzyści mogą trzymać się z lewej strony jeśli nie są zbyt pewni siebie, by jechać razem z samochodami)

6.16. **Dla których DWÓCH powinieneś pozostawić dużo miejsca podczas wyprzedzania?**
2 odp.
A. motocykli
B. traktorów
C. rowerów
D. pojazdów zamiatających ulice

Odpowiedzi AC (rowerzyści mogą nagle wyjechać, by np. omijać wyboje na drodze lub, jeśli zawieje wiatr. Zapewnij im wystarczająco miejsca, a sobie odpowiednią ilość czasu, by zareagować)

VULNERABLE ROAD USERS - SZCZEGÓLNIE NARAŻENI UŻYTKOWNICY DROGI

6.17. Dlaczego powinieneś szczególnie uważać na motocyklistów i rowerzystów na skrzyżowaniach?
1 odp.
A. mogą oni mieć zamiar skręcić w drogę podrzędną
B. mogą oni zwolnić, by pozwolić ci skręcić
C. mogą oni być słabo widoczni
D. mogą oni nie widzieć, że skręcasz

Odpowiedź C (rowerzyści i motocykliści są szczególnie trudno dostrzegalni na skrzyżowaniach. Mogą być schowani za innymi pojazdami lub poruszać się szybciej, niż ruch w korkach)

6.18. Czekasz, by wyjechać z drogi podporządkowanej. Dlaczego powinieneś uważać na motocykle?
1 odp.
A. motocykle są z reguły szybsze, niż samochody
B. patrol policyjny często używa motocykli
C. motocykle są małe i słabo widoczne
D. motocykle mają pierwszeństwo

Odpowiedź C (rowerzyści i motocykliści są szczególnie trudno dostrzegalni na skrzyżowaniach. Mogą być schowani za innymi pojazdami lub poruszać się szybciej, niż ruch w korkach)

6.19. W ciągu dnia, nadjeżdżający motocyklista używa światła krótkiego. Dlaczego?
1 odp.
A. by być lepiej widocznym
B. by zapobiec przeładowaniu akumulatora
C. by polepszyć sobie widoczność
D. motocyklista zachęca cię, byś jechał

Odpowiedź A (dla swojego własnego bezpieczeństwa, motocykliści powinni używać świateł krótkich w dzień. To pomoże na szybsze dostrzeżenie ich przez innych użytkowników drogi)

6.20. Motocykliści powinni nosić jasne ubrania przede wszystkim dlatego, że
1 odp.
A. jest to wymagane prawnie
B. pomaga im to zachować chłód w lecie
C. kolory te są popularne
D. kierowcy często ich nie widzą

Odpowiedź D (im bardziej widoczny jest motocyklista, tym mniejsze ryzyko spowodowania wypadku)

6.21. Przed tobą jedzie powoli poruszający się motocyklista. Nie jesteś pewien, co zamierza zrobić. Powinieneś
1 odp.
A. minąć go po lewej stronie
B. minąć go po prawej stronie
C. pozostać z tyłu
D. przybliżyć się do niego

Odpowiedź C (powinieneś się trzymać z tyłu, dopóki intencje motocyklisty nie staną się jasne. Niebezpieczeństwo nawierzchni drogi mogłoby spowodować, że motocyklista zjedzie niespodziewanie na twój tor ruchu)

6.22. Motocyklista będzie często oglądał się przez ramię przed skrętem w prawo. Robi tak, ponieważ
1 odp.
A. wsłuchuje się w ruch za sobą
B. motocykle nie mają lusterek
C. rozglądanie się pomaga mu w utrzymaniu równowagi podczas skrętu
D. potrzebuje on sprawdzić ruch w swoim ślepym punkcie (niepokrytym przez lusterka)

Odpowiedź D (motocykliści i rowerzyści muszą wiedzieć, co jest za nimi i obok nich, zanim zaczną wykonywać manewr)

VULNERABLE ROAD USERS - SZCZEGÓLNIE NARAŻENI UŻYTKOWNICY DROGI

6.23. Które z poniższych będą najbardziej narażone na niebezpieczeństwa na skrzyżowaniach?
3 odp.
A. rowerzyści
B. motocykliści
C. piesi
D. kierowcy samochodów
E. kierowcy ciężarówek

Odpowiedzi ABC (piesi, motocykliści i rowerzyści są mniej widoczni, niż inni użytkownicy drogi. Uważaj na nich szczególnie na skrzyżowaniach)

6.24. Motocykliści są najbardziej narażeni na niebezpieczeństwa
1 odp.
A. podczas ruszania z miejsca
B. na dwupasmówkach
C. podczas wjazdu na skrzyżowania
D. na autostradach

Odpowiedź C (rowerzyści i motocykliści są szczególnie trudno dostrzegalni na skrzyżowaniach. Mogą być oni schowani za innymi pojazdami lub poruszać się szybciej, niż ruch w korkach)

6.25. Dojeżdżasz do ronda. Przed tobą są jeźdźcy na koniach. Powinieneś
2 odp.
A. być przygotowanym do zatrzymania się
B. traktować je jak każdy inny pojazd
C. pozostawić im dużo miejsca
D. przyspieszyć i przejechać tak szybko, jak to możliwe
E. użyć klaksonu jako ostrzeżenia

Odpowiedzi AC (hałas silnika i nadjeżdżające pojazdy mogą przestraszyć zwierzęta. Pozostaw jeźdźcom dużo miejsca, gdy do nich dojeżdżasz. Jeźdźcy mogą wjechać na twój tor jazdy, by skręcić w prawo – bądź przygotowany do zatrzymania się, gdy to konieczne)

6.26. Kiedy dojeżdżasz do przejścia pelican, światła zmieniają się na zielone. Starsi ludzie są w połowie przejścia. Powinieneś
1 odp.
A. pomachać im, by przechodzili najszybciej, jak to możliwe
B. zwiększyć obroty silnika, by ich pospieszyć
C. mignąć światłami w razie, gdyby cię nie słyszeli
D. zaczekać, ponieważ zejdzie im dłużej, by przejść przez jezdnię

Odpowiedź D (nie wolno ci alarmować pieszych. Daj im czas, by przekroczyli jezdnię bezpiecznie. Jest niebezpiecznym machanie komuś, by przechodził – może on nie sprawdzić, czy nadjeżdżają inne pojazdy)

6.27. Pod znakiem ostrzegawczym szkoły są migające światła. Jakie działanie powinieneś podjąć?
1 odp.
A. jechać wolniej, dopóki nie wyjedziesz z tej strefy
B. utrzymywać swoją prędkość i użyć klaksonu
C. zwiększyć prędkość, by szybko wyjechać z tej strefy
D. poczekać na światłach, aż zmienią się na zielone

Odpowiedź A (światła ostrzegawcze są umiejscowione odpowiednio wcześniej przed punktami przejścia szkolnego i migają w czasie, kiedy dzieci wchodzą lub wychodzą ze szkoły. Zmniejsz prędkość i bądź zdolny przewidzieć niebezpieczeństwo wybiegających dzieci)

6.28. Te oznaczenia na drodze muszą być przejezdne, by pozwolić

1 odp.
A. na wysadzanie dzieci do szkoły
B. na parkowanie nauczycieli
C. na zabieranie dzieci ze szkoły
D. na dobrą widoczność miejsca

VULNERABLE ROAD USERS - SZCZEGÓLNIE NARAŻENI UŻYTKOWNICY DROGI

Odpowiedź D (oznaczenie „school keep clear" jest umiejscowione tam, gdzie dzieci mogą przechodzić przez jezdnię przed szkołą. Nigdy nie parkuj w tym miejscu, nawet po to, by wysadzić czy zabrać dzieci)

6.29. Gdzie zobaczysz ten znak?

1 odp.
A. w pobliżu przejścia szkolnego
B. przy wejściu na plac zabaw
C. na autobusie szkolnym
D. w miejscu „tylko dla pieszych"

Odpowiedź C (kiedy widzisz ten znak, bądź szczególnie ostrożny ze względu na dzieci wysiadające z autobusu albo biegnące do niego)

6.30. Jedziesz za dwoma rowerzystami. Dojeżdżają oni do ronda lewym pasem. W którym kierunku przewidujesz, że pojadą?
1 odp.
A. w lewym
B. w prawym
C. w którymkolwiek
D. prosto

Odpowiedź C (rowerzyści mogą czuć się narażeni przy wjazdach na rondo i używać lewego pasa do skrętu w prawo. Zwróć uwagę na sygnały rowerzysty i zapewnij mu dużo miejsca i czasu, by wykonał swój manewr)

6.31. Jedziesz za motorowerem. Chcesz skręcić w lewo. Powinieneś
1 odp.
A. wyprzedzić motorower przed skrzyżowaniem
B. podjechać obok motoroweru i jechać na równi z nim aż do skrzyżowania
C. użyć klaksonu jako ostrzeżenia i wjechać przed motorower
D. pozostać z tyłu, dopóki motorower nie przejedzie skrzyżowania

Odpowiedź D (wyprzedzanie przed skrzyżowaniem byłoby niebezpieczne)

6.32. Widzisz jeźdźca konnego, kiedy dojeżdżasz do ronda. Sygnalizuje on skręt w prawo, ale trzyma się lewej strony. Powinieneś

1 odp.
A. jechać normalnie
B. trzymać się blisko niego
C. wjechać przed niego
D. pozostać daleko z tyłu

Odpowiedź D (zwierzęta mogą się wystraszyć ruchu pojazdów i ich hałasu. Trzymaj się z tyłu i zapewnij jeźdźcowi dużo czasu na skrzyżowaniu)

6.33. Jak powinieneś reagować na kierowców, którzy zdają się nie mieć doświadczenia?
1 odp.
A. użyć klaksonu, by ostrzec ich o twojej obecności
B. być cierpliwym i przygotowanym na to, że mogą oni reagować wolniej
C. mignąć światłami, by dać im znać, że mogą oni bezpiecznie kontynuować jazdę
D. wyprzedzić ich tak szybko, jak to możliwe

Odpowiedź B (niedoświadczeni kierowcy mogą nie reagować tak szybko, jak ty na zmiany na drodze. Daj im czas)

VULNERABLE ROAD USERS - SZCZEGÓLNIE NARAŻENI UŻYTKOWNICY DROGI

6.34. **Jedziesz za uczącym się jeździć kierowcą. Nagle gaśnie mu silnik na skrzyżowaniu. Powinieneś**
1 odp.
A. być cierpliwym, ponieważ można się spodziewać, że robi on błędy
B. pozostać bardzo blisko z tyłu i mignąć światłami
C. zacząć zwiększać obroty silnika, jeśli schodzi mu zbyt długo, by ponownie zapalić silnik
D. natychmiast ominąć go i odjechać

Odpowiedź A (bądź cierpliwy. Osoby uczące się jeździć będą robiły błędy. Zapewnij im dużo miejsca i czasu, by mogły wykonać swój manewr)

6.35. **Jesteś na wiejskiej drodze. Po TWOJEJ stronie drogi naprzeciw ciebie będzie jechał/szedł**
1 odp.
A. motocykl
B. rower
C. pieszy
D. jeźdźca konny

Odpowiedź C (tam, gdzie nie ma chodnika, piesi powinni iść drogą po prawej stronie dla bezpieczeństwa, twarzą w kierunku ruchu)

6.36. **Skręcasz w lewo w drogę podrzędną. Piesi przechodzą przez jezdnię. Musisz**

1 odp.
A. zamachać im, by przechodzili
B. użyć klaksonu
C. włączyć swoje światła ostrzegawcze
D. zaczekać, aż przejdą

Odpowiedź D (nie możesz alarmować pieszych. Daj im czas, by przeszli przez jezdnię bezpiecznie)

6.37. **Jedziesz za samochodem, prowadzonym przez starszego kierowcę. Powinieneś**
1 odp.
A. oczekiwać, że kierowca będzie źle jeździł
B. mignąć światłami i wyprzedzić go
C. być przygotowanym na to, że reakcje kierowcy mogą nie być takie szybkie, jak twoje
D. pozostać bardzo blisko niego i być ostrożnym

Odpowiedź C (jesteśmy coraz mniej sprawni z upływającym wiekiem. Bądź cierpliwy i daj kierowcy z przodu czas na reakcję)

6.38. **Jedziesz za rowerzystą. Chcesz skręcić w lewo. Powinieneś**

1 odp.
A. wyprzedzić rowerzystę przed skrzyżowaniem
B. podjechać obok rowerzysty i jechać obok niego aż do skrzyżowania
C. trzymać się z tyłu, dopóki rowerzysta nie minie skrzyżowania
D. przejechać naokoło rowerzysty na skrzyżowaniu

Odpowiedź C (wyprzedzanie przed skrzyżowaniem byłoby niebezpieczne)

6.39. **Jeźdźca konny jadący lewym pasem zbliża się do skrzyżowania. Powinieneś oczekiwać, że pojedzie on**

VULNERABLE ROAD USERS - SZCZEGÓLNIE NARAŻENI UŻYTKOWNICY DROGI

1 odp.
A. w którymkolwiek kierunku
B. w prawo
C. w lewo
D. prosto

Odpowiedź A (jeździca konny może czuć się narażony podczas wjazdu na rondo i używać lewego pasa nawet, gdy skręca w prawo. Zwróć uwagę na sygnały jeździca i zapewnij mu dużo miejsca i czasu, by wykonał swój manewr)

6.40. Elektryczne pojazdy, używane przez osoby niepełnosprawne, są małe i słabo widoczne. W jaki sposób dają one wczesne ostrzeżenie na dwupasmówce?
1 odp.
A. mają one migające czerwone światło
B. mają one migające zielone światło
C. mają one migające niebieskie światło
D. mają one migające pomarańczowe światło

Odpowiedź D (powoli jadące pojazdy i te, które są trudne do zauważenia, mogą mieć wmontowane pomarańczowe migające światło)

6.41. Nie powinieneś nigdy wyprzedzać rowerzysty
1 odp.
A. zanim zamierzasz skręcić w lewo
B. na zakręcie w lewą stronę
C. na drodze jednokierunkowej
D. na dwupasmówce

Odpowiedź A (wyprzedzanie pojazdu przy wjeździe na skrzyżowanie nie jest bezpieczne. Nie wcinaj się na pas dla rowerów)

6.42. Przed tobą jedzie pojazd z migającym pomarańczowym światłem. To oznacza, że
1 odp.
A. powoli porusza się
B. ma awarię
C. jest to pojazd lekarza
D. jest to patrol przejścia szkolnego

Odpowiedź A (powoli jadące pojazdy używają migających pomarańczowych świateł, by ostrzec inny ruch o niebezpieczeństwie)

6.43. Co oznacza ten znak?

1 odp.
A. pas dla rowerów contraflow (w przeciwną stronę)
B. pas dla rowerów with-flow (w tę samą stronę)
C. pas tylko dla rowerów i autobusów
D. zakaz jazdy rowerów i autobusów

Odpowiedź B (jeśli pas dla rowerów jest oznaczony białą linią ciągłą, nie wolno ci nim jechać, pomijając wyjątki, kiedy nie jest to pod twoją kontrolą)

6.44. Zauważasz z przodu jeźdźców konnych. Co powinieneś zrobić NAJPIERW?

1 odp.
A. zbliżyć się do środka drogi
B. zwolnić i być przygotowanym do zatrzymania się
C. przyspieszyć i przejechać naokoło nich
D. zasygnalizować skręt w prawo

Odpowiedź B (hałas silnika i nadjeżdżające pojazdy mogą wystraszyć zwierzęta. Zwolnij i pozostaw jeźdźcom dużo miejsca, jak ich mijasz)

6.45. Nie możesz się zatrzymywać na tych oznaczeniach drogowych, ponieważ możesz blokować

VULNERABLE ROAD USERS - SZCZEGÓLNIE NARAŻENI UŻYTKOWNICY DROGI

1 odp.
A. widoczność dzieci na przejście
B. wjazd nauczycieli do szkoły
C. dostęp pojazdów dostawczych do szkoły
D. dostęp pojazdów nagłych wypadków do szkoły

Odpowiedź A (oznaczenie „school keep clear" jest umiejscowione tam, gdzie dzieci mogą przechodzić przez jezdnię przed szkołą. Nigdy nie parkuj w tym miejscu, nawet po to, by wysadzić czy zabrać dzieci)

6.46. **Chodnik po lewej stronie jest zamknięty z powodu naprawy ulicy. Co powinieneś zrobić?**
1 odp.
A. obserwować, czy piesi nie idą po jezdni
B. częściej używać prawego lusterka
C. przyspieszyć, by przejechać szybciej obszar robót drogowych
D. przemieścić się blisko lewego krawężnika

Odpowiedź A (bądź w stanie przewidzieć niebezpieczeństwo)

6.47. **Jedziesz za motocyklistą po nierównej nawierzchni drogi. Powinieneś**
1 odp.
A. zmniejszyć odstęp, by lepiej widział cię on w lusterkach
B. natychmiast wyprzedzić
C. zapewnić więcej miejsca w razie, gdy będzie on zjeżdżał z drogi, omijając wyboje
D. zapewnić tyle samo miejsca co zwykle, ponieważ nawierzchnia drogi nie ma wpływu na motocyklistów

Odpowiedź C (motocykliści i rowerzyści mogą zjechać z drogi bez uprzedzenia, by omijać wyboje i pokrywy ściekowe)

6.48. **Co mówi ci ten znak?**

1 odp.
A. zakaz jazdy na rowerach
B. trasa rowerowa przed tobą
C. parking tylko dla rowerów
D. koniec trasy rowerowej

Odpowiedź B (trójkąty ostrzegają! Rodzaj niebezpieczeństwa jest jasno przedstawiony za pomocą symbolu)

6.49. **Dojeżdżasz do tego ronda i widzisz rowerzystę, sygnalizującego skręt w prawo. Dlaczego rowerzysta trzyma się lewej strony?**

1 odp.
A. jest to krótszy tor dla rowerów
B. rowerzysta zamierza skręcić w lewo
C. rowerzysta myśli, że Kodeks Drogowy The Highway Code nie ma zastosowania do rowerów
D. rowerzysta jedzie wolniej i jest bardziej narażony na niebezpieczeństwa

Odpowiedź D (rowerzyści mogą czuć się narażeni przy wjazdach na rondo i używać lewego pasa do skrętu w prawo. Zwróć uwagę na sygnały rowerzysty i zapewnij mu dużo miejsca i czasu, by wykonał swój manewr)

VULNERABLE ROAD USERS - SZCZEGÓLNIE NARAŻENI UŻYTKOWNICY DROGI

6.50. Dojeżdżasz do tego przejścia. Powinieneś

1 odp.
A. być przygotowanym, aby zwolnić i zatrzymać się
B. zatrzymać się i zamachać na pieszych, by przechodzili
C. przyspieszyć i szybko przejechać
D. kontynuować jazdę, dopóki piesi nie zrobią kroku do przodu

Odpowiedź A (ustąp pierwszeństwa pieszym czekającym, by przejść. Sygnalizowanie do pieszych może być niebezpieczne - mogliby wyjść na jezdnię nie sprawdzając, czy jadą inne pojazdy)

6.51. Widzisz pieszego z psem. Pies ma obroże w kolorze żółtym lub burgund. To ostrzega cię, że pieszy jest
1 odp.
A. starszy
B. treserem psów
C. daltonistą
D. głuchy

Odpowiedź D (słyszące psy dla niedosłyszących mogą być rozpoznane przez odróżniającą się sierść. Uważaj, pieszy może nie słyszeć, że nadjeżdżasz)

6.52. Na przejściach toucan
1 odp.
A. zatrzymujesz się tylko wtedy, gdy ktoś czeka, by przejść
B. zabroniony jest wjazd rowerów
C. jest migające pomarańczowe światło
D. piesi i rowerzyści mogą przekraczać jezdnię jednocześnie

Odpowiedź D (przejścia toucan są używane przez pieszych oraz rowerzystów. Zwróć uwagę na pasy dla rowerów podjeżdżających do przejść kontrolowanych przez światła)

6.53. Niektóre skrzyżowania kontrolowane przez światła mają oznaczone miejsce pomiędzy dwiema liniami stop. Po co to jest?
1 odp.
A. by umożliwić taksówkom na umiejscowienie się z przodu, przed innymi uczestnikami ruchu
B. by umożliwić osobom niepełnosprawnym przechodzenie
C. by umożliwić rowerzystom i pieszym równoczesne przekraczanie jezdni
D. by umożliwić rowerzystom na umiejscowienie się z przodu, przed innymi uczestnikami ruchu

Odpowiedź D (oznaczone miejsce pozwala rowerzystom umiejscowić się bezpiecznie dla obranej trasy)

6.54. Na niektórych przejściach kontrolowanych świetlnie, są wcześniejsze linie stop i oznaczone miejsca. Po co one są?
1 odp.
A. by pozwolić rowerzystom na umiejscowienie się z przodu, przed innymi uczestnikami ruchu
B. by umożliwić pieszym przechodzenie, kiedy światła się zmienią
C. by uniemożliwić ruchowi przejeżdżanie przez przejście podczas zmiany świateł
D. by umożliwić pasażerom na wysiadanie z autobusu, który stoi na światłach

Odpowiedź A (oznaczone miejsce pozwala rowerzystom umiejscowić się bezpiecznie dla obranej trasy)

VULNERABLE ROAD USERS - SZCZEGÓLNIE NARAŻENI UŻYTKOWNICY DROGI

6.55. Podczas wyprzedzania rowerzysty, powinieneś zapewnić mu tak dużo miejsca, ile byś zostawił wyprzedzając samochód. Jaki jest główny tego powód?
1 odp.
A. rowerzysta mógłby przyspieszyć
B. rowerzysta mógłby spaść z roweru
C. rowerzysta mógłby odchylić się/zjechać na bok
D. rowerzysta mógłby skręcać w lewo

Odpowiedź C (rowerzyści mogą nagle wyjechać, by np. omijać wyboje na drodze lub, jeśli zawieje wiatr. Zapewnij im wystarczająco miejsca a sobie odpowiednią ilość czasu, by zareagować)

6.56. Które TRZY z poniższych powinieneś wykonać, mijając owce na drodze?
3 odp.
A. pozostawić dużo miejsca
B. jechać bardzo powoli
C. minąć je szybko, ale cicho
D. być przygotowanym do zatrzymania się
E. użyć klaksonu

Odpowiedzi ABD (hałas silnika i nadjeżdżające pojazdy mogą przestraszyć zwierzęta. Pozostaw jeźdźcom dużo miejsca i bądź przygotowany na zatrzymanie się, jeśli to konieczne)

6.57. W nocy widzisz pieszego noszącego odblaskowe ubranie i niosącego jasnoczerwone światło. Co to oznacza?
1 odp.
A. zbliżasz się do robót drogowych
B. zbliżasz się do zorganizowanej grupy pieszych
C. zbliżasz się do powoli poruszającego się pojazdu
D. zbliżasz się do czarnego punktu wypadkowego

Odpowiedź B (grupa ludzi maszerująca wzdłuż drogi będzie miała białe światło na początku grupy i czerwone na końcu)

6.58. Właśnie zdałeś swój egzamin. Jak możesz zmniejszyć ryzyko wypadków na autostradzie?
1 odp.
A. jadąc tuż za samochodem przed tobą
B. nigdy nie przekraczając prędkości 40mph
C. poprzez jazdę tylko lewym pasem
D. poprzez dalszą praktykę

Odpowiedź D (poćwicz jazdę na autostradzie, by zdobyć doświadczenie)

6.59. Chcesz wycofać w boczną drogę. Nie jesteś pewien, czy za tobą jest wolne. Co powinieneś zrobić?
1 odp.
A. spojrzeć tylko przez tylną szybę
B. wysiąść i sprawdzić
C. sprawdzić tylko lusterka
D. kontynuować, zakładając, że jest wolne

Odpowiedź B (nie próbuj cofać bez dostatecznej widoczności na drogę za tobą. Jeśli to konieczne, poproś kogoś, by ci pomógł)

6.60. Masz zamiar wycofać w boczną drogę. Pieszy chce przejść za twoim pojazdem. Powinieneś
1 odp.
A. zamachać do pieszego, by się zatrzymał
B. ustąpić pierwszeństwa pieszemu
C. zamachać do pieszego, by przechodził
D. wycofać, zanim pieszy zacznie przechodzić

Odpowiedź B (zawsze ustępuj pierwszeństwa pieszym przekraczającym drogę, do której się przyłączasz, nawet jeśli cofasz)

6.61. Kto jest najbardziej narażony na to, że go nie zobaczysz cofając samochodem?
1 odp.
A. motocykliści

VULNERABLE ROAD USERS - SZCZEGÓLNIE NARAŻENI UŻYTKOWNICY DROGI

B. kierowcy samochodów
C. rowerzyści
D. dzieci

Odpowiedź D (trudno zauważyć dzieci bawiące się na terenach zamieszkałych, jeśli siedzą one na krawężniku lub poboczu drogi)

6.62. Cofasz po łuku, kiedy zauważasz pieszego, idącego za twoim pojazdem. Co powinieneś zrobić?
1 odp.
A. zwolnić i zamachać do pieszego, by przechodził
B. kontynuować cofanie i wymanewrować wokół pieszego
C. zatrzymać się i ustąpić mu pierwszeństwa
D. kontynuować cofanie i użyć klaksonu

Odpowiedź C (zawsze ustępuj pierwszeństwa pieszym przekraczającym drogę, do której się przyłączasz, nawet jeśli cofasz)

6.63. Chcesz skręcić w prawo na skrzyżowaniu, ale twoja widoczność jest ograniczona przez zaparkowane samochody. Co powinieneś zrobić?
1 odp.
A. szybko ruszyć, ale być przygotowanym do zatrzymania się
B. użyć klaksonu i wycofać się, jeśli nie ma odzewu
C. zatrzymać się, po czym wyjechać powoli do przodu, aż do miejsca, z którego będziesz miał dobrą widoczność
D. zatrzymać się, wysiąść i spojrzeć wzdłuż głównej drogi w celu sprawdzenia

Odpowiedź C (rozejrzyj się i wychyl się powoli, by mieć lepsze pole widzenia)

6.64. Jesteś na początku kolejki samochodów czekającej, by skręcić w prawo w boczną drogę. Dlaczego ważnym jest, by spojrzeć w prawe lusterko tuż przed skrętem?
1 odp.
A. by sprawdzić, czy piesi nie przechodzą przez jezdnię
B. by sprawdzić, czy nikt nie wyprzedza
C. by upewnić się, że droga jest wolna
D. by sprawdzić, czy ruch nie wyjeżdża z bocznej drogi

Odpowiedź B (uważaj szczególnie na rowerzystów i motocyklistów, którzy mogli podjechać obok ciebie lub chcą cię wyprzedzić)

6.65. Co musi zrobić kierowca na przejściu pelican, kiedy pomarańczowe światło miga?
1 odp.
A. pokazać pieszym, by przechodzili
B. zawsze czekać na zielone światło przed ruszeniem z miejsca
C. ustąpić pierwszeństwa pieszym na przejściu
D. poczekać na czerwone i pomarańczowe światło przed ruszeniem z miejsca

Odpowiedź C (migające pomarańczowe światło oznacza to samo, co przejście zebra. Ustąp pierwszeństwa pieszym)

6.66. Zatrzymałeś się na przejściu pelican. Osoba niepełnosprawna przechodzi powoli przez jezdnię. Światła zmieniły się na zielone. Powinieneś
2 odp.
A. pozwolić tej osobie przejść
B. przejechać tuż przed tą osobą
C. przejechać za tą osobą
D. użyć klaksonu
E. być cierpliwym
F. powoli ruszyć

Odpowiedzi AE (zielone oznacza „jedź tylko, gdy to bezpieczne". Musisz pozwolić pieszym przejść. Bądź cierpliwy i czekaj)

VULNERABLE ROAD USERS - SZCZEGÓLNIE NARAŻENI UŻYTKOWNICY DROGI

6.67. Jedziesz wzdłuż linii zaparkowanych samochodów. Z przodu zauważasz odbijającą się piłkę. Co powinieneś zrobić?

1 odp.
A. kontynuować jazdę z tą samą prędkością i użyć klaksonu
B. kontynuować jazdę z tą samą prędkością i mignąć światłami
C. zwolnić i być przygotowanym do zatrzymania się z powodu dzieci
D. zatrzymać się i zamachać do dzieci, by wzięły swoją piłkę

Odpowiedź C (piłka najczęściej oznacza, że bawią się tu dzieci. Zwolnij na wypadek, gdyby dziecko pobiegło za piłką)

6.68. Chcesz skręcić w prawo z drogi głównej w boczną. Tuż przed skrętem powinieneś
1 odp.
A. wyłączyć swój prawy kierunkowskaz
B. wybrać pierwszy bieg
C. sprawdzić, czy nikt nie wyprzedza cię z prawej strony
D. zatrzymać się i zaciągnąć hamulec ręczny

Odpowiedź C (uważaj szczególnie na rowerzystów i motocyklistów, którzy mogli podjechać wzdłuż ciebie lub chcą cię wyprzedzić)

6.69. Jedziesz w linii powolnego ruchu. Tuż przed zmianą pasa powinieneś
1 odp.
A. użyć klaksonu
B. uważać na motocyklistów filtrujących ruch
C. dać sygnał ręką : „zwalniam"
D. zmienić bieg na jedynkę

Odpowiedź B (uważaj szczególnie na rowerzystów i motocyklistów, którzy mogli podjechać wzdłuż ciebie lub chcą cię wyprzedzić)

6.70. Jedziesz przez miasto. Autobus stoi na przystanku po drugiej stronie ulicy. Dlaczego powinieneś uważać?
1 odp.
A. autobus może mieć awarię
B. piesi mogą wychodzić zza autobusu
C. autobus może nagle ruszyć
D. autobus może pozostać na miejscu

Odpowiedź B (uważaj zawsze na miejsca, gdzie zatrzymały się autobusy. Zasłaniają one widok i piesi mogliby wychodzić na ulicę)

6.71. W jaki sposób powinieneś wyprzedzać jeźdźców konnych?
1 odp.
A. podjechać blisko i wyprzedzić tak szybko, jak to możliwe
B. prędkość nie jest ważna, ale pozostaw dużo miejsca
C. użyć klaksonu raz, by ich ostrzec
D. jechać powoli i zachować bezpieczną odległość

Odpowiedź D (zwierzęta mogą się wystraszyć nadjeżdżającego ruchu i hałasu silnika. Przejedź powoli i zapewnij jeźdźcowi dużo miejsca)

6.72. Jedziesz drogą główną. Masz zamiar skręcić w prawo w boczną drogę. Tuż przed skrętem powinieneś
1 odp.
A. poprawić lusterko wewnętrzne
B. mignąć światłami
C. skręcić kierownicą w lewo
D. sprawdzić, czy nikt nie wyprzedza cię z prawej strony

VULNERABLE ROAD USERS - SZCZEGÓLNIE NARAŻENI UŻYTKOWNICY DROGI

Odpowiedź D (uważaj szczególnie na rowerzystów i motocyklistów, którzy mogli podjechać wzdłuż ciebie lub chcą cię wyprzedzić)

6.73. Dlaczego powinieneś zapewnić dużo miejsca podczas wyprzedzania motocyklisty w wietrzny dzień?
1 odp.
A. może on nagle zboczyć z drogi, by uciec od wiatru
B. może on zostać zepchnięty przez wiatr przed ciebie
C. może on się nagle zatrzymać
D. może on jechać szybciej, niż zwykle

Odpowiedź B (podmuch wiatru mógłby zwiać motocyklistę na twój tor jazdy)

6.74. Gdzie w szczególności powinieneś uważać na motocyklistów?

1 odp.
A. na stacjach obsługi
B. na skrzyżowaniach
C. w pobliżu miejsc serwisowych
D. podczas wjazdu na parking

Odpowiedź B (trudniej jest zauważyć motocyklistów na skrzyżowaniach. Uważaj na nich)

6.75. Gdzie powinieneś szczególnie uważać na motocyklistów oraz rowerzystów?
1 odp.
A. na dwupasmówkach
B. na skrzyżowaniach
C. na przejściach zebra
D. na ulicach jednokierunkowych

Odpowiedź B (trudniej jest zauważyć motocyklistów na skrzyżowaniach. Uważaj na nich)

6.76. Droga przed szkołą jest oznaczona tymi żółtymi zygzakowatymi liniami. Co oznaczają te linie?

1 odp.
A. możesz na nich parkować, kiedy wysadzasz dzieci do szkoły
B. możesz na nich parkować, kiedy odbierasz dzieci ze szkoły
C. nie możesz tutaj czekać lub parkować swojego pojazdu
D. musisz pozostać w swoim pojeździe, jeśli go tutaj zaparkujesz

Odpowiedź C (oznaczenie „school keep clear" jest umiejscowione tam, gdzie dzieci mogą przechodzić przez jezdnię przed szkołą. Nigdy nie parkuj w tym miejscu, nawet po to, by wysadzić, czy zabrać dzieci)

6.77. Jedziesz obok zaparkowanych samochodów. Zauważasz wystające koło roweru pomiędzy nimi. Co powinieneś zrobić?
1 odp.
A. przyspieszyć i użyć klaksonu
B. zwolnić i pomachać do rowerzysty, by przejechał
C. gwałtownie zahamować i mignąć światłami
D. zwolnić i być przygotowanym, by się zatrzymać dla rowerzysty

Odpowiedź D (bądź w stanie przewidzieć niebezpieczeństwo. Rowerzysta mógłby wyjechać)

VULNERABLE ROAD USERS - SZCZEGÓLNIE NARAŻENI UŻYTKOWNICY DROGI

6.78. **Zostałeś oślepiony w nocy przez pojazd jadący za tobą. Powinieneś**
1 odp.
A. przestawić lusterko, by cię nie raziło
B. przestawić lusterko, by oślepiało innego kierowcę
C. gwałtownie zahamować, by się zatrzymać
D. włączyć i wyłączyć swoje tylne światła

Odpowiedź A (użyj urządzenia przeciwrażącego, by zmniejszyć odblask świateł. Jeśli to konieczne zwolnij i zjedź na bok, aby pojazd za tobą mógł cię minąć)

6.79. **Jedziesz w kierunku przejścia dla pieszych zebra. Osoba na wózku inwalidzkim czeka, by przejść. Powinieneś**
1 odp.
A. kontynuować jazdę
B. zamachać do osoby, by przechodziła
C. zamachać do osoby, by zaczekała
D. być przygotowanym do zatrzymania się

Odpowiedź D (zawsze bądź przygotowany, by się zatrzymać, gdy ktoś czeka na przejściu dla pieszych)

6.80. **Żółte zygzakowate linie na drodze przed szkołą oznaczają**

1 odp.
A. użyj klaksonu, by ostrzec innych kierowców
B. zatrzymaj się, by pozwolić dzieciom przejść
C. nie możesz czekać ani parkować na tych liniach
D. nie możesz przejeżdżać przez te linie

Odpowiedź C (oznaczenie „school keep clear" jest umiejscowione tam gdzie dzieci mogą przechodzić przez jezdnię przed szkołą. Nigdy nie parkuj w tym miejscu, nawet po to, by wysadzić, czy zabrać dzieci)

6.81. **Co mówią ci te oznaczenia na drodze przed szkołą?**

1 odp.
A. możesz tu parkować, jeśli jesteś nauczycielem
B. użyj klaksonu przed zaparkowaniem
C. podczas parkowania używaj świateł ostrzegawczych
D. nie możesz tutaj czekać ani parkować swojego pojazdu

Odpowiedź D (oznaczenie „school keep clear" jest umiejscowione tam, gdzie dzieci mogą przechodzić przez jezdnię przed szkołą. Nigdy nie parkuj w tym miejscu, nawet po to, by wysadzić, czy zabrać dzieci)

OTHER TYPES OF VEHICLE - INNE RODZAJE POJAZDÓW

7.1. Masz zamiar wyprzedzić powoli poruszającego się motocyklistę. Który z poniższych znaków zmusi cię do zachowania szczególnej ostrożności?
1 odp.

A.
B.
C.
D.

Odpowiedź A (motocykliści i rowerzyści mogą zostać zwiani na twój pas jazdy przez boczne wiatry. Zapewnij im dużo miejsca, a sobie wystarczającą ilość czasu, by móc zareagować)

7.2. Czekasz, by wyjechać w lewo z drogi podporządkowanej. Duży pojazd nadjeżdża z prawej strony. Masz czas, by skręcić, ale powinieneś zaczekać. Dlaczego?
1 odp.
A. duży pojazd może zasłaniać wyprzedzający pojazd
B. duży pojazd może nagle skręcić
C. dużym pojazdem ciężko kieruje się w linii prostej
D. duży pojazd może zasłaniać pojazdy z lewej strony

Odpowiedź A (duży pojazd może zasłaniać twoją widoczność na motocykl, który wyprzedza – nie zakładaj, że jest bezpiecznie wyłonić się)

7.3. Jedziesz za długim pojazdem. Zbliża się on do rozjazdu i sygnalizuje skręt w lewo, ale przemieszcza się w prawo. Powinieneś

1 odp.
A. zbliżyć się do niego, by szybko go minąć
B. pozostać z tyłu i pozostawić odstęp
C. dojść do wniosku, że włączył on zły kierunkowskaz i tak naprawdę skręca on w prawo
D. wyprzedzić go, jak zacznie on zwalniać

Odpowiedź B (długie pojazdy potrzebują więcej miejsca, by skręcić i mogą zrobić duży łuk, kiedy skręcają. Pozostań z tyłu, by mieć lepszą widoczność na skrzyżowanie i bezpieczny wjazd na nie)

7.4. Jedziesz za długim pojazdem dojeżdżającym do skrzyżowania. Kierowca sygnalizuje skręt w prawo, ale zbliża się do krawężnika po lewej stronie. Co powinieneś zrobić?

1 odp.
A. ostrzec kierowcę o złym kierunkowskazie
B. zaczekać za długim pojazdem
C. zgłosić kierowcę na policję
D. wyprzedzić go z prawej strony

Odpowiedź B (długie pojazdy potrzebują więcej miejsca, by skręcić i mogą zrobić duży łuk, kiedy skręcają. Pozostań z tyłu, by mieć lepszą widoczność na skrzyżowanie i bezpieczny wjazd na nie)

7.5. Dojeżdżasz do mini ronda. Długi pojazd z przodu sygnalizuje skręt w lewo, ale zajmuje pozycję po prawej stronie. Powinieneś

1 odp.
A. użyć klaksonu
B. wyprzedzić go z lewej strony
C. jechać takim samym torem, jak ciężarówka
D. trzymać się z tyłu

OTHER TYPES OF VEHICLE - INNE RODZAJE POJAZDÓW

Odpowiedź D (długie pojazdy potrzebują więcej miejsca, by skręcić i mogą zrobić duży łuk, kiedy skręcają. Pozostań z tyłu, by mieć lepszą widoczność na skrzyżowanie i bezpieczny wjazd na nie)

7.6. Przed wyprzedzaniem dużego pojazdu powinieneś trzymać się z tyłu. Dlaczego?
1 odp.
A. by pozostawić miejsce na przyspieszenie, aby szybko wyprzedzić na ślepych zakrętach
B. by umożliwić sobie dobrą widoczność na drogę z przodu
C. by pozostawić miejsce w razie, gdyby pojazd zatrzymał się i zaczął cofać
D. by zostawić miejsce dla kierowców, którzy mogą wyprzedzać ciebie

Odpowiedź B (nie możesz wyprzedzać, póki nie jesteś pewien, że masz wystarczająco dużo miejsca z przodu i z tyłu. Nie ograniczaj swojej widoczności naprzód poprzez podjeżdżanie zbyt blisko dużego pojazdu)

7.7. Jedziesz za autobusem, który zatrzymuje się na przystanku. Co powinieneś zrobić?
2 odp.
A. dodać gazu i wyminąć autobus, używając klaksonu
B. obserwować drogę, uważając na przechodniów
C. być przygotowanym, by ustąpić pierwszeństwa autobusowi
D. zjechać za autobusem

Odpowiedzi BC (wysiadający pasażerowie mogą wychodzić na drogę przed autobusem. Zwróć uwagę na wsiadających do autobusu, kiedy wszyscy już wsiedli, kierowca autobusu ruszy. Powinieneś ustąpić pierwszeństwa autobusowi włączającemu się do ruchu)

7.8. Jedziesz za dużą ciężarówką po mokrej drodze. Chlapanie uniemożliwia dobrą widoczność. Powinieneś

1 odp.
A. pozostać z tyłu do momentu, aż będziesz lepiej widział
B. włączyć światła długie
C. jechać blisko ciężarówki, z dala od chlapania
D. przyspieszyć i szybko wyprzedzić

Odpowiedź A (nie narażaj własnego bezpieczeństwa poprzez podjeżdżanie zbyt blisko i ograniczanie swoje widoczności naprzód)

7.9. Jedziesz za dużym, przegubowym pojazdem. Zamierza on skręcić w lewo w wąską drogę. Jakie działanie powinieneś podjąć?

1 odp.
A. wyprzedzić go z prawej strony
B. przejechać z lewej strony, jak pojazd zacznie skręcać
C. być przygotowanym do zatrzymania się za pojazdem
D. szybko wyprzedzić, zanim ciężarówka zacznie skręcać

Odpowiedź C (duże pojazdy potrzebują więcej miejsca, by skręcić i mogą zasłaniać inny ruch. Bądź cierpliwy i, jeśli to konieczne, zatrzymaj się i czekaj)

7.10. Trzymasz się z tyłu, czekając na wyprzedzenie dużego pojazdu. Inny samochód wjeżdża w lukę między wami. Powinieneś
1 odp.
A. użyć klaksonu
B. zwiększyć odstęp od pojazdów z przodu
C. mignąć światłami
D. zacząć wyprzedzać

OTHER TYPES OF VEHICLE - INNE RODZAJE POJAZDÓW

Odpowiedź B (bądź cierpliwy, pozostań spokojny i zachowaj bezpieczeństwo poprzez pozostanie bardziej z tyłu)

7.11. Jedziesz za długą ciężarówką. Kierowca sygnalizuje skręt w lewo w wąską drogę. Co powinieneś zrobić?
1 odp.
A. wyprzedzić z lewej strony, zanim ciężarówka dojedzie do skrzyżowania
B. wyprzedzić z prawej strony, zaraz jak ciężarówka zwolni
C. nie wyprzedzać, chyba że widzisz, że nie ma ruchu z naprzeciwka
D. nie wyprzedzać, pozostać z tyłu i być przygotowanym do zatrzymania się

Odpowiedź D (duże pojazdy potrzebują więcej miejsca, by wykonać manewr i zasłonią twoja widoczność na drogę z przodu. Trzymaj się z tyłu i bądź przygotowany do zatrzymania się)

7.12. Kiedy dojeżdżasz do autobusu sygnalizującego włączanie się do ruchu z przystanku, powinieneś

1 odp.
A. przejechać obok niego, zanim on ruszy
B. pozwolić mu włączyć się do ruchu, jeśli to bezpieczne
C. mignąć światłami, jak się zbliżasz
D. zasygnalizować lewym kierunkowskazem i zamachać na autobus

Odpowiedź B (zawsze ustępuj pierwszeństwa autobusom, które sygnalizują włączanie się do ruchu i, jeśli jest to bezpieczne)

7.13. Chcesz wyprzedzić długi, powoli poruszający się pojazd na ruchliwej drodze. Powinieneś

1 odp.
A. jechać za nim blisko i wychylać się, by widzieć drogę z przodu
B. mignąć światłami na ruch z naprzeciwka, by ustąpił ci pierwszeństwa
C. pozostać z tyłu, dopóki kierowca nie zamacha ci, byś przejeżdżał
D. trzymać się z tyłu, dopóki nie widzisz, że droga jest przejezdna

Odpowiedź D (trzymaj się z tyłu, by mieć lepszą widoczność na drogę przed tobą)

7.14. Które z poniższych są NAJMNIEJ narażone na działanie wiatrów bocznych?
1 odp.
A. rowerzyści
B. motocykliści
C. wysokie pojazdy
D. samochody

Odpowiedź D (bądź zdolny przewidzieć niebezpieczeństwa dla rowerzystów, motocyklistów i wysokich pojazdów w wietrznych warunkach)

7.15. Co powinieneś zrobić, dojeżdżając do tej ciężarówki?

1 odp.
A. zwolnić i być przygotowanym na ustąpienie pierwszeństwa
B. zmusić ciężarówkę, by czekała na ciebie
C. mignąć światłami na ciężarówkę
D. zjechać na prawą stronę drogi

Odpowiedź A (duże pojazdy potrzebują więcej miejsca, by skręcić. Bądź cierpliwy i poczekaj, gdy to konieczne)

OTHER TYPES OF VEHICLE - INNE RODZAJE POJAZDÓW

7.16. Jedziesz za dużym pojazdem, zbliżającym się do skrzyżowania. Kierowca sygnalizuje skręt w lewo. Co powinieneś zrobić?
1 odp.
A. wyprzedzić, jeśli pozostawisz dużo miejsca
B. wyprzedzić tylko, gdy nie ma innych nadjeżdżających pojazdów
C. nie wyprzedzać, dopóki pojazd nie zacznie skręcać
D. nie wyprzedzać podczas, lub przed wjazdem na skrzyżowanie

Odpowiedź D (niebezpieczne jest wyprzedzanie jakiegokolwiek pojazdu przy wjeździe na skrzyżowanie. Duży pojazd może zasłonić twoją widoczność na inny ruch)

7.17. Elektryczne pojazdy, takie jak wózki czy skutery używane przez niepełnosprawnych ludzi, osiągają maksymalną prędkość
1 odp.
A. 8mph
B. 12mph
C. 16mph
D. 20mph

Odpowiedź A (przy prędkości 8mph lekkie pojazdy są bardzo narażone. Zachowaj szczególną ostrożność podczas podjeżdżania do nich lub ich mijania)

7.18. Dlaczego wyprzedzanie ciężarówki jest trudniejsze niż wyprzedzanie samochodu?
1 odp.
A. zejdzie ci dłużej, by wyprzedzić ciężarówkę
B. ciężarówki mogą nagle zatrzymać się
C. hamulce w ciężarówkach nie są takie dobre jak w samochodach osobowych
D. ciężarówki podjeżdżają pod górę wolniej

Odpowiedź A (ponieważ ciężarówki są dłuższe niż samochody, musisz zachować większy odstęp za nimi przed rozpoczęciem manewru i sam manewr zajmie ci więcej czasu)

7.19. Przed tobą jest pojazd elektryczny kierowany przez osobę niepełnosprawną. Te pojazdy osiągają prędkość maksymalną
1 odp.
A. 8mph (12km/h)
B. 18mph (29km/h)
C. 28mph (45km/h)
D. 38mph (61km/h)

Odpowiedź A (przy prędkości 8mph lekkie pojazdy są bardzo narażone. Zachowaj szczególną ostrożność podczas podjeżdżania do nich lub ich mijania)

7.20. Jest bardzo wietrznie. Jesteś za motocyklem, który wyprzedza wysoki pojazd. Co powinieneś zrobić?
1 odp.
A. natychmiast wyprzedzić motocyklistę
B. trzymać się z tyłu
C. jechać na równi z motocyklistą
D. trzymać się blisko motocyklisty

Odpowiedź B (motocyklista może zostać zwiany na twój pas, kiedy mija wysoki pojazd. Trzymaj się z tyłu)

7.21. Jest bardzo wietrznie. Masz zamiar wyprzedzić motocyklistę. Powinieneś
1 odp.
A. wyprzedzać powoli
B. pozostawić dużo miejsca podczas wyprzedzania
C. użyć klaksonu
D. trzymać się blisko, jak go mijasz

Odpowiedź B (jeśli musisz wyprzedzać, pozostaw dużo miejsca. Motocyklista mógłby zostać zwiany na twój pas ruchu)

7.22. Jedziesz przez miasto. Przed tobą na przystanku jest autobus. Które DWIE rzeczy powinieneś zrobić?
2 odp.

OTHER TYPES OF VEHICLE - INNE RODZAJE POJAZDÓW

A. być przygotowanym na ustąpienie pierwszeństwa, gdy autobus nagle ruszy
B. kontynuować jazdę z tą samą prędkością, ale użyć klaksonu jako ostrzeżenia
C. rozglądać się ostrożnie w razie, gdyby pojawili się piesi
D. minąć autobus tak szybko, jak tylko możesz

Odpowiedzi AC (zawsze zachowaj szczególną ostrożność tam, gdzie autobusy się zatrzymują. Zasłaniają one twoją widoczność i piesi mogą wychodzić na drogę. Bądź w stanie przewidzieć, że autobus może wyjechać, jeśli stał na przystanku przez chwilę)

7.23. Jedziesz tą drogą. Na co powinieneś być przygotowany?

1 odp.
A. by użyć swojego klaksonu i kontynuować jazdę
B. by zwolnić i ustąpić pierwszeństwa
C. by zgłosić kierowcę na policję
D. by wcisnąć się w lukę

Odpowiedź B (duże pojazdy potrzebują więcej miejsca do wykonania manewrów. Bądź cierpliwy i ustąp pierwszeństwa)

7.24. Dlaczego powinieneś być bardziej ostrożny jako kierowca w miejscu, gdzie jeżdżą tramwaje?
1 odp.
A. ponieważ nie mają one klaksonu
B. ponieważ nie zatrzymują one się przed samochodami
C. ponieważ nie mają one świateł
D. ponieważ nie mogą one kierować, by cię ominąć

Odpowiedź D (tramwaje nie mogą zjechać z torów i ominąć niebezpieczeństwa!)

7.25. Ciągniesz przyczepę kempingową (caravan). Jaki jest najbezpieczniejszy do użycia typ lusterka?
1 odp.
A. wewnętrzne szerokie lusterko
B. przedłużone boczne lusterka
C. normalne boczne lusterka
D. normalne wewnętrzne lusterko

Odpowiedź B (poszerzone/przedłużone lusterka dają lepszą widoczność na drogę za tobą)

7.26. Jedziesz po mokrej drodze we wzmożonym ruchu. Chlapanie uniemożliwia dobrą widoczność. Powinieneś używać swoich
2 odp.
A. świateł długich
B. tylnich świateł przeciwmgielnych, jeśli widoczność jest mniejsza niż 100 metrów (328 stóp)
C. tylnich świateł przeciwmgielnych, jeśli widoczność jest większa niż 100 metrów (328 stóp)
D. świateł krótkich
E. tylko świateł pozycyjnych

Odpowiedzi BD (używaj świateł krótkich, by inni mogli cię lepiej widzieć w złych warunkach pogodowych. Jeśli widoczność jest poważnie ograniczona, użyj świateł przeciwmgielnych)

7.27. Jest bardzo wietrzny dzień i masz zamiar wyprzedzić rowerzystę. Co powinieneś zrobić?
1 odp.
A. wyprzedzać bardzo blisko
B. trzymać się blisko, jak go mijasz
C. używać swojego klaksonu
D. pozostawić dużo miejsca

Odpowiedź D (rowerzyści i motocykliści mogą zostać zwiani na twój pas ruchu przez boczne wiatry. Zapewnij im dużo miejsca a sobie odpowiednią ilość czasu, by zareagować)

VEHICLE HANDLING - OBSŁUGA POJAZDU

8.1. W których TRZECH sytuacjach możesz wyprzedzać inny pojazd z lewej strony?
3 odp.
A. kiedy jedziesz ulicą jednokierunkową
B. na autostradzie, kiedy dojeżdżasz do drogi zjazdowej, którą zamierzasz zjeżdżać
C. kiedy pojazd jadący przed tobą sygnalizuje skręt w prawo
D. kiedy wolniejszy pojazd jedzie prawym pasem dwupasmówki
E. w korkach, kiedy ruch na prawym pasie porusza się wolniej

Odpowiedzi ACE (podczas powolnego ruchu w korkach jest dozwolone wyprzedzanie z lewej strony, jeśli ruch po twojej prawej porusza się wolniej. Możesz również wyprzedzać z lewej na jednokierunkowej ulicy lub, gdy pojazd przed tobą sygnalizuje i umieścowił się do skrętu w prawo)

8.2. Jedziesz podczas bardzo dużej ulewy. Twój dystans zatrzymania się najprawdopodobniej będzie
1 odp.
A. 2 razy większy
B. połowę mniejszy
C. do dziesięciu razu większy
D. taki sam

Odpowiedź A (woda na powierzchni drogi zmniejszy przyczepność twoich opon do podłoża – zapewnij sobie dwa razy dłuższą odległość na bezpieczne zatrzymanie się)

8.3. Które DWA z poniższych są prawidłowe? - podczas wyprzedzania w nocy powinieneś
2 odp.
A. zaczekać do zakrętu, aż będziesz widział światła samochodów z naprzeciwka
B. użyć dwa razy klaksonu przed wykonaniem manewru
C. być ostrożnym, ponieważ widzisz gorzej
D. uważać na zakręty na drodze
E. przełączyć światła na długie

Odpowiedzi CD (patrz do przodu na drogę. Bądź bardzo uważny na zakrętach podczas wyprzedzania w nocy)

8.4. Kiedy możesz czekać w box junction (żółte zakratkowane pole na skrzyżowaniu)?

1 odp.
A. kiedy stoisz w korkach
B. kiedy zbliżasz się do przejścia pelican
C. kiedy zbliżasz się do przejścia zebra
D. kiedy ruch z naprzeciwka uniemożliwia ci skręt w prawo

Odpowiedź D (nie powinieneś wjeżdżać na żółte zakratkowane pole na skrzyżowaniu, dopóki wyjazd ze skrzyżowania nie jest przejezdny. Możesz w nim czekać tylko, gdy wyjazd jest przejezdny a ruch z naprzeciwka blokuje cię do skrętu w prawo)

8.5. Która z poniższych tabliczek może pojawić się pod tym znakiem?

1 odp.
A. garby przez pół mili

| Humps for 1 2 mile |

B. garbaty most

| Hump Bridge |

C. niski most

| Low Bridge |

87

VEHICLE HANDLING - OBSŁUGA POJAZDU

D. słabe pobocze

Soft Verge

Odpowiedź A (trójkąty ostrzegają! Powinieneś znać znaczenie wszystkich znaków i być w stanie odpowiednio reagować na niebezpieczeństwa)

8.6. Spowalniacze ruchu są używane, by
1 odp.
A. powstrzymać szaleństwo na drogach
B. pomóc w wyprzedzaniu
C. spowolnić ruch
D. pomóc w parkowaniu

Odpowiedź C (spowalniacze ruchu są używane do spowalniania ruchu tam, gdzie jest szczególne niebezpieczeństwo dla pieszych)

8.7. Jesteś na autostradzie w czasie mgły. Lewa krawędź autostrady może być rozpoznana dzięki światełkom odblaskowym. Jakiego są one koloru?

1 odp.
A. zielone
B. pomarańczowe
C. czerwone
D. białe

Odpowiedź C (czerwone światełka odblaskowe oddzielają pasy ruchu od pobocza. Jeśli się zmienią na zielone światełka, będziesz wiedział, że mijasz drogę przyłączeniową/zjazdową na autostradzie)

8.8. Urządzenie huku zostało stworzone, by

2 odp.

A. kierować
B. zapobiec ucieczce bydła
C. ostrzec cię o niskim ciśnieniu opon
D. ostrzec cię o niebezpieczeństwie
E. zachęcić cię do zmniejszenia prędkości

Odpowiedzi DE (pasy huku zostały stworzone, by uzmysłowić ci twoją prędkość podczas dojeżdżania do niebezpieczeństwa. Zwolnij i przygotuj się)

8.9. Musisz jechać w warunkach mgły. Powinieneś
1 odp.
A. jechać blisko tylnich świateł pojazdu przed tobą
B. unikać używania świateł krótkich
C. zapewnić sobie sporo czasu na podróż
D. utrzymywać odległość 2 sekund od pojazdu przed tobą

Odpowiedź C (unikaj jazdy we mgle, chyba że twoja podróż jest naprawdę konieczna. Nie możesz ryzykować pośpiechem podczas złej widoczności)

8.10. Wyprzedzasz samochód w nocy. Musisz upewnić się, że
1 odp.
A. migniesz światłami przed wyprzedzaniem
B. wybierzesz wysoki bieg
C. przełączyłeś światła na długie przed wyprzedzaniem
D. nie oślepiasz światłami innych użytkowników drogi

Odpowiedź D (nie przełączaj świateł na długie, dopóki nie miniesz innego pojazdu)

8.11. Jesteś na drodze, na której są garby spowalniające ruch. Kierowca z przodu jedzie wolniej niż ty. Powinieneś
1 odp.
A. użyć klaksonu
B. wyprzedzić go tak szybko, jak to możliwe
C. mignąć światłami

VEHICLE HANDLING - OBSŁUGA POJAZDU

D. zwolnić i pozostać z tyłu

Odpowiedź D (garby spowalniające i inne spowalniacze ruchu są tam, gdzie jest szczególnie niebezpieczeństwo dla pieszych. Zwolnij i nie próbuj wyprzedzać)

8.12. Widzisz te oznaczenia na drodze. Po co one są?

1 odp.
A. by pokazać bezpieczną odległość pomiędzy pojazdami
B. by utrzymać ten obszar wolny od ruchu pojazdów
C. by uzmysłowić ci twoją prędkość
D. by ostrzec cię o zmianie kierunku ruchu

Odpowiedź C (linie "speed reduction" są po to, by uzmysłowić ci twoja prędkość i ostrzec o niebezpieczeństwie przed tobą. Zwolnij w odpowiednim czasie)

8.13. Miejsca zarezerwowane dla tramwajów mogą mieć

3 odp.
A. metalowe ćwieki naokoło
B. białe oznaczenia liniowe
C. zygzakowate oznaczenia
D. inny kolor nawierzchni
E. żółte oznaczenia
F. inną strukturę nawierzchni

Odpowiedzi BDF (nie wjeżdżaj w miejsca zarezerwowane dla tramwajów)

8.14. Widzisz pojazd nadjeżdżający w twoją stronę na drodze jednośladowej. Powinieneś

1 odp.
A. zawrócić do drogi głównej
B. zatrzymać się jak w nagłym wypadku
C. zatrzymać się w miejscu mijania
D. włączyć światła ostrzegawcze

Odpowiedź C (zjedź w miejsce mijania po lewej lub poczekaj naprzeciwko miejsca mijania po prawej, aby pojazd mógł przejechać)

8.15. Nawierzchnia drogi jest mokra. Dlaczego motocyklista będzie omijał pokrywy ściekowe na zakręcie?

1 odp.
A. by uniknąć przebicia opon krawędzią pokrywy
B. by uniknąć poślizgu motoru na metalowej pokrywie ściekowej
C. by lepiej ocenić zakręt, używając pokrywy ściekowej jako punktów oceny
D. by uniknąć ochlapania pieszych na chodniku

Odpowiedź B (motocykliści są bardziej narażeni z powodu śliskich nawierzchni dróg)

8.16. Po tym niebezpieczeństwie powinieneś przetestować swoje hamulce. Dlaczego?

1 odp.
A. będziesz na śliskiej drodze
B. twoje hamulce będą ociekać wodą
C. będziesz zjeżdżał z długiej góry
D. przejechałeś właśnie długi most

Odpowiedź B (jeśli twoje hamulce nie działają prawidłowo, ponieważ są mokre, możesz osuszyć je poprzez powolną jazdę do przodu i delikatne hamowanie)

8.17. Dlaczego zawsze powinieneś zmniejszać prędkość podczas jazdy we mgle?

1 odp.
A. hamulce nie działają tak dobrze, jak zwykle
B. będziesz rażony przez światła innych użytkowników drogi
C. silnik będzie dłużej się nagrzewał

VEHICLE HANDLING - OBSŁUGA POJAZDU

D. widoczność z przodu jest utrudniona

Odpowiedź D (zawsze zmniejszaj prędkość w warunkach słabej widoczności)

8.18. Ukształtowanie terenu może mieć wpływ na funkcjonowanie twojego pojazdu. Które DWA mają zastosowanie podczas jazdy pod górę?
2 odp.
A. wysokie biegi wciągną go lepiej
B. szybciej zwolnisz
C. wyprzedzanie będzie łatwiejsze
D. silnik będzie ciężej pracował
E. sterowanie kierownicą będzie cięższe

Odpowiedzi BD (twój silnik będzie pracował ciężej. Wybierz niższy bieg, jeśli to konieczne przed wjazdem na wzgórze, by utrzymywać prędkość)

8.19. Jedziesz autostradą w wietrznych warunkach. Podczas mijania wysokich pojazdów, powinieneś
1 odp.
A. zwiększyć prędkość
B. uważać na nagły podmuch wiatru
C. jechać bardzo blisko wysokiego pojazdu
D. oczekiwać normalnych warunków na drodze

Odpowiedź B (podmuch od dużego pojazdu mógłby cię zepchnąć z drogi)

8.20. By wyjść z poślizgu tylnego koła, powinieneś
1 odp.
A. w ogóle nie ruszać kierownicą
B. skręcić kierownicą w drugą stronę
C. skręcić kierownicą w stronę koła
D. zaciągnąć hamulec ręczny

Odpowiedź C (steruj kierownicą, by naprostować pojazd)

8.21. Jedziesz podczas mgły. Dlaczego powinieneś trzymać się w pewnej odległości od pojazdu przed tobą?
1 odp.
A. w razie, jakby zmienił on nagle kierunek
B. w razie, gdyby jego światła przeciwmgielne oślepiły cię
C. w razie, gdyby się on nagle zatrzymał
D. w razie, gdy oślepią cię jego światła stopu

Odpowiedź C (dostrzeżenie świateł stopu u pojazdu z przodu będzie utrudnione. Trzymaj się z tyłu, by zwiększyć odstęp)

8.22. Powinieneś włączyć światła przeciwmgielne, jeśli widoczność spadnie do poniżej
1 odp.
A. twojej całkowitej drogi hamowania
B. 10 długości samochodu
C. 200 metrów (656 stóp)
D. 100 metrów (328 stóp)

Odpowiedź D (używanie świateł przeciwmgielnych jest wykroczeniem, kiedy widoczność nie jest znacznie osłabiona. Kiedy mgła przejdzie, wyłącz swoje światła przeciwmgielne, abyś nie raził innych użytkowników drogi)

8.23. Podczas jazdy samochodem mgła przerzedza się i widzisz dużo lepiej. Musisz pamiętać, by
1 odp.
A. wyłączyć światła przeciwmgielne
B. zmniejszyć prędkość
C. wyłączyć odmgławiacz
D. zamknąć wszystkie otwarte okna

Odpowiedź A (używanie świateł przeciwmgielnych jest wykroczeniem, kiedy widoczność nie jest znacznie osłabiona. Kiedy mgła przejdzie, wyłącz swoje światła przeciwmgielne, abyś nie raził innych użytkowników drogi)

8.24. Musisz zaparkować na drodze podczas mgły. Powinieneś
1 odp.
A. pozostawić włączone światła pozycyjne

VEHICLE HANDLING - OBSŁUGA POJAZDU

B. pozostawić włączone światła krótkie oraz przeciwmgielne
C. pozostawić włączone światła krótkie
D. pozostawić włączone światła długie

Odpowiedź A (pozostaw włączone światła pozycyjne, aby pojazd był lepiej widziany przez innych użytkowników drogi)

8.25. Podczas mgły musisz koniecznie zaparkować samochód na drodze. Powinieneś
1 odp.
A. pozostawić włączone światła krótkie
B. pozostawić włączone światła przeciwmgielne
C. pozostawić włączone światła pozycyjne
D. pozostawić włączone światła ostrzegawcze

Odpowiedź C (pozostaw włączone światła pozycyjne, aby pojazd był lepiej widziany przez innych użytkowników drogi)

8.26. Prowadzisz pojazd w nocy. Zostałeś oślepiony przez światła pojazdu nadjeżdżającego z naprzeciwka. Powinieneś
1 odp.
A. opuścić daszek przeciwsłoneczny
B. zwolnić lub zatrzymać się
C. włączyć światła długie
D. zakryć oczy ręką

Odpowiedź B (musisz być w stanie zatrzymać się bezpiecznie)

8.27. Przednie światła przeciwmgielne mogą być użyte TYLKO, gdy
1 odp.
A. widoczność jest poważnie ograniczona
B. są one wbudowane powyżej zderzaka
C. nie są tak jasne jak normalne światła

D. słyszalne ostrzegawcze urządzenie jest w użyciu

Odpowiedź A (używanie świateł przeciwmgielnych jest wykroczeniem, kiedy widoczność nie jest znacznie osłabiona. Kiedy mgła przejdzie, wyłącz swoje światła przeciwmgielne, abyś nie raził innych użytkowników drogi)

8.28. Przednie światła przeciwmgielne mogą być użyte TYLKO, gdy
1 odp.
A. twoje zwykłe światła nie działają
B. są włączane razem z tylnimi światłami przeciwmgielnymi
C. zostały one wstawione przez producenta pojazdu
D. widoczność jest poważnie ograniczona

Odpowiedź D (używanie świateł przeciwmgielnych jest wykroczeniem, kiedy widoczność nie jest znacznie osłabiona. Kiedy mgła przejdzie, wyłącz swoje światła przeciwmgielne, abyś nie raził innych użytkowników drogi)

8.29. Jedziesz z włączonymi przednimi światłami przeciwmgielnymi. Wcześniej mgła się rozeszła. Co powinieneś zrobić?

1 odp.
A. pozostawić je włączone, jeśli inny kierowcy też mają włączone
B. wyłączyć je, jeśli widoczność jest dobra
C. mignąć nimi do ruchu z naprzeciwka, że jest mgła
D. jechać na nich zamiast na światłach krótkich

Odpowiedź B (jest wykroczeniem używać świateł przeciwmgielnych, chyba że widoczność jest znacznie osłabiona. Kiedy mgła rozejdzie się, wyłącz swoje światła

VEHICLE HANDLING - OBSŁUGA POJAZDU

przeciwmgielne, abyś nie raził innych użytkowników drogi)

8.30. Przednie światła przeciwmgielne mogą być używane TYLKO, kiedy
1 odp.
A. jedziesz w małym deszczu
B. widoczność jest poważnie ograniczona
C. ściemnia się na dworze
D. jedziesz po północy

Odpowiedź B (używanie świateł przeciwmgielnych jest wykroczeniem, kiedy widoczność nie jest znacznie osłabiona. Kiedy mgła przejdzie, wyłącz swoje światła przeciwmgielne, abyś nie raził innych użytkowników drogi)

8.31. Zapomniałeś wyłączyć swoich tylnich świateł przeciwmgielnych po tym, jak mgła ustąpiła. To może
3 odp.
A. oślepiać innych użytkowników drogi
B. skrócić życie akumulatora
C. spowodować, że światła stopu będą mniej widoczne
D. łamać prawo
E. mieć poważny wpływ na moc silnika

Odpowiedzi ACD (używanie świateł przeciwmgielnych jest wykroczeniem, kiedy widoczność nie jest znacznie osłabiona. Kiedy mgła przejdzie, wyłącz swoje światła przeciwmgielne, abyś nie raził innych użytkowników drogi)

8.32. Jechałeś poprzez gęstą mgłę, która teraz ustąpiła. Musisz WYŁĄCZYĆ tylne światła przeciwmgielne, ponieważ
1 odp.
A. zużywają dużo mocy z akumulatora
B. powodują, że światła stopu nie są tak widoczne
C. będą cię oślepiać w twoich lusterkach
D. mogą być nieodpowiednio ustawione

Odpowiedź B (używanie świateł przeciwmgielnych jest wykroczeniem, kiedy widoczność nie jest znacznie osłabiona. Kiedy mgła przejdzie, wyłącz swoje światła przeciwmgielne, abyś nie raził innych użytkowników drogi)

8.33. Przednie światła przeciwmgielne powinny być używane
1 odp.
A. kiedy widoczność jest mniejsza niż 100 metrów (328 stóp)
B. jako ostrzegawcze do nadjeżdżającego z naprzeciwka ruchu
C. podczas jazdy, kiedy jest ciemno
D. w każdych warunkach o każdej porze

Odpowiedź A (używanie świateł przeciwmgielnych jest wykroczeniem, kiedy widoczność nie jest znacznie osłabiona. Kiedy mgła przejdzie, wyłącz swoje światła przeciwmgielne, abyś nie raził innych użytkowników drogi)

8.34. Używanie tylnych świateł przeciwmgielnych w ciągu dnia, kiedy jest ładna pogoda
1 odp.
A. będzie przydatne podczas ciągnięcia przyczepy
B. zapewni dodatkową ochronę
C. będzie oślepiać innych kierowców
D. spowoduje, że kierowcy za tobą będą trzymać się z tyłu

Odpowiedź C (używanie świateł przeciwmgielnych jest wykroczeniem, kiedy widoczność nie jest znacznie osłabiona. Kiedy mgła przejdzie, wyłącz swoje światła przeciwmgielne, abyś nie raził innych użytkowników drogi)

8.35. Używanie przednich świateł przeciwmgielnych podczas dnia, kiedy jest ładna pogoda
1 odp.
A. rozładuje akumulator
B. będzie oślepiać innych kierowców

VEHICLE HANDLING - OBSŁUGA POJAZDU

C. poprawi twoją widoczność
D. zwiększy twoją świadomość

Odpowiedź B (używanie świateł przeciwmgielnych jest wykroczeniem, kiedy widoczność nie jest znacznie osłabiona. Kiedy mgła przejdzie, wyłącz swoje światła przeciwmgielne, abyś nie raził innych użytkowników drogi)

8.36. Możesz używać przednich świateł przeciwmgielnych jednocześnie ze światłami krótkimi TYLKO wtedy, kiedy widoczność jest mniejsza niż
1 odp.
A. 100 metrów (328 stóp)
B. 200 metrów (656 stóp)
C. 300 metrów (984 stopy)
D. 400 metrów (1312 stóp)

Odpowiedź A (używanie świateł przeciwmgielnych jest wykroczeniem, kiedy widoczność nie jest znacznie osłabiona. Kiedy mgła przejdzie, wyłącz swoje światła przeciwmgielne, abyś nie raził innych użytkowników drogi)

8.37. Łańcuchy mogą być założone na koła, by pomóc zapobiec
1 odp.
A. uszkodzeniu nawierzchni drogi
B. wytarciu opon
C. poślizgowi w głębokim śniegu
D. blokadzie hamulców

Odpowiedź C (łańcuchy śniegowe zwiększają przyczepność opon do drogi podczas jazdy po głębokim lub ubitym śniegu)

8.38. W jaki sposób możesz używać silnika swojego pojazdu, by kontrolować prędkość?
1 odp.
A. poprzez zmianę biegu na niższy
B. poprzez wybranie biegu wstecznego
C. poprzez zmianę biegu na wyższy
D. poprzez wybranie biegu neutralnego (luzu)

Odpowiedź A (poprzez hamowanie, by zmniejszyć prędkość i potem wybranie niższego biegu możesz kontrolować swoją prędkość lepiej podczas zjazdu ze stromych nachyleń)

8.39. Dlaczego trzymanie wciśniętego sprzęgła lub jazda na luzie (biegu neutralnym) przez długi czas może być niebezpieczna?
1 odp.
A. rozleje się paliwo
B. silnik może zostać uszkodzony
C. będziesz miał mniejszą kontrolę nad kierowaniem pojazdem i hamowaniem
D. wytrze (zużyje) to szybciej opony

Odpowiedź C („Coasting" z wciśniętym pedałem sprzęgła lub jazdą na luzie zmniejsza przyczepność kół do podłoża. Ma to wpływ zarówno na sterowanie jak i hamowanie i jest niebezpieczne zwłaszcza podczas zjeżdżania z góry)

8.40. Jedziesz po oblodzonej drodze. Jaki dystans od samochodu z przodu powinieneś zachować?
1 odp.
A. cztery razy dłuższy, niż normalny dystans
B. sześć razy dłuższy, niż normalny dystans
C. osiem razy dłuższy, niż normalny dystans
D. dziesięć razy dłuższy, niż normalny dystans

Odpowiedź D (dystans hamowania na lodzie może być do 10 razy dłuższy)

8.41. Jesteś na dobrze oświetlonej autostradzie w nocy. Musisz
1 odp.
A. używać tylko świateł pozycyjnych
B. zawsze używać świateł mijania (krótkich)
C. zawsze używać tylnych świateł przeciwmgielnych
D. używać świateł mijania (krótkich) tylko podczas złej pogody

VEHICLE HANDLING - OBSŁUGA POJAZDU

Odpowiedź B (musisz używać świateł krótkich podczas jazdy nocą na autostradzie)

8.42. Jesteś na autostradzie. Inne pojazdy są przed tobą. Jakich świateł powinieneś używać?
1 odp.
A. przednich świateł przeciwmgielnych
B. świateł długich
C. tylko świateł pozycyjnych
D. świateł krótkich

Odpowiedź D (nie możesz oślepiać innych kierowców swoimi światłami. Zmień je w odpowiednim czasie, kiedy dojeżdżasz do wolniejszych pojazdów przed tobą)

8.43. Które TRZY z poniższych mają wpływ na dystans zatrzymania się
3 odp.
A. to, jak szybko jedziesz
B. opony twojego pojazdu
C. pora dnia
D. pogoda
E. oświetlenie uliczne

Odpowiedzi ABD (dystans zatrzymania zależy od szybkości na drodze, jakości twoich opon i nawierzchni drogi)

8.44. Jesteś na autostradzie w nocy. MUSISZ mieć włączone światła krótkie, chyba że
1 odp.
A. są pojazdy przed tobą
B. jedziesz z prędkością niższą niż 50mph
C. autostrada jest oświetlona
D. twój pojazd ma awarię na poboczu

Odpowiedź D (musisz używać świateł w nocy, chyba że twój pojazd jest zaparkowany)

8.45. Poczujesz hamowanie silnikiem, kiedy
1 odp.
A. użyjesz tylko hamulca ręcznego
B. wrzucisz bieg neutralny (luz)
C. zmienisz bieg na niższy
D. zmienisz bieg na wyższy

Odpowiedź C (używanie niższego biegu podczas zjeżdżania z góry pozwoli ci kontrolować prędkość twojego pojazdu)

8.46. Widoczność za dnia jest słaba, ale nie jest poważnie ograniczona. Powinieneś włączyć
1 odp.
A. światła krótkie i światła przeciwmgielne
B. przednie światła przeciwmgielne
C. światła krótkie
D. tylne światła przeciwmgielne

Odpowiedź C (użyj świateł krótkich podczas ograniczonej widoczności, aby inni mogli zobaczyć cię wcześniej. Nie używaj świateł przeciwmgielnych, chyba że widoczność jest poważnie ograniczona, np. 100 metrów lub mniej)

8.47. Dlaczego pojazdy są wyposażone w tylne światła przeciwmgielne?
1 odp.
A. by być widocznymi podczas jazdy z dużą prędkością
B. by używać ich podczas awarii w niebezpiecznej pozycji
C. by być bardziej widocznymi podczas gęstej mgły
D. by ostrzegać kierowców jadących za nimi, aby trzymali się z tyłu

Odpowiedź C (tylne światła przeciwmgielne o dużej intensywności ułatwiają ruchowi za tobą dostrzeżenie cię w gęstej mgle. Nie używaj świateł przeciwmgielnych, chyba że widoczność jest poważnie ograniczona, np. 100 metrów lub mniej)

8.48. Podczas jazdy we mgle konieczne okazuje się włączenie przednich świateł przeciwmgielnych. Powinieneś
1 odp.
A. włączyć je tylko w trudnych warunkach na drodze
B. pamiętać, by nie używać ich na autostradzie

VEHICLE HANDLING - OBSŁUGA POJAZDU

C. używać ich tylko na dwupasmówkach
D. pamiętać o wyłączeniu ich, gdy widoczność poprawi się

Odpowiedź D (światła przeciwmgielne muszą być używane tylko, kiedy widoczność jest poważnie ograniczona. Wyłącz je, kiedy mgła się rozejdzie, abyś nie raził innych kierowców)

8.49. Kiedy pada śnieg, powinieneś
1 odp.
A. jechać tylko z włączonymi światłami ostrzegawczymi
B. jechać tylko wtedy, gdy masz przy sobie telefon komórkowy
C. jechać tylko, gdy podróż jest krótka
D. jechać tylko wtedy, gdy to konieczne

Odpowiedź D (nie ma sensu dołączać się do zatłoczenia spowodowanego padającym śniegiem, jeśli możesz uniknąć swojej podróży)

8.50. Zjeżdżasz w dół z długiego pagórka. Nagle zauważasz, że twoje hamulce nie działają tak dobrze, jak zwykle. Co jest tego najbardziej możliwą przyczyną?
1 odp.
A. przegrzanie hamulców
B. powietrze w płynie hamulcowym
C. olej na hamulcach
D. źle ustawione hamulce

Odpowiedź A (ostre używanie hamulców lub używanie ich przez długi czas może spowodować ich przegrzanie i zanik)

8.51. Musisz odbyć podróż podczas mgły. Które DWIE rzeczy są najważniejsze do wykonania, zanim wyruszysz?
2 odp.
A. dopełnienie chłodnicy przeciwzamarzającym płynem
B. upewnienie się, że masz w pojeździe trójkąt ostrzegawczy
C. sprawdzenie, czy światła działają
D. sprawdzenie akumulatora
E. sprawdzenie, czy szyby są czyste

Odpowiedzi CE (musisz dobrze widzieć i być widzianym)

8.52. Właśnie wyjechałeś z mgły. Widoczność jest teraz dobra. MUSISZ
1 odp.
A. wyłączyć wszystkie światła przeciwmgielne
B. jechać dalej na światłach przeciwmgielnych
C. pozostawić włączone przednie światła przeciwmgielne
D. pozostawić włączone światła przeciwmgielne na wypadek, gdy mgła powróci

Odpowiedź A (używanie świateł przeciwmgielnych, kiedy widoczność nie jest poważnie ograniczona jest wykroczeniem. Te światła o dużej intensywności mogą razić innych użytkowników drogi)

8.53. Możesz używać przednich światłach przeciwmgielnych

1 odp.
A. kiedy widoczność jest mniejsza niż 100 metrów (328 stóp)
B. kiedykolwiek, by być widocznym
C. zamiast świateł krótkich na drogach szybkiego ruchu
D. kiedy zostajesz oślepiony światłami pojazdów jadących z naprzeciwka

Odpowiedź A (używanie świateł przeciwmgielnych, kiedy widoczność nie jest poważnie ograniczona jest wykroczeniem)

8.54. Dlaczego niebezpiecznym jest pozostawienie włączonych tylnich świateł przeciwmgielnych, kiedy nie jest to potrzebne?
2 odp.
A. światła stopu nie są tak widoczne

VEHICLE HANDLING - OBSŁUGA POJAZDU

B. kierowcy za tobą mogą zostać oślepieni
C. system elektryczny mógłby być przeładowany
D. kierunkowskazy mogą nie działać prawidłowo
E. akumulator może się rozładować

Odpowiedzi AB (używanie świateł przeciwmgielnych, jeśli widoczność nie jest poważnie ograniczona jest wykroczeniem. Te światła o dużej intensywności mogą razić innych użytkowników drogi. Tylne światła przeciwmgielne utrudnią dostrzeżenie twoich świateł stopu przez kierowców za tobą)

8.55. Trzymanie wciśniętego sprzęgła lub jazda na biegu neutralnym zbyt długo
1 odp.
A. zużyje więcej paliwa
B. spowoduje przegrzanie silnika
C. zmniejszy kontrolę nad pojazdem
D. zwiększy zużycie (wytarcie) opon

Odpowiedź C („Coasting" czyli jazda rozpędem z wciśniętym pedałem sprzęgła lub jazda na luzie zmniejsza przyczepność kół do podłoża. Ma to wpływ zarówno na sterowanie jak i hamowanie i jest niebezpieczne, zwłaszcza podczas zjeżdżania z góry)

8.56. Zjeżdżasz w dół ze wzniesienia. Dlaczego trzymanie wciśniętego sprzęgła lub jazda na luzie zbyt długo, mogłaby być niebezpieczna?
1 odp.
A. zużycie paliwa będzie większe
B. twój pojazd nabierze prędkości
C. uszkodzi to silnik
D. zużyje to szybciej opony

Odpowiedź B („Coasting" czyli jazda rozpędem z wciśniętym pedałem sprzęgła lub jazda na luzie zmniejsza przyczepność kół do podłoża. Ma to wpływ zarówno na sterowanie jak i hamowanie i jest niebezpieczne, zwłaszcza podczas zjeżdżania z góry)

8.57. Jakie są DWA główne powody, dla których jazda rozpędem (na luzie) z górki jest niewłaściwa?

2 odp.
A. zużycie paliwa będzie większe
B. pojazd nabierze prędkości
C. zużyje to szybciej opony
D. będziesz miał mniejszą kontrolę hamowania i kierowania pojazdem
E. uszkodzi to silnik

Odpowiedzi BD („Coasting" czyli jazda rozpędem z wciśniętym pedałem sprzęgła lub jazda na luzie zmniejsza przyczepność kół do podłoża. Ma to wpływ zarówno na sterowanie jak i hamowanie jest niebezpieczne, zwłaszcza podczas zjeżdżania z góry)

8.58. Które CZTERY z poniższych mogą mieć zastosowanie, kiedy widzisz ten znak?

4 odp.
A. trudności na drodze w zimowych warunkach pogodowych
B. użyj niskiego biegu i jedź powoli
C. użyj wysokiego biegu, by zapobiec poślizgowi kół
D. przetestuj potem swoje hamulce
E. zawsze włączaj światła przeciwmgielne
F. może być tu skala głębokości wody na drodze

Odpowiedzi ABDF (oceń głębokość przed przejechaniem. Użyj niskiego biegu i utrzymuj wysokie obroty silnika poprzez ślizganie na sprzęgle. Przetestuj swoje hamulce. By je wysuszyć, jedź do przodu powoli z lewą stopą delikatnie naciskającą na pedał hamulca)

8.59. Dlaczego jazda na biegu neutralnym (znana jako jazda rozpędem) jest niewłaściwa?
1 odp.
A. spowoduje poślizg pojazdu
B. spowoduje zgaśnięcie silnika
C. silnik będzie pracował szybciej
D. nie ma hamowania silnikiem

Odpowiedź D („Coasting" czyli jazda rozpędem z wciśniętym pedałem sprzęgła lub jazda na

VEHICLE HANDLING - OBSŁUGA POJAZDU

luzie zmniejsza przyczepność kół do podłoża. Ma to wpływ zarówno na sterowanie jak i hamowanie i jest niebezpieczne, zwłaszcza podczas zjeżdżania z góry)

8.60. Kiedy MUSISZ używać świateł mijania w ciągu dnia?
1 odp.
A. cały czas
B. kiedy jedziesz wzdłuż wąskich ulic
C. podczas słabej widoczności
D. podczas parkowania

Odpowiedź C (zawsze używaj świateł krótkich w ograniczonej widoczności w dzień, aby inni mogli cię lepiej widzieć)

8.61. Hamujesz na mokrej drodze. Twój pojazd wpada w poślizg. Nie ma on hamulców anti-lock (system ABS). Co jest PIERWSZĄ rzeczą, jaką powinieneś zrobić?
1 odp.
A. szybko zaciągnąć hamulec ręczny
B. zdjąć nogę z hamulca nożnego
C. wcisnąć mocniej pedał hamulca
D. delikatnie nacisnąć na pedał gazu

Odpowiedź B (zwolnienie hamulców od razu pozwoli kołom się obracać i zdobyć przyczepność)

8.62. Używanie tylnich świateł przeciwmgielnych w nocy podczas dobrej pogody, może
2 odp.
A. zmniejszyć odblask słońca od powierzchni drogi
B. spowodować, że twoje światła stopu będą mniej widoczne
C. zapewnić ci lepszą widoczność na drogę przed tobą
D. oślepiać kierowców za tobą
E. spowodować, że twoje kierunkowskazy będą bardziej widoczne

Odpowiedzi BD (nie powinieneś używać tylnich świateł przeciwmgielnych, chyba że widoczność jest poważnie ograniczona. Kontrolka zaświeci się na twojej tablicy rozdzielczej, kiedy światła są w użyciu. Powinieneś znać znaczenie wszystkich kontrolek na tablicy rozdzielczej i sprawdzać je, zanim ruszysz)

MOTORWAY RULES - ZASADY NA AUTOSTRADZIE

9.1. **Podczas przyłączania się do ruchu na autostradzie, musisz zawsze**
1 odp.
A. używać pobocza hard shoulder
B. zatrzymać się na końcu pasa przyspieszającego
C. zatrzymać się przed przyłączeniem do ruchu
D. ustąpić pierwszeństwa pojazdom, które są na autostradzie

Odpowiedź D (nie staraj się przeforsować na siłę twojego włączania się na drodze szybkiego ruchu. Kiedy się zbliżasz, dopasuj swoją szybkość i poszukaj miejsca, w które możesz wjechać)

9.2. **Jaka jest narodowa dozwolona prędkość dla samochodów i motocykli na środkowym pasie trójpasmowej autostrady?**
1 odp.
A. 40mph
B. 50mph
C. 60mph
D. 70mph

Odpowiedź D (narodowy limit prędkości ma zastosowanie na wszystkich pasach autostrady. Jedź z prędkością dostosowaną do warunków drogi i nie przekraczaj limitu 70mph)

9.3. **Jaki jest narodowy limit prędkości na autostradach dla samochodów i motocykli?**
1 odp.
A. 30mph
B. 50mph
C. 60mph
D. 70mph

Odpowiedź D (narodowy limit prędkości ma zastosowanie na wszystkich pasach autostrady. Jedź z prędkością dostosowaną do warunków drogi i nie przekraczaj limitu 70mph)

9.4. **Lewy pas trójpasmowej autostrady powinien być używany przez**
1 odp.
A. jakikolwiek pojazd
B. tylko duże pojazdy
C. tylko pojazdy nagłych wypadków
D. tylko powoli jadące pojazdy

Odpowiedź A (jeśli nie wyprzedzasz, powinieneś umiejscowić się na lewym pasie autostrady)

9.5. **Który z poniższych NIE może jechać prawym pasem trójpasmowej autostrady?**
1 odp.
A. mały van dostawczy
B. motocykl
C. pojazd ciągnący przyczepę
D. motocykl z wózkiem bocznym

Odpowiedź C (dozwolona prędkość samochodu z przyczepą na autostradzie wynosi 60mph i nie powinien on blokować szybszego ruchu poprzez jazdę po prawym pasie)

9.6. **Psuje ci się samochód na autostradzie. Będziesz potrzebował zadzwonić po pomoc. Dlaczego lepszym pomysłem jest użycie telefonu przy drodze, niż własnego komórkowego?**
1 odp.
A. połączy cię on z lokalnym warsztatem
B. używanie telefonu komórkowego rozproszy innych kierowców
C. pozwoli to na łatwą lokalizację przez serwisy nagłych wypadków
D. telefony komórkowe nie działają na autostradzie

Odpowiedź C (telefony przy drodze są połączone z serwisami nagłych wypadków i twoje miejsce zostanie łatwo zlokalizowane w zależności od telefonu, którego użyjesz)

9.7. **Po awarii pojazdu musisz przyłączyć się z pobocza hard shoulder do ruchu na autostradzie. Powinieneś**
1 odp.
A. wjechać na autostradę, po czym nadrobić prędkość

MOTORWAY RULES - ZASADY NA AUTOSTRADZIE

B. wjechać na autostradę, używając świateł ostrzegawczych
C. nadrobić prędkość na poboczu, przed wjechaniem na autostradę
D. poczekać na poboczu, aż ktoś mignie ci światłami

Odpowiedź C (byłoby bardzo niebezpiecznym, gdybyś wjechał od razu na pas, gdzie ruch jest bardzo szybki. Nadbuduj swoją prędkość na poboczu przed wjechaniem na pas ruchu)

9.8. Crawler lane (pas dla powolnych pojazdów) na autostradzie możesz znaleźć

1 odp.
A. przed nachyleniem terenu
B. przed miejscem serwisowym
C. przed skrzyżowaniem
D. wzdłuż pobocza

Odpowiedź A (Pasy dla powolnych pojazdów – crawlers lanes zostały stworzone specjalnie dla dużych pojazdów, które nie maja mocy, by wjechać pod długie nachylenia podczas utrzymywania normalnej prędkości. Bądź świadomy, że pojazdy te będą potrzebowały włączyć się do głównego ruchu, po skończeniu się pasa crawler)

9.9. Co oznaczają te słupki na autostradzie?

1 odp.
A. są one oznaczeniami odliczeniowymi do mostu
B. są one oznaczeniami odległości do następnego telefonu
C. są one oznaczeniami odliczeniowymi do następnego zjazdu
D. ostrzegają one o kontroli policyjnej przed tobą

Odpowiedź C (każde oznaczenie odlicza 100 yardów do zjazdu z autostrady)

9.10. Pomarańczowe światełka odblaskowe na autostradzie znajdziesz pomiędzy

1 odp.
A. poboczem a lewym pasem
B. pasem przyspieszeniowym a autostradą
C. central reservation (miejscem oddzielającym kierunki ruchu) a autostradą
D. każdą parą pasów

Odpowiedź C (pomarańczowe światełka odblaskowe możesz znaleźć po prawej stronie swojego kierunku jazdy na autostradzie, przy central reservation – miejscu oddzielającym pasy ruchu w różnych kierunkach)

9.11. Jakiego koloru są światełka odblaskowe pomiędzy pasami na autostradzie?

1 odp.
A. zielone
B. pomarańczowe
C. białe
D. czerwone

Odpowiedź C (białe odblaskowe światełka oznaczają pasy na autostradzie i są wbudowane, by pomóc ci odróżniać pasy np. w nocy)

9.12. Jakiego koloru są światełka na autostradzie, pomiędzy pasami ruchu autostrady i drogą zjazdową?

1 odp.
A. pomarańczowe
B. białe
C. zielone
D. czerwone

Odpowiedź C (lewa krawędź autostrady jest oznaczona czerwonymi światełkami odblaskowymi oprócz miejsc, w których droga

MOTORWAY RULES - ZASADY NA AUTOSTRADZIE

podjazdowa/zjazdowa łączy się z pasami ruchu
– tam światełka są zielone)

9.13. Masz awarię na autostradzie. By znaleźć najbliższy telefon nagłych wypadków, powinieneś zawsze iść
1 odp.
A. zgodnie z kierunkiem ruchu
B. twarzą do nadjeżdżającego ruchu
C. w kierunku pokazanym na słupkach
D. w kierunku najbliższego zjazdu

Odpowiedź C (słupki oznaczeniowe kierują cię do najbliższego telefonu nagłych wypadków. Idź zgodnie z kierunkiem strzałek, by zmniejszyć ryzyko potrącenia cię przez samochód)

9.14. Włączasz się do ruchu na autostradzie. Dlaczego ważnym jest, by wykorzystać do końca drogę podjazdową?
1 odp.
A. ponieważ jest miejsce na to, by zawrócić, w razie jakbyś musiał
B. by pozwolić ci na bezpośredni dostęp do pasów do wyprzedzania
C. by nadrobić prędkość, zbliżoną do tej na autostradzie
D. ponieważ możesz kontynuować jazdę poboczem hard shoulder

Odpowiedź C (użyj drogi podjazdowej, by dopasować prędkość do tej na autostradzie i znajdź miejsce, w które możesz wjechać)

9.15. W jaki sposób powinieneś korzystać z telefonu nagłych wypadków na autostradzie?
1 odp.
A. stojąc blisko pasów autostrady
B. stojąc twarzą w kierunku nadjeżdżającego ruchu
C. stojąc tyłem do ruchu
D. stojąc na poboczu hard shoulder

Odpowiedź B (ustaw się twarzą w kierunku nadjeżdżającego ruchu i bądź przygotowany na podmuchy powietrza od przejeżdżających dużych pojazdów oraz na inne niebezpieczeństwa)

9.16. Jesteś na autostradzie. Jakiego koloru są światełka odblaskowe na lewo od pasów ruchu?
1 odp.
A. zielone
B. czerwone
C. białe
D. pomarańczowe

Odpowiedź B (czerwone światełka odblaskowe oddzielają pasy ruchu od pobocza. Jeśli zmienią się one na zielone, będziesz wiedział, że przejeżdżasz obok drogi zjazdowej/podjazdowej)

9.17. Którego pasa powinieneś zwykle używać na trójpasmowej autostradzie?
1 odp.
A. lewego
B. prawego
C. środkowego
D. prawego lub środkowego

Odpowiedź A (zwykle powinieneś jechać lewym pasem)

9.18. Podczas jazdy przez system contraflow (w przeciwnym kierunku) na autostradzie, powinieneś

1 odp.
A. upewnić się, że nie przekraczasz prędkości 30mph
B. utrzymywać sporą odległość od pojazdu przed tobą
C. zmieniać pasy, by utrzymać się w ruchu
D. pozostać blisko pojazdu z przodu, by zredukować korki

Odpowiedź B (ruch jest bardziej zwarty i wolniejszy w systemach contraflow. Utrzymuj odpowiednią odległość od pojazdu z przodu w razie jakby ruch nagle się zatrzymał. Jeśli

MOTORWAY RULES - ZASADY NA AUTOSTRADZIE

pojazd z przodu będzie miał awarię, może on nie mieć miejsca, by zjechać)

9.19. **Jesteś na trójpasmowej autostradzie. Po lewej stronie są czerwone światełka odblaskowe a po prawej białe. Gdzie jesteś?**

1 odp.
A. na prawym pasie
B. na środkowym pasie
C. na poboczu
D. na lewym pasie

Odpowiedź D (czerwone światełka odblaskowe oddzielają lewy pas od poboczA. Białe oddzielają pasy ruchu)

9.20. **Zbliżasz się do robót drogowych na autostradzie. Co powinieneś zrobić?**
1 odp.
A. przyspieszyć, by wyjechać szybko z tego obszaru
B. zawsze używać pobocza hard shoulder
C. przestrzegać wszystkich limitów prędkości
D. podjechać bardzo blisko do pojazdu przed tobą

Odpowiedź C (patrz, czy nie ma podanych ograniczeń i stosuj się do nich dla własnego bezpieczeństwa oraz bezpieczeństwa robotników na drodze szybkiego ruchu)

9.21. **Które CZTERY z poniższych nie mogą jeździć po autostradzie?**
4 odp.
A. kierowcy uczący się jeździć
B. motocykle powyżej 50cc
C. autobusy piętrowe
D. traktory
E. jeźdźcy konni
F. rowerzyści

Odpowiedzi ADEF (dla bezpieczeństwa, jazda autostradą jest zabroniona dla określonych pojazdów)

9.22. **Które CZTERY z poniższych nie mogą jeździć po autostradzie?**
4 odp.
A. kierowcy uczący się jeździć
B. motocykle powyżej 50cc
C. autobusy piętrowe
D. traktory
E. kierowcy motorów uczący się jeździć
F. rowerzyści

Odpowiedzi ADEF (dla bezpieczeństwa, jazda autostrada jest zabroniona dla określonych pojazdów)

9.23. **Zaraz po przyłączeniu się do ruchu na autostradzie, powinieneś**
1 odp.
A. starać się nie wyprzedzać
B. poprawić lusterka
C. wjechać na środkowy pas
D. trzymać się lewego pasa

Odpowiedzi D (trzymaj się lewego pasa, dopóki nie przyzwyczaisz się do prędkości na autostradzie i warunków ruchu)

9.24. **Do czego powinien być używany prawy pas trójpasmowej autostrady?**
1 odp.
A. tylko dla pojazdów nagłych wypadków
B. do wyprzedzania
C. dla pojazdów ciągnących przyczepy
D. tylko dla autokarów

Odpowiedź B (używaj prawego pasa tylko do wyprzedzania. Kiedy skończysz manewr, zjedź z powrotem na lewy pas, kiedy jest to bezpieczne)

9.25. **Kiedy możesz używać pobocza hard shoulder na autostradzie?**

MOTORWAY RULES - ZASADY NA AUTOSTRADZIE

1 odp.
A. by zatrzymać się w nagłym wypadku
B. podczas zjazdu z autostrady
C. by zatrzymać się, kiedy jesteś zmęczony
D. podczas przyłączania się do autostrady

Odpowiedź A (pobocze powinno być używane tylko do nagłych wypadków!)

9.26. Jedziesz prawym pasem autostrady. Widzisz te znaki. To oznacza

1 odp.
A. zjedź na lewo i zmniejsz swoją prędkość do 50mph
B. są roboty drogowe 50 metrów (55yardów) przed tobą
C. użyj pobocza, dopóki nie miniesz sytuacji wyjątkowej
D. zjedź z autostrady następnym zjazdem

Odpowiedź A (zwróć uwagę na znaki portalowe na autostradzie i ustaw się na odpowiednim pasie w odpowiednim czasie. Znaki mówią ci o konieczności zmiany pasów ze względu na niebezpieczeństwo lub ograniczenie ruchu przed tobą)

9.27. Możesz zatrzymać się na autostradzie, jeśli
1 odp.
A. potrzebujesz się przejść i zaczerpnąć świeżego powietrza
B. chcesz zabrać autostopowiczów
C. jest ci to nakazane przez migające czerwone światła
D. potrzebujesz użyć telefonu komórkowego

Odpowiedź C (zwróć uwagę na znaki portalowe na autostradzie i działaj odpowiednio wcześnie. Migające czerwone światła nad każdym pasem oznaczają, że ruch się musi zatrzymać)

9.28. Jedziesz lewym pasem trójpasmowej autostrady. Ruch dołącza się z drogi przyłączeniowej. Powinieneś
1 odp.
A. ścigać się z innymi pojazdami
B. zjechać na sąsiedni pas
C. utrzymywać stałą prędkość
D. włączyć światła ostrzegawcze

Odpowiedź B (bądź zdolny przewidzieć, że dołączający ruch będzie potrzebował wjechać na pas ruchu. Jeśli to bezpieczne, zjedź na sąsiedni pas, aby inni mogli się przyłączyć do autostrady)

9.29. Podstawową zasadą na autostradzie jest
1 odp.
A. używać pasa, na którym jest najmniejszy ruch
B. trzymać się lewego pasa, chyba że chcesz wyprzedzać
C. wyprzedzać po stronie, po której jest najmniejszy ruch
D. starać się jechać więcej niż 50mph, by zapobiec zatłoczeniu

Odpowiedź B (zawsze jedź lewym pasem autostrady, chyba że wyprzedzasz)

9.30. Na autostradzie nigdy nie powinieneś wyprzedzać z lewej strony, chyba że
1 odp.
A. widzisz, że przed tobą na poboczu nikogo nie ma
B. ruch na prawym pasie sygnalizuje skręt w prawo

MOTORWAY RULES - ZASADY NA AUTOSTRADZIE

C. ostrzeżesz kierowców za tobą, poprzez włączenie lewego kierunkowskazu
D. jest korek po twojej prawej stronie, który porusza się wolniej, niż ty

Odpowiedź D (wyprzedzanie po lewej stronie nie jest zwykle dozwolone, chyba że ruch powoli się porusza w korkach)

9.31. Telefony nagłych wypadków na autostradzie są z reguły połączone z policją. W niektórych miejscach są one również połączone z
1 odp.
A. the Highways Agency Control Centre (Centrum Monitoringu Agencji Autostrad)
B. the Driver Vehicle Licensing Agency (Urzędem do Spraw Pojazdów)
C. the Driving Standards Agency (Urzędem do Spraw Prawa Jazdy)
D. the local Vehicle Registration Office (Lokalnym Biurem Rejestracji Pojazdów)

Odpowiedź A (kiedy zostaniesz połączony z jakimkolwiek centrum kontrolnym, operator spisze twoje dane i przekaże je do odpowiedniego serwisu)

9.32. Emergency Refuge Area jest miejscem na autostradzie
1 odp.
A. do użycia w nagłych wypadkach lub w razie awarii
B. do użycia, jeśli myślisz, że będziesz uwikłany w wypadek drogowy
C. dla policji, by mogła zaparkować i obserwować ruch
D. dla robotników drogowych do składowania narzędzi

Odpowiedź A (jest ono po lewej od pobocza. Użyj go zamiast pobocza, jeśli to bezpieczne)

9.33. Do czego jest używane miejsce Emergency Refuge Area?
1 odp.
A. jest to miejsce, którego możesz użyć, gdy chcesz skorzystać z telefonu komórkowego
B. dla nagłych wypadków lub w razie awarii
C. dla pojazdów nagłych wypadków, by mogły parkować w systemie contra-flow (w przeciwną stronę)
D. do zjazdu podczas korków

Odpowiedź B (użyj tego miejsca w nagłym wypadku)

9.34. Oficerowie Highways Agency Traffic
1 odp.
A. nie będą mogli pomóc ci w nagłym wypadku lub w razie awarii
B. nie mogą zatrzymywać i kierować nikogo na autostradzie
C. zaholują zepsuty pojazd i jego pasażerów do domu
D. mogą zatrzymywać i kierować kogokolwiek na autostradzie

Odpowiedź D (HATO współpracuje z policją. Oficerowie nie mają takiej siły jak policja, ale mogą pomóc ci zapewnić bezpieczniejszą i łatwiejszą podróż)

9.35. Jesteś na autostradzie. Czerwony krzyżyk jest wyświetlony ponad poboczem. Co to oznacza?

1 odp.
A. zjedź na ten pas, by odebrać telefon komórkowy
B. używaj tego pasa jako pas do jazdy
C. ten pas może zostać użyty, jeśli potrzebujesz odpoczynku
D. nie powinieneś jechać tym pasem

Odpowiedź D (pas jest zamknięty. Nie możesz nim jechać)

MOTORWAY RULES - ZASADY NA AUTOSTRADZIE

9.36. Jesteś na autostradzie w miejscu Active Traffic Management (ATM – aktywny system zarządzania ruchem polegający na wyświetlaniu limitów prędkości ponad pasami). Obowiązkowy limit prędkości jest wyświetlony ponad poboczem hard shoulder. Co to oznacza?

1 odp.
A. nie powinieneś jechać tym pasem
B. pobocze może być użyte jako pas do jazdy
C. możesz zaparkować na poboczu, jeśli czujesz się zmęczony
D. możesz zjechać na ten pas, by odebrać telefon komórkowy

Odpowiedź B (możesz używać pobocza jako pasa do jazdy. Zwróć uwagę na znaki portalowe i zjedź z pasa, jeśli tak one nakazują)

9.37. Celem Active Traffic Management (aktywnego zarządzania ruchem) na autostradzie jest
1 odp.
A. zapobieganie wyprzedzaniu
B. zmniejszenie ilości przystanków na odpoczynek
C. zapobieganie tailgating (gonieniu ogona – jechaniu zbyt blisko pojazdów przed tobą)
D. zmniejszenie zatłoczenia

Odpowiedź D (poprzez otwarcie pasa pobocza nie tylko do nagłych wypadków, plan ATM może pomóc zmniejszyć zatłoczenie)

9.38. Jesteś w miejscu Active Traffic Management na autostradzie. Kiedy są włączone ograniczenia prędkości
1 odp.
A. limity prędkości są tylko doradcze
B. ma zastosowanie narodowy limit prędkości

C. limit prędkości jest zawsze 30mph
D. wszystkie limity prędkości są ustalone

Odpowiedź D (zastosuj się do limitów prędkości, pokazanych na znakach portalowych)

9.39. Jedziesz autostradą. Czerwony krzyżyk jest wyświetlony ponad poboczem. Co to oznacza?

1 odp.
A. użyj tego pasa jako miejsce do odpoczynku
B. użyj pobocza jako normalny pas do jazdy
C. nie używaj tego pasa do podróży
D. na tym pasie ma zastosowanie narodowy limit prędkości

Odpowiedź C (jesteś w strefie ATM. Czerwony krzyżyk oznacza, że pobocze nie jest pasem do jazdy i że może być używane tylko do nagłych wypadków)

9.40. Dlaczego może być wskazanym utrzymywanie stałej prędkości na dłuższym dystansie?
1 odp.
A. będzie więcej jazdy typu: zatrzymywanie się i ruszanie
B. zużyjesz więcej paliwa
C. będziesz mógł użyć bardziej bezpośrednich tras
D. twój ogólny czas podróży poprawi się

Odpowiedź D (Plan zarządzania ruchem, który ustala niższe limity prędkości, może w zasadzie skrócić czas twojej podróży. Zmniejszanie prędkości zwiększa pojemność drogi na ruch. Jeśli każdy się zastosuje do reguł, przepływ ruchu jest lepszy)

MOTORWAY RULES - ZASADY NA AUTOSTRADZIE

9.41. **Zazwyczaj nie powinieneś jeździć poboczem na autostradzie. Kiedy możesz go użyć?**
1 odp.
A. kiedy zjeżdżasz następnym zjazdem
B. kiedy ruch się zatrzymał
C. kiedy znaki ci to nakazują
D. kiedy ruch powoli się porusza

Odpowiedź C (w ATM znaki portalowe powiedzą ci, kiedy pobocze może być używane jako pas do jazdy)

9.42. **Po co możesz używać prawego pasa autostrady?**

1 odp.
A. by trzymać się z dala od ciężarówek
B. do podróży z szybkością większą niż 70mph
C. do skręcania w prawo
D. do wyprzedzania innych pojazdów

Odpowiedź D (jedź tylko lewym pasem. Używaj prawego pasa tylko do wyprzedzania)

9.43. **Co stosuje się na autostradzie, by zapobiec korkom?**
1 odp.
A. różne limity prędkości
B. systemy contraflow (wyodrębnione pasy ruchu w przeciwnym kierunku)
C. narodowe limity prędkości
D. zamknięcia pasów

Odpowiedź A (Plan zarządzania ruchem, który ustala niższe limity prędkości, może w zasadzie skrócić czas twojej podróży. Zmniejszanie prędkości zwiększa pojemność drogi na ruch. Jeśli każdy się zastosuje do reguł, przepływ ruchu jest lepszy)

9.44. **Kiedy powinieneś się zatrzymać na autostradzie?**
3 odp.
A. kiedy musisz spojrzeć na mapę
B. kiedy jesteś zmęczony i potrzebujesz odpoczynku
C. kiedy są czerwone światła ponad każdym pasem
D. kiedy zostaje ci to nakazane przez policję
E. kiedy dzwoni twój telefon komórkowy
F. kiedy zostaje ci to zasygnalizowane przez Oficera Highways Agency Traffic

Odpowiedzi CDF (nie możesz się zatrzymywać na drodze szybkiego ruchu, chyba że sygnały lub odpowiednie osoby ci to nakażą)

9.45. **Kiedy możesz się zatrzymać na autostradzie?**
1 odp.
A. kiedy musisz spojrzeć na mapę
B. kiedy jesteś zmęczony i potrzebujesz odpoczynku
C. kiedy dzwoni twój telefon komórkowy
D. w razie nagłej sytuacji lub awarii

Odpowiedź D (w nagłym wypadku postaraj się zjechać pojazdem na pobocze hard shoulder)

9.46. **Jedziesz autostradą. Jeśli znaki nie pokazują niższej dozwolonej prędkości, nie możesz przekraczać**
1 odp.
A. 50mph
B. 60mph
C. 70mph
D. 80mph

Odpowiedź C (naucz się narodowych limitów prędkości i przestrzegaj ich)

9.47. **Telefony nagłych wypadków na autostradzie są połączone z policją. W niektórych miejscach są one połączone również z**

MOTORWAY RULES - ZASADY NA AUTOSTRADZIE

1 odp.
A. lokalnym pogotowiem
B. centrum kontrolnym Highways Agency
C. lokalną strażą pożarną
D. centrum kontrolnym serwisów nagłych wypadków i awarii

Odpowiedź B (z jakim centrum kontrolnym nie zostaniesz połączony, operator spisze twoje dane i przekaże je do odpowiedniego serwisu)

9.48. Jesteś na autostradzie. Czerwone światła migają nad każdym pasem. Musisz
1 odp.
A. zjechać na pobocze
B. zwolnić i oczekiwać dalszych sygnałów
C. zjechać z autostrady następnym zjazdem
D. zatrzymać się i czekać

Odpowiedź D (zatrzymaj się i czekaj. Znaki pokazują ci, że wszystkie pasy są zamknięte)

9.49. Jesteś na trójpasmowej autostradzie. Czerwony krzyżyk jest wyświetlony ponad poboczem hard shoulder i określone limity prędkości ponad innymi pasami. To oznacza, że

1 odp.
A. pobocze może być używane jako miejsce do odpoczynku, jeśli czujesz się zmęczony
B. pobocze służy tylko do nagłych wypadków lub awarii
C. pobocze może być używane jako normalny pas do jazdy
D. na poboczu obowiązuje limit prędkości 50mph

Odpowiedź B (czerwony krzyżyk oznacza, że pobocze jest zamknięte dla poruszającego się ruchu i może być używane tylko w razie awarii lub nagłego wypadku)

9.50. Jesteś na trójpasmowej autostradzie i widzisz ten znak. To oznacza, że możesz używać

1 odp.
A. każdego pasa, oprócz pobocza
B. tylko pobocza
C. tylko trzech pasów po prawej
D. wszystkich pasów, wliczając pobocze

Odpowiedź D (oświetlone znaki doradzają, które pasy mogą być używane. W godzinach szczytu pobocze hard shoulder może zostać otwarte dla poruszającego się ruchu, by zmniejszyć zatłoczenie)

9.51. Jedziesz autostradą. Potrzebujesz odpoczynku. Powinieneś
1 odp.
A. zatrzymać się na poboczu
B. jechać do miejsca serwisowego
C. zatrzymać się na drodze podjazdowej
D. zaparkować w miejscu pomiędzy przeciwnymi kierunkami ruchu (central reservation)

Odpowiedź B (jeśli czujesz się zmęczony na autostradzie, powinieneś zrobić sobie przerwę. Zjedź z autostrady następnym zjazdem lub do miejsca serwisowego, jeśli jest bliżej)

MOTORWAY RULES - ZASADY NA AUTOSTRADZIE

9.52. Jedziesz autostradą. Potrzebujesz odpoczynku. Powinieneś
1 odp.
A. zatrzymać się na poboczu
B. zatrzymać się na drodze podjazdowej
C. zaparkować w miejscu pomiędzy przeciwnymi kierunkami ruchu (central reservation)
D. zjechać z autostrady następnym zjazdem

Odpowiedź D (jeśli czujesz się zmęczony na autostradzie powinieneś zrobić sobie przerwę. Zjedź z autostrady następnym zjazdem lub do miejsca serwisowego, jeśli jest bliżej)

9.53. Ciągniesz przyczepę na autostradzie. Jaki jest maksymalny dozwolony limit prędkości?
1 odp.
A. 40mph
B. 50mph
C. 60mph
D. 70mph

Odpowiedź C (naucz się limitów prędkości dla twojego pojazdu i przyczepy w stosunku do drogi, na której jesteś)

9.54. Lewy pas autostrady powinien być używany

1 odp.
A. tylko do awarii i nagłych wypadków
B. do wyprzedzania wolniejszego ruchu na innych pasach
C. tylko przez powoli jadące pojazdy
D. do normalnej jazdy

Odpowiedź D (zwykle powinieneś jechać lewym pasem)

9.55. Jedziesz autostradą. Musisz szybko zwolnić z powodu niebezpieczeństwa. Powinieneś
1 odp.
A. włączyć na chwilę światła ostrzegawcze
B. włączyć światła krótkie
C. użyć klaksonu
D. mignąć światłami

Odpowiedź A (użyj na chwilę świateł ostrzegawczych, by ostrzec kierowców za tobą o niebezpieczeństwie z przodu)

9.56. Łapiesz gumę na autostradzie. Dajesz radę zjechać pojazdem na pobocze. Powinieneś
1 odp.
A. szybko zmienić koło
B. użyć telefonu nagłych wypadków i zadzwonić po pomoc
C. zamachać na jadące pojazdy, by ci ktoś pomógł
D. zmienić koło tylko wtedy, gdy masz do pomocy pasażera

Odpowiedź B (nie próbuj wykonywać nawet prostych napraw na autostradzie. Zadzwoń po serwisy nagłych wypadków, by uzyskać pomoc)

9.57. Jedziesz autostradą. Przez pomyłkę przejechałeś zjazd, którym chciałeś zjechać. Powinieneś
1 odp.
A. ostrożnie wycofać poboczem
B. kontynuować jazdę do następnego zjazdu
C. ostrożnie wycofać lewym pasem
D. zrobić U-turn (zawrócić) następnym miejscem w central reservation (pomiędzy przeciwległymi kierunkami ruchu)

Odpowiedź B (cofanie na autostradzie jest wykroczeniem. Jeśli przegapiłeś zjazd, będziesz musiał kontynuować jazdę do następnego)

MOTORWAY RULES - ZASADY NA AUTOSTRADZIE

9.58. Jedziesz z prędkością 70mph na trójpasmowej autostradzie. Nie ma ruchu. Którym pasem powinieneś jechać?
1 odp.
A. którymkolwiek
B. środkowym
C. prawym
D. lewym

Odpowiedź D (normalnie powinieneś jechać lewym pasem)

9.59. Twój pojazd ma awarię na autostradzie. Nie jesteś w stanie zatrzymać się na poboczu hard shoulder. Co powinieneś zrobić?
1 odp.
A. włączyć swoje światła ostrzegawcze
B. zatrzymać ruch i poprosić o pomoc
C. spróbować szybko naprawić pojazd
D. stanąć za pojazdem, by ostrzec innych

Odpowiedź A (jest to niebezpieczna sytuacja. Użyj świateł ostrzegawczych. Pozostaw swój pojazd tylko, jeśli możesz bezpiecznie to zrobić)

9.60. Dlaczego ważnym jest, by sprawdzić swój pojazd przed wyruszeniem w długą podróż autostradą?
1 odp.
A. będziesz częściej hamować w nagłych wypadkach na autostradzie
B. miejsca serwisowe na autostradzie nie zajmują się awariami pojazdów
C. nawierzchnia drogi szybciej zużyje opony
D. ciągłe duże prędkości mogą zwiększyć ryzyko popsucia się pojazdu

Odpowiedź D (jazda na długich dystansach z dużą prędkością może bardziej wpływać na pojazd, zwiększając ryzyko awarii)

9.61. Jedziesz autostradą. Samochód z przodu włącza na chwilę światła ostrzegawcze. To mówi ci, że
1 odp.
A. kierowca chce, byś go wyprzedził
B. inny samochód chce zmienić pas
C. ruch z przodu zwalnia lub nagle się zatrzymuje
D. przed tobą jest kontrola policyjna

Odpowiedź C (światła ostrzegawcze mogą być używane na chwilę na autostradzie lub drodze szybkiego ruchu po to, by zasygnalizować, że jest niebezpieczeństwo z przodu)

9.62. Masz zamiar zjechać z autostrady następnym zjazdem. Przed zjazdem, powinieneś umiejscowić się
1 odp.
A. na środkowym pasie
B. na lewym pasie
C. na poboczu hard shoulder
D. na którymkolwiek pasie

Odpowiedź B (zjedź na lewy pas w odpowiednim momencie)

9.63. Jako właściciel licencji provisional, nie powinieneś jeździć samochodem
1 odp.
A. z prędkością większą niż 30mph
B. w nocy
C. na autostradzie
D. z pasażerami na tylnym siedzeniu

Odpowiedź C (używanie autostrady przez osobę uczącą się jeździć jest wykroczeniem)

9.64. Twój pojazd ma awarię na poboczu autostrady. Decydujesz się użyć telefonu komórkowego, by zadzwonić po pomoc. Powinieneś
1 odp.
A. stać z tyłu pojazdu podczas wykonywania telefonu
B. spróbować naprawić pojazd samemu

MOTORWAY RULES - ZASADY NA AUTOSTRADZIE

C. wysiąść z pojazdu przez drzwi po prawej stronie
D. odczytać swoją lokalizację ze słupków po lewej stronie drogi

Odpowiedź D (sprawdź oznaczenia na słupkach, by serwisy nagłych wypadków mogły cię łatwo zlokalizować)

9.65. Jedziesz trójpasmową autostradą, ciągnąc przyczepę. Możesz użyć prawego pasa
1 odp.
A. kiedy są zamknięcia pasów
B. kiedy ruch powoli się porusza
C. kiedy możesz utrzymywać wysoką prędkość
D. kiedy duże pojazdy są na lewym i środkowym pasie

Odpowiedź A (jest wykroczeniem ciągnąć przyczepę po prawym pasie wielopasmowej autostrady oprócz sytuacji, które nie są pod twoją kontrolą, takich jak zamknięcia pasów)

9.66. Jesteś na autostradzie. Z przodu jest contraflow system (ruch w odwrotną stronę). Co możesz zobaczyć?
1 odp.
A. tymczasowe światła
B. niższe limity prędkości
C. szersze pasy niż zwykle
D. garby spowalniające

Odpowiedź B (ponieważ nie ma bariery oddzielającej kierunki ruchu, limit prędkości jest zmniejszony dla bezpieczeństwa)

9.66. Na autostradzie możesz się zatrzymać na poboczu hard shoulder TYLKO

1 odp.
A. w nagłych wypadkach
B. kiedy czujesz się zmęczony i potrzebujesz odpoczynku
C. jeśli przez przypadek przejedziesz zjazd, którym chciałeś zjechać
D. by zabrać autostopowicza

Odpowiedź A (pobocze na autostradzie powinno być używane tylko do nagłych wypadków)

RULES OF THE ROAD - ZASADY RUCHU DROGOWEGO

10.1. Co oznacza ten znak?

1 odp.
A. na drodze ma zastosowanie lokalny limit prędkości
B. zakaz czekania na drodze szybkiego ruchu
C. na drodze ma zastosowanie narodowy limit prędkości
D. zakaz wjazdu dla ruchu pojazdów

Odpowiedź C (musisz znać limit prędkości dla drogi, którą jedziesz i pojazdu, który prowadzisz. Naucz się ich z Kodeksu Drogowego The Highway Code)

10.2. Jaki jest narodowy limit prędkości dla samochodów i motocykli na dwupasmówce?
1 odp.
A. 30mph
B. 50mph
C. 60mph
D. 70mph

Odpowiedź D (musisz znać limit prędkości dla drogi, którą jedziesz i pojazdu, który prowadzisz. Naucz się ich z Kodeksu Drogowego The Highway Code)

10.3. Nie ma znaków ograniczenia prędkości na drodze. Jak jest oznaczony limit do 30mph?
1 odp.
A. poprzez linie ostrzegawcze namalowane na drodze
B. poprzez oświetlenie uliczne
C. poprzez wysepki dla pieszych
D. poprzez podwójne lub pojedyncze żółte linie

Odpowiedź B (jeśli znaki nie pokazują inaczej, limit prędkości dla drogi z oświetleniem ulicznym wynosi 30mph)

10.4. Tam, gdzie są światła uliczne, ale nie ma znaków limitu prędkości limit jest zwykle do

1 odp.
A. 30mph
B. 40mph
C. 50mph
D. 60mph

Odpowiedź A (jeśli znaki nie pokazują inaczej, limit prędkości dla drogi z oświetleniem ulicznym wynosi 30mph)

10.5. Co oznacza ten znak?

1 odp.
A. minimalną prędkość 30mph
B. koniec maksymalnej prędkości
C. koniec minimalnej prędkości
D. maksymalną prędkość 30mph

Odpowiedź C (musisz znać limit prędkości dla drogi, którą jedziesz i pojazdu, który prowadzisz. Naucz się ich z Kodeksu Drogowego The Highway Code. Czerwony ukośnik przez znak oznacza koniec ograniczenia)

10.6. Przed tobą jedzie traktor. Chcesz go wyprzedzić, ale NIE jesteś pewien, czy to bezpieczne. Powinieneś
1 odp.
A. jechać za innym wyprzedzającym go pojazdem
B. użyć klaksonu, by traktor zjechał
C. wyprzedzić, ale migać światłami do ruchu z naprzeciwka
D. nie wyprzedzać, jeśli masz wątpliwości

Odpowiedź D (jeśli nie widzisz dobrze drogi przed tobą, nie jest bezpiecznie wyprzedzać. Nie podejmuj ryzyka)

10.7. Które trzy z poniższych mogą najprawdopodobniej jechać innym torem jazdy na rondach?
3 odp.
A. jeźdźcy konni
B. auta wożące mleko
C. samochody dostawcze

RULES OF THE ROAD - ZASADY RUCHU DROGOWEGO

D. długie pojazdy
E. samochody kombi
F. rowerzyści

Odpowiedzi ADF (długie pojazdy potrzebują więcej miejsca, by skręcić. Jeźdźcy konni i rowerzyści mogą wybrać lewy pas, by skręcić w prawo jeśli nie są pewni swojego bezpieczeństwa, dojeżdżając do ronda)

10.8. Na drodze szybkiego ruchu nie możesz się zatrzymywać
1 odp.
A. nigdy
B. kiedy jest ruch
C. w godzinach szczytu
D. podczas dnia

Odpowiedź A (drogi szybkiego ruchu są stworzone, by pomóc ruchowi przepływać. Nie bądź przeszkodą na drodze, zatrzymując się nawet na chwilę)

10.9. Co oznacza ten znak?

1 odp.
A. zakaz wjazdu
B. ograniczenia odnośnie czekania
C. narodowy limit prędkości
D. patrol przejścia szkolnego

Odpowiedź B (odnieś się do tabliczek przy znaku, by dowiedzieć się, kiedy ma zastosowanie ograniczenie odnośnie czekania)

10.10. Możesz parkować po prawej stronie drogi w nocy
1 odp.
A. na ulicy jednokierunkowej
B. z włączonymi światłami postojowymi
C. więcej niż 10 metrów (32 stopy) od skrzyżowania
D. pod latarnią uliczną

Odpowiedź A (powinieneś zawsze parkować przodem w kierunku nadjeżdżającego ruchu. Na ulicy jednokierunkowej, obie strony drogi są akceptowane)

10.11. Na trójpasmowej dwukierunkowej drodze prawy pas może być używany

1 odp.
A. tylko do wyprzedzania, nigdy do skrętu w prawo
B. do wyprzedzania lub skrętu w prawo
C. tylko przez szybko jadące pojazdy
D. tylko do skrętu w prawo, nigdy do wyprzedzania

Odpowiedź B (powinieneś jechać zawsze po lewym pasie, chyba że wyprzedzasz albo zamierzasz skręcić w prawo)

10.12. Dojeżdżasz do ruchliwego skrzyżowania. Jest kilka pasów z oznaczeniami drogi. W ostatnim momencie zorientowałeś się, że jesteś na złym pasie. Powinieneś
1 odp.
A. kontynuować jazdę tym pasem
B. przejechać na inny pas
C. zatrzymać się i poczekać, aż droga będzie wolna
D. użyć jednoznacznych sygnałów ręką, by wjechać przed inne pojazdy

Odpowiedź A (jest bezpieczniej kontynuować jazdę swoim pasem i znaleźć inna trasę, by dotrzeć do celu)

10.13. Gdzie możesz wyprzedzać na ulicy jednokierunkowej?
1 odp.
A. tylko po lewej stronie
B. wyprzedzanie nie jest dozwolone
C. tylko po prawej stronie
D. zarówno po prawej jak i lewej stronie

Odpowiedź D (bądź świadomy ruchu wyprzedzającego cię z lewej strony!)

RULES OF THE ROAD - ZASADY RUCHU DROGOWEGO

10.14. Podczas jazdy prosto na rondzie powinieneś
1 odp.
A. zasygnalizować w lewo przed zjechaniem z ronda
B. nie sygnalizować w ogóle
C. zasygnalizować w prawo podczas wjazdu na rondo
D. zasygnalizować w lewo podczas wjazdu na rondo

Odpowiedź A (powinieneś zasygnalizować zamiar zjechania z ronda po przejechaniu zjazdu przed tym, którym zamierzasz zjechać)

10.15. Który z pojazdów może jechać innym, niż zwykle torem na rondzie?
1 odp.
A. samochód sportowy
B. van
C. samochód kombi
D. długi pojazd

Odpowiedź D (długie pojazdy potrzebują więcej miejsca, by skręcić i mogą potrzebować zająć dwa pasy, by wykonać manewr)

10.16. Możesz wjechać w box junction (żółte zakratkowane pole na skrzyżowaniu) tylko wtedy, gdy

1 odp.
A. jest mniej niż dwa pojazdy przed tobą
B. światło jest zielone
C. twój wyjazd ze skrzyżowania nie jest zablokowany
D. chcesz skręcić w lewo

Odpowiedź C (nie powinieneś wjeżdżać w żółte zakratkowane pole na skrzyżowaniu, dopóki wyjazd ze skrzyżowania nie jest przejezdny. Możesz czekać w tym polu, jeśli wyjazd jest przejezdny, ale jesteś powstrzymany od skrętu w prawo przez nadjeżdżający z przeciwka ruch)

10.17. Możesz czekać w żółtym zakratkowanym polu na skrzyżowaniu kiedy

1 odp.
A. ruch z naprzeciwka uniemożliwia ci skręt w prawo
B. stoisz w kolejce do skrętu w lewo
C. stoisz w kolejce ruchu jadącego prosto
D. jesteś na rondzie

Odpowiedź A (nie powinieneś wjeżdżać w żółte zakratkowane pole na skrzyżowaniu, dopóki wyjazd ze skrzyżowania nie jest przejezdny. Możesz czekać w tym polu, jeśli wyjazd jest przejezdny, ale jesteś powstrzymany od skrętu w prawo przez nadjeżdżający z przeciwka ruch)

10.18. MUSISZ się zatrzymać, kiedy jest ci to zasygnalizowane przez
3 odp.
A. oficera policji
B. pieszego
C. patrol szkolny
D. kierowcę autobusu
E. czerwone światło

Odpowiedzi ACE (popełniasz wykroczenie, jeśli nie zatrzymasz się na czerwonym świetle lub, jeśli jest ci to nakazane przez odpowiednią osobę)

10.19. Ktoś czeka, by przejść na przejściu zebra. Stoi on na chodniku. Powinieneś
1 odp.
A. szybko przejechać, zanim wkroczy on na jezdnię
B. zatrzymać się przed zygzakowatymi liniami i pozwolić mu przejść
C. zatrzymać się, pozwolić mu przejść, czekać cierpliwie
D. zignorować go, ponieważ jest on wciąż na chodniku

RULES OF THE ROAD - ZASADY RUCHU DROGOWEGO

Odpowiedź C (bądź przewidywalny i ustąp pierwszeństwa pieszemu)

10.20. Na przejściu toucan, oprócz pieszych, powinieneś uważać na
1 odp.
A. pojawiające się pojazdy nagłych wypadków
B. autobusy włączające się do ruchu
C. przejeżdżające tramwaje
D. jadących rowerzystów

Odpowiedź D (rowerzyści i piesi mogą używać tego przejścia)

10.21. Kto może używać przejścia toucan?
2 odp.
A. pociągi
B. rowerzyści
C. autobusy
D. piesi
E. tramwaje

Odpowiedź BD (rowerzyści i piesi mogą używać tego przejścia)

10.22. Co oznacza migające pomarańczowe światło na przejściu pelican?
1 odp.
A. nie możesz ruszyć, dopóki światło nie przestanie migać
B. musisz ustąpić pierwszeństwa pieszym, którzy przechodzą przez jezdnię
C. możesz ruszyć, nawet jeśli piesi wciąż przechodzą przez jezdnię
D. musisz się zatrzymać, ponieważ światło zmieni się na czerwone

Odpowiedź B (migające pomarańczowe oznacza to samo, co przejście zebra)

10.23. Czekasz na przejściu pelican. Czerwone światło zmienia się na migające pomarańczowe. To oznacza, że musisz
1 odp.
A. czekać, aż piesi na przejściu przejdą
B. ruszyć od razu bez wahania
C. poczekać na zielone światło, zanim ruszysz
D. przygotować się i jechać, kiedy ciągłe pomarańczowe światło się pojawi

Odpowiedź A (migające pomarańczowe oznacza to samo, co przejście zebra)

10.24. Kiedy możesz parkować po lewej stronie naprzeciwko tych oznaczeń na drodze?

1 odp.
A. kiedy bliższa tobie linia jest przerywana
B. kiedy nie ma żółtych linii
C. by zabrać lub wysadzić pasażerów
D. tylko podczas dnia

Odpowiedź C (nie wolno ci parkować naprzeciwko podwójnej białej linii, ale możesz zatrzymać się, by wziąć lub wysadzić pasażerów)

10.25. Masz zamiar skręcić w prawo na skrzyżowaniu. Kierowca z naprzeciwka też chce skręcić w prawo. Będzie bezpieczniej
1 odp.
A. by inny pojazd był po twojej PRAWEJ stronie i skręcić za nim (offside to offside)
B. by inny pojazd był po twojej LEWEJ stronie i skręcić przed nim (nearside to nearside)
C. jechać dalej prosto i skręcić na następnym skrzyżowaniu
D. trzymać się z tyłu i poczekać, aż kierowca skręci pierwszy

Odpowiedź A (skręt za drugim pojazdem da ci dobrą widoczność na ruch z naprzeciwka)

RULES OF THE ROAD - ZASADY RUCHU DROGOWEGO

10.26. Jesteś na drodze, gdzie nie ma znaków. Są światła uliczne. Jaki jest limit prędkości?
1 odp.
A. 20mph
B. 30mph
C. 40mph
D. 60mph

Odpowiedź B (jeśli znaki nie pokazują inaczej, narodowy limit prędkości dla drogi z oświetleniem ulicznym wynosi 30mph)

10.27. Jedziesz ulicą, na której są zaparkowane pojazdy po lewej stronie. Dla których TRZECH powodów powinieneś utrzymywać mniejszą prędkość?
3 odp.
A. aby ruch z naprzeciwka lepiej cię widział
B. aby nie uruchomić alarmów pojazdów
C. pojazdy mogą włączać się do ruchu
D. drzwi pojazdów mogą się otworzyć
E. dzieci mogą wybiegać spomiędzy pojazdów

Odpowiedzi CDE (jedź powoli i ostrożnie w terenach zabudowanych tam, gdzie są zaparkowane pojazdy. Uważaj na ludzi w zaparkowanych samochodach oraz szczególnie na dzieci, które mogą wybiegać bez ostrzeżenia)

10.28. Napotykasz na przeszkodę po twojej stronie na drodze. Powinieneś
1 odp.
A. kontynuować, masz pierwszeństwo
B. ustąpić pierwszeństwa ruchowi z naprzeciwka
C. zamachać do ruchu z naprzeciwka, by jechał
D. przyspieszyć, by szybko przejechać

Odpowiedź B (ustąp pierwszeństwa ruchowi z naprzeciwka, jeśli przeszkoda jest po twojej stronie drogi)

10.29. Jesteś na dwukierunkowej dwupasmówce. Dla których DWÓCH z poniższych użyłbyś prawego pasa?
2 odp.
A. skręcania w prawo
B. normalnego postępu w ruchu
C. pozostania w minimalnej dozwolonej prędkości
D. stałej dużej prędkości
E. wyprzedzania wolniejszego ruchu
F. zmiany koła po przebiciu opony

Odpowiedzi AE (normalnie powinieneś jechać lewym pasem. Używaj prawego pasa tylko do wyprzedzania lub skrętu w prawo)

10.30. Kto ma pierwszeństwo na nieoznaczonych skrzyżowaniach (rozjazdach)?
1 odp.
A. większy pojazd
B. nikt nie ma pierwszeństwa
C. szybszy pojazd
D. mniejszy pojazd

Odpowiedź B (bądź szczególnie ostrożny na nieoznakowanych skrzyżowaniach. Nigdy nie zakładaj, że masz pierwszeństwo. Rozważ użycie klaksonu, jeśli twoja widoczność na inną drogę jest ograniczona)

10.31. Jaka jest najbliższa odległość od skrzyżowania, w jakiej możesz parkować?
1 odp.
A. 10 metrów (32 stopy)
B. 12 metrów (39 stóp)
C. 15 metrów (49 stóp)
D. 20 metrów (66 stóp)

Odpowiedź A (parkowanie zbyt blisko skrzyżowania może ograniczyć widoczność innych użytkowników drogi)

RULES OF THE ROAD - ZASADY RUCHU DROGOWEGO

10.32. W których TRZECH miejscach NIE wolno ci parkować?
3 odp.
A. w pobliżu podjazdu na wzgórze
B. na przystanku autobusowym lub w pobliżu
C. tam, gdzie nie ma chodnika
D. w odległości do 10 metrów (32 stopy) od skrzyżowania
E. na drodze z ograniczeniem prędkości do 40mph

Odpowiedzi ABD (nie wolno ci parkować w miejscach, gdzie mógłbyś stwarzać niebezpieczeństwo lub niedogodności dla innych)

10.33. Czekasz na przejeździe kolejowym. Pociąg przejechał, ale światło nadal miga. Musisz
1 odp.
A. czekać dalej
B. zadzwonić do operatora
C. wychylić się za linię stop i rozejrzeć się za pociągami
D. zaparkować i zrobić rozeznanie

Odpowiedź A (jeśli światła wciąż migają, jedzie następny pociąg)

10.34. Na skrzyżowaniu nie ma znaków ani oznaczeń na drodze. Podjeżdżają dwa pojazdy. Który ma pierwszeństwo?
1 odp.
A. żaden z pojazdów
B. pojazd jadący szybciej
C. pojazdy z naprzeciwka skręcające w prawo
D. pojazdy jadące z prawej strony

Odpowiedź A (nikt nie ma pierwszeństwa na nieoznakowanych skrzyżowaniach. Zwolnij i bądź przygotowany na ustąpienie pierwszeństwa)

10.35. Co mówi ci ten znak?

1 odp.
A. droga jest nieprzejezdna
B. koniec strefy spowolnionego ruchu
C. koniec strefy darmowego parkowania
D. koniec strefy „zakaz czekania"

Odpowiedź D (chociaż ograniczenie czekania się skończyło, nie powinieneś parkować lub czekać w miejscach, gdzie mógłbyś stwarzać niebezpieczeństwo lub niedogodności dla innych)

10.36. Wjeżdżasz w obszar robót drogowych. Jest znak tymczasowego ograniczenia prędkości. Powinieneś
1 odp.
A. nie przekraczać limitu
B. stosować się do limitu tylko podczas godzin szczytu
C. zignorować limit
D. stosować się do limitu tylko podczas dnia

Odpowiedź A (rozejrzyj się czy nie ma ograniczeń prędkości i przestrzegaj ich dla własnego bezpieczeństwa oraz bezpieczeństwa ludzi pracujących na drodze)

10.37. W których DWÓCH miejscach NIE powinieneś parkować?
2 odp.
A. w pobliżu wjazdu do szkoły
B. w pobliżu komendy policji
C. na drodze podrzędnej
D. na przystanku
E. na drodze jednokierunkowej

RULES OF THE ROAD - ZASADY RUCHU DROGOWEGO

Odpowiedzi AD (nigdy nie parkuj w sposób, w jaki stwarzałbyś niebezpieczeństwo lub niedogodności dla innych użytkowników drogi)

10.38. Jedziesz dobrze oświetloną drogą w nocy, w obszarze zabudowanym. Poprzez używanie światła mijania będziesz mógł
1 odp.
A. widzieć więcej na drodze
B. jechać szybciej
C. przełączyć światła szybko na długie
D. być łatwo widocznym dla innych

Odpowiedź D (im bardziej widoczny jesteś, tym mniejsze ryzyko bycia uwikłanym w wypadek)

10.39. Dwupasmówka, w którą skręcasz w prawo ma bardzo wąskie miejsce pomiędzy przeciwnymi kierunkami ruchu (central reservation). Co powinieneś zrobić?
1 odp.
A. wjechać w to miejsce i czekać
B. poczekać, aż droga będzie wolna w obu kierunkach
C. zatrzymać się na pierwszym pasie, by inni kierowcy mogli ustąpić ci pierwszeństwa
D. lekko się wychylić, by pokazać co zamierzasz zrobić

Odpowiedź B (nie próbuj czekać w wąskim pasie pomiędzy kierunkami ruchu. Nie rozpoczynaj skrętu jeśli nie jesteś pewien, że możesz przyłączyć się do drogi za pomocą jednego manewru)

10.40. Jaki jest narodowy limit prędkości na jednopasmówce dla samochodów i motocykli?
1 odp.
A. 30mph
B. 50mph
C. 60mph
D. 70mph

Odpowiedź C (naucz się narodowych limitów prędkości i się ich trzymaj)

10.41. Parkujesz w nocy, na drodze z ograniczeniem prędkości do 40mph. Powinieneś zaparkować
1 odp.
A. w stronę nadjeżdżającego ruchu
B. z włączonymi światłami postojowymi
C. z włączonymi światłami mijania
D. w pobliżu światła ulicznego

Odpowiedź B (jeśli nie ma specjalnych miejsc do parkowania, nie możesz parkować na drodze w nocy bez włączonych świateł, chyba że dozwolony limit prędkości wynosi 30mph lub mniej)

10.42. Te czerwono-białe oznaczenia zobaczysz podczas zbliżania się do

1 odp.
A. końca autostrady
B. ukrytego przejazdu kolejowego
C. ukrytego znaku limitu prędkości
D. końca dwupasmówki

Odpowiedź B (oznaczenia odliczające są w odległości co 100 yardów od ukrytego przejazdu kolejowego)

10.43. Jedziesz autostradą. MUSISZ się zatrzymać, kiedy zostanie ci to zasygnalizowane przez
1 odp.
A. migające pomarańczowe światło nad twoim pasem
B. Oficera Highways Agency Traffic
C. pieszych na poboczu
D. kierowcę, któremu popsuł się samochód

Odpowiedź B (HATO współpracuje z policją. Nie mają oni takich samych praw, ale mogą pomóc ci, by twoja podróż była łatwiejsza i bardziej bezpieczna)

RULES OF THE ROAD - ZASADY RUCHU DROGOWEGO

10.44. Kto ma pierwszeństwo na ruchliwym, nieoznaczonym skrzyżowaniu (rozjeździe)?
1 odp.
A. pojazdy jadące prosto
B. pojazdy skręcające w prawo
C. żaden z pojazdów
D. pojazdy, które przyjechały pierwsze

Odpowiedź C (nikt nie ma pierwszeństwa na nieoznakowanych skrzyżowaniach. Jedź ostrożnie i bądź przygotowany do zatrzymania się i ustąpienia pierwszeństwa)

10.45. Jedziesz prosto na rondzie. Jak powinieneś to zasygnalizować?
1 odp.
A. zasygnalizować w prawo, wjeżdżając na rondo i potem w lewo, jak zjeżdżasz z ronda
B. zasygnalizować w lewo, jak zjeżdżasz z ronda
C. zasygnalizować w lewo, wjeżdżając na rondo i pozostawić włączony kierunkowskaz, dopóki nie zjedziesz z ronda
D. zasygnalizować w lewo zaraz po tym, jak miniesz zjazd przed tym, którym zamierzasz zjechać

Odpowiedź D (powinieneś zasygnalizować zamiar zjechania z ronda, po przejechaniu zjazdu przed tym, którym zamierzasz zjechać)

10.46. Możesz jechać po chodniku
1 odp.
A. by wyprzedzić powolny ruch
B. kiedy chodnik jest bardzo szeroki
C. jeśli nie ma w pobliżu pieszych
D. by wjechać do posiadłości

Odpowiedź D (chodniki są dla pieszych. Możesz wjechać na chodnik tylko wtedy, gdy wjeżdżasz do czyjejś posiadłości)

10.47. Na jednopasmówce widzisz ten znak. Jaka jest maksymalna dozwolona prędkość dla samochodu ciągnącego przyczepę?

1 odp.
A. 30mph
B. 40mph
C. 50mph
D. 60mph

Odpowiedź C (naucz się limitów prędkości dla swojego pojazdu z przyczepą w zależności od drogi, na której jesteś)

10.48. Ciągniesz małą przyczepę kempingową (caravan) na dwupasmówce. Nie możesz przekraczać prędkości

1 odp.
A. 50mph
B. 50mph
C. 70mph
D. 60mph

Odpowiedź D (naucz się limitów prędkości dla swojego pojazdu z przyczepą w zależności od drogi, na której jesteś)

10.49. Chcesz zaparkować i widzisz ten znak. Podczas dni i godzin na nim wyszczególnionych, powinieneś

1 odp.
A. parkować w zatoczce i nie płacić
B. parkować na żółtych liniach i płacić
C. parkować na żółtych liniach i nie płacić
D. parkować w zatoczce i płacić

RULES OF THE ROAD - ZASADY RUCHU DROGOWEGO

Odpowiedź D (musisz użyć zatoczki parkingowej i zapłacić w odpowiednim miejscu)

10.50. Jedziesz wzdłuż drogi, która ma pas dla rowerów, oznaczony grubą białą linią. To oznacza, że podczas czasu operacji
1 odp.
A. pas ten może być używany do parkowania samochodu
B. możesz jechać tym pasem o każdej porze
C. pas ten może być używany przez samochody, gdy to niezbędne
D. nie możesz jechać tym pasem

Odpowiedź D (nie możesz jechać po pasie dla rowerów oddzielonym białą linia ciągłą, w godzinach jego operacji)

10.51. Pas dla rowerów jest oznaczony grubą białą linią. Nie możesz nim jechać, ani tam parkować
1 odp.
A. nigdy
B. podczas godzin szczytu
C. kiedy rowerzysta go używa
D. podczas jego czasu operacji

Odpowiedź D (nie możesz jechać po pasie dla rowerów oddzielonym białą linia ciągłą, w godzinach jego operacji)

10.52. Podczas jazdy masz zamiar skręcić w lewo w drogę podrzędną. Podczas dojeżdżania do niej, powinieneś
1 odp.
A. trzymać się na lewo od środka drogi
B. trzymać się środka drogi
C. zrobić szeroki łuk, tuż przed skrętem
D. trzymać się lewej strony drogi

Odpowiedź D (jedź ostrożnie i pilnuj swojego pasa, nie wykonuj szybkich ruchów kierownicą – mógłbyś znaleźć się na pasie ruchu innego pojazdu)

10.53. Czekasz na przejeździe kolejowym. Czerwone światło wciąż miga po przejechaniu pociągu. Co powinieneś zrobić?

1 odp.
A. wysiąść i rozeznać się
B. zadzwonić do operatora
C. czekać dalej
D. przejechać ostrożnie

Odpowiedź C (jeśli światła wciąż migają oznacza to, że nadjeżdża następny pociąg)

10.54. Przejeżdżasz przez przejazd kolejowy. Zapalają się ostrzegawcze światła i dzwonek zaczyna dzwonić. Co powinieneś zrobić?
1 odp.
A. kazać wszystkim wysiąść natychmiast z pojazdu
B. zatrzymać się i wycofać, aby opuścić przejazd
C. kontynuować jazdę, aby opuścić przejazd
D. niezwłocznie zatrzymać się i włączyć światła ostrzegawcze

Odpowiedź C (przejedź przez przejazd. Będzie wystarczająco dużo czasu pomiędzy rozpoczęciem migania światła ostrzegawczego a nadjeżdżającym pociągiem)

10.55. Jesteś na ruchliwej głównej drodze i zorientowałeś się, że jedziesz w złym kierunku. Co powinieneś zrobić?
1 odp.
A. skręcić w podrzędną drogę po prawej stronie i wycofać w drogę główną
B. zrobić U-turn (zawrócić) na drodze głównej
C. zrobić zawrót na trzy na drodze głównej
D. zawrócić na drodze podrzędnej

RULES OF THE ROAD - ZASADY RUCHU DROGOWEGO

Odpowiedź D (jeśli potrzebujesz zawrócić, zawsze znajdź miejsce, gdzie nie będzie sz przeszkadzał innym)

10.56. Możesz odpiąć swój pas bezpieczeństwa podczas wykonywania manewru, który składa się z
1 odp.
A. cofania
B. ruszania pod górę
C. zatrzymania się w nagłym wypadku
D. powolnej jazdy

Odpowiedź A (możesz odpiąć pas bezpieczeństwa podczas cofania, po to, abyś mógł skręcić tułów obracając się do tyłu, kiedy patrzysz na drogę)

10.57. Nie wolno ci cofać
1 odp.
A. dłużej, niż to konieczne
B. na dystansie dłuższym, niż długość samochodu
C. w drogę podrzędną
D. w obszarze zabudowanym

Odpowiedź A (jazda na biegu wstecznym przez czas dłuższy, niż to konieczne, jest wykroczeniem)

10.58. Kiedy NIE jesteś pewien, że cofanie pojazdem jest bezpieczne, powinieneś
1 odp.
A. użyć klaksonu
B. zwiększyć obroty silnika
C. wysiąść i sprawdzić
D. cofać powoli

Odpowiedź C (nie próbuj cofać bez możliwości widzenia, czy jest wolne z tyłu. Jeśli to konieczne, poproś kogoś o pomoc)

10.59. Kiedy możesz cofać z drogi podrzędnej w główną?
1 odp.
A. tylko, jeśli na obu drogach nie ma ruchu
B. nigdy
C. zawsze
D. tylko, gdy na głównej drodze nie ma ruchu

Odpowiedź B (cofanie z drogi bocznej w główną jest wykroczeniem)

10.60. Chcesz skręcić w prawo na skrzyżowaniu z „box junction" (żółte zakratkowane pole na skrzyżowaniu). Powinieneś
1 odp.
A. zaczekać w box junction, jeśli droga twojego wyjazdu jest wolna
B. zaczekać przed skrzyżowaniem, dopóki nie masz wolnej drogi
C. jechać dalej, nie możesz skręcać w prawo na box junction
D. wjechać powoli w box junction, kiedy zasygnalizuje ci to ruch z naprzeciwka

Odpowiedź A (możesz czekać w żółtym polu, by skręcić w prawo, jeśli wyjazd ze skrzyżowania jest przejezdny i jesteś zablokowany tylko przez nadjeżdżający z naprzeciwka ruch)

10.61. Cofasz pojazdem w drogę podrzędną. Kiedy jest największe niebezpieczeństwo tego manewru?
1 odp.
A. po tym, jak wykonałeś manewr
B. tuż, zanim zaczniesz wykonywać manewr
C. po tym, jak wjechałeś w drogę podrzędną
D. kiedy zajedziesz zbyt daleko przodem samochodu podczas skrętu

Odpowiedź D (podczas wjeżdżania w boczną drogę przód twojego pojazdu może wyjechać na pas dla ruchu w przeciwną stronę)

10.62. Jakie jest najbezpieczniejsze miejsce do parkowania twojego samochodu w nocy?
1 odp.
A. w garażu
B. na ruchliwej ulicy

RULES OF THE ROAD - ZASADY RUCHU DROGOWEGO

C. na cichym parkingu
D. w pobliżu „red route" (czerwonej trasy)

Odpowiedź A (zawsze parkuj z dala od drogi, jeśli możesz. Jeśli masz garaż, używaj go!)

10.63. Jedziesz miejską drogą szybkiego ruchu. Możesz zatrzymać się tylko, by
1 odp.
A. wysadzić i zabrać pasażerów
B. użyć telefonu komórkowego
C. zapytać o drogę
D. załadować lub rozładować towar

Odpowiedź A (możesz zatrzymać się tylko na tak długo, jak to konieczne, by wysadzić lub zabrać pasażerów)

10.64. Szukasz miejsca do zaparkowania swojego samochodu. Wszystkie miejsca są zajęte, oprócz tych z napisem „disabled use" („dla niepełnosprawnych")
1 odp.
A. możesz użyć tych miejsc, jeśli inne są zajęte
B. możesz zaparkować, jeśli pozostaniesz przy swoim samochodzie
C. możesz użyć tych miejsc, niezależnie od tego, czy jesteś niepełnosprawny, czy nie
D. nie możesz tam parkować bez specjalnego zezwolenia

Odpowiedź D (bądź roztropny. Parkowanie w miejscu disabled – dla niepełnosprawnych, mogłoby spowodować niedogodności dla niepełnosprawnej osoby. Znajdź inne miejsce do parkowania)

10.65. Twój pojazd jest zaparkowany na drodze w nocy. Kiedy musisz używać świateł pozycyjnych?
1 odp.
A. kiedy są białe linie ciągłe pośrodku drogi
B. kiedy limit prędkości jest większy niż 30mph
C. kiedy stoisz przodem do nadjeżdżającego ruchu
D. kiedy jesteś blisko przystanku autobusowego

Odpowiedź B (możesz parkować na drodze w nocy bez świateł, jeśli limit prędkości jest 30mph lub mniej, lub w specjalnie wyznaczonym miejscu na parkowanie)

10.66. Jesteś na drodze z miejscami mijania. Jest ona szeroka tylko na jeden pojazd. Samochód nadjeżdża z naprzeciwka. Co powinieneś zrobić?
1 odp.
A. zjechać w miejsce mijania po twojej prawej stronie
B. zmusić kierowcę, by wycofał
C. zawrócić na główną drogę
D. zjechać w miejsce mijania po twojej lewej stronie

Odpowiedź D (zjedź w miejsce mijania po lewej stronie lub zaczekaj naprzeciwko miejsca mijania po prawej, aby drugi kierowca mógł zjechać)

10.67. Jedziesz w nocy na światłach długich. Pojazd cię wyprzedza. Powinieneś zmienić światła na krótkie
1 odp.
A. jakiś czas po tym, jak pojazd cię wyprzedzi
B. przed tym, zanim pojazd zacznie cię wyprzedzać
C. tylko, jeśli kierowca też zmieni światła na krótkie
D. zaraz po tym, jak pojazd cię wyprzedzi

Odpowiedź D (zmień światła na krótkie w odpowiednim czasie, aby kierowca nie został oślepiony jak cię minie)

RULES OF THE ROAD - ZASADY RUCHU DROGOWEGO

10.68. Kiedy możesz jechać samochodem po tym pasie dla autobusów?

1 odp.
A. poza jego godzinami operacji
B. by dojechać na początek kolejki pojazdów, stojących w korku
C. nie możesz nigdy go używać
D. by wyprzedzić powolny ruch

Odpowiedź A (jazda pasem dla autobusów w godzinach jego operacji jest wykroczeniem)

10.69. Sygnały zwykle są dawane przez kierunkowskazy i
1 odp.
A. światła stop
B. boczne światła
C. światła przeciwmgielne
D. wewnętrzne światła pojazdu

Odpowiedź A (kierunkowskazy i światła stopu są normalnie używane, by sygnalizować twoje zamierzenia do innych. Jeśli to konieczne, możesz użyć również gestów ręką)

10.70. Zaparkowałeś pojazd na ruchliwej ulicy (High Street). Jaki jest najbezpieczniejszy sposób, by zawrócić swoim samochodem, abyś mógł jechać w odwrotną stronę?
1 odp.
A. znaleźć cichą boczną drogę, w której możesz wykręcić
B. wjechać w boczną drogę, by wycofać na drogę główną
C. znaleźć kogoś, kto zatrzyma ruch
D. zrobić U-turn (zawrócić)

Odpowiedź A (zawracanie na drodze może spowodować konflikt z innymi użytkownikami drogi. Wybierz ciche miejsce, gdzie nie będziesz stwarzał niebezpieczeństwa)

10.71. Gdzie powinieneś zaparkować, by zapewnić pojazdowi bezpieczeństwo w nocy?
1 odp.
A. w pobliżu komendy policji
B. na cichej drodze
C. na czerwonej trasie (red route)
D. w dobrze oświetlonym miejscu

Odpowiedź D (myśl bezpiecznie! Dobrze oświetlone miejsca są mniej narażone na działanie złodziei)

10.72. Jesteś na prawym pasie dwupasmówki. Widzisz znak, że prawy pas jest zamknięty 800 yardów przed tobą. Powinieneś

1 odp.
A. jechać tym pasem, dopóki nie dojedziesz do korka
B. natychmiast zmienić pas na lewo
C. poczekać i zobaczyć, na którym pasie ruch szybciej się porusza
D. zmienić pas na środkowy w odpowiednim momencie

Odpowiedź D (poprzez obserwację z wyprzedzeniem i dostrzeganie niebezpieczeństw w dobrym czasie, możesz zjechać na lewo podczas pierwszej nadarzającej się okazji)

10.73. Jedziesz drogą, która ma pas dla rowerów. Pas ten jest oznaczony białą linią przerywaną. To oznacza, że
2 odp.
A. nie powinieneś jechać tym pasem, chyba że to nieuniknione
B. nie powinieneś parkować na tym pasie, chyba że to nieuniknione
C. rowerzyści mogą jeździć tym pasem w obu kierunkach
D. pas ten musi być używany przez motocyklistów podczas dużego ruchu

RULES OF THE ROAD - ZASADY RUCHU DROGOWEGO

Odpowiedzi AB (pozostaw pas rowerzystom, jeśli możesz to bezpiecznie zrobić)

10.74. Co MUSISZ posiadać, by móc parkować w miejscu dla niepełnosprawnych?
1 odp.
A. pomarańczową lub niebieską plakietkę
B. wózek inwalidzki
C. certyfikat zaawansowanego kierowcy
D. zmodyfikowany pojazd

Odpowiedź A (parkowanie w miejscu dla niepełnosprawnych bez okazania pomarańczowej lub niebieskiej plakietki jest wykroczeniem)

10.75. W których TRZECH przypadkach MUSISZ się zatrzymać?
3 odp.
A. kiedy zostałeś uwikłany w wypadek
B. na czerwonym świetle
C. kiedy zostaje ci to zasygnalizowane przez oficera policji
D. na skrzyżowaniu z podwójną białą linią przerywaną
E. na przejściu pelican, kiedy pomarańczowe światło miga i nie ma pieszych na przejściu

Odpowiedzi ABC (niezatrzymanie się, kiedy jest to wymagane prawnie jest wykroczeniem!)

ROAD AND TRAFFIC SIGNS - ZNAKI I SYGNAŁY DROGOWE

11.1. **Musisz przestrzegać znaków nakazu. Mają one najczęściej kształt**
1 odp.
A. zielonych prostokątów
B. czerwonych trójkątów
C. niebieskich prostokątów
D. czerwonych okręgów

Odpowiedź D (znaki okrągłe to znaki nakazu!)

11.2. **Jaki kształt mają zwykle znaki nakazu?**
1 odp.
A.   B.
C.   D. ○

Odpowiedź D (znaki okrągłe to znaki nakazu!)

11.3. **Jaki typ znaków mówi ci, abyś czegoś NIE robił?**
1 odp.
A. ○   B. ●
C. ▬   D. ▬

Odpowiedź A (znaki o kształcie czerwonych okręgów mówią, czego nie wolno robić)

11.4. **Co oznacza ten znak?**

1 odp.

A. maksymalną prędkość ze spowalniaczami ruchu
B. minimalną prędkość ze spowalniaczami ruchu
C. miejsce parkingowe tylko dla 20 samochodów
D. tylko 20 samochodów dozwolone za jednym razem

Odpowiedź A (uważaj zwłaszcza w miejscach, gdzie są spowalniacze ruchu. Zwolnij i spodziewaj się pieszych)

11.5. **Który znak oznacza zakaz wjazdu pojazdów motorowych?**
1 odp.
A.   B.
C.   D.

Odpowiedź B (czerwone znaki w kształcie okręgów mówią, czego nie wolno ci robić. Symbole w środku pokazują, jaki ruch nie jest dozwolony)

11.6. **Który z tych znaków oznacza zakaz wjazdu pojazdów motorowych?**
1 odp.
A.   B.
C.   D.

Odpowiedź A (czerwone znaki w kształcie okręgów mówią, czego nie wolno ci robić. Symbole w środku pokazują jaki ruch nie jest dozwolony)

ROAD AND TRAFFIC SIGNS - ZNAKI I SYGNAŁY DROGOWE

11.7. Co oznacza ten znak?

1 odp.
A. nowy limit prędkości 20mph
B. zakaz wjazdu pojazdów o wadze powyżej 30 ton
C. minimalny limit prędkości 30mph
D. koniec strefy 20mph

Odpowiedź D (opuszczasz strefę 20mph i powinieneś sprawdzić czy jest bezpiecznie, zanim zwiększysz prędkość)

11.8. Co oznacza ten znak?

1 odp.
A. zakaz wyprzedzania
B. zakaz wjazdu pojazdów motorowych
C. zakaz zatrzymywania się (droga szybkiego ruchu)
D. droga tylko dla samochodów i motocykli

Odpowiedź B (czerwone znaki w kształcie okręgów mówią, czego nie wolno ci robić. Symbole w środku pokazują jaki ruch nie jest dozwolony)

11.9. Co oznacza ten znak?

1 odp.
A. zakaz parkowania
B. brak oznaczeń na drodze
C. droga nieprzejezdna
D. zakaz wjazdu

Odpowiedź D (znak „Zakaz wjazdu" pokaże ci, byś nie wjechał pod prąd. Nie narażaj siebie i innych na niebezpieczeństwo i nie ignoruj tego znaku)

11.10. Co oznacza ten znak?

1 odp.
A. zakręt w prawo
B. droga po prawej jest zamknięta
C. zakaz ruchu z prawej strony
D. zakaz skrętu w prawo

Odpowiedź D (czerwone przekreślenie zakazuje ruchu w kierunku pokazanym na znaku)

11.11. Który znak oznacza zakaz wjazdu?
1 odp.

A.   B.

C.   D.

Odpowiedź D (znak „Zakaz wjazdu" ostrzeże cię, byś nie wjechał pod prąd. Nie narażaj siebie i innych na niebezpieczeństwo i nie ignoruj tego znaku)

11.12. Co oznacza ten znak?

1 odp.
A. droga tylko dla tramwajów
B. droga tylko dla autobusów
C. parking tylko dla autobusów
D. parking tylko dla tramwajów

Odpowiedź A (tylko dla tramwajów. Wjechanie w ta strefę byłoby wykroczeniem)

ROAD AND TRAFFIC SIGNS - ZNAKI I SYGNAŁY DROGOWE

11.13. Dla jakiego rodzaju pojazdów ma zastosowanie ten znak?

1 odp.
A. szerokich pojazdów
B. długich pojazdów
C. wysokich pojazdów
D. ciężkich pojazdów

Odpowiedź C (przed tobą jest ograniczenie wysokości. Kierowcy pojazdów wyższych, niż przedstawiona wysokość nie mogą jechać tą trasą)

11.14. Który znak oznacza zakaz wjazdu pojazdów motorowych?
1 odp.

A.

B.

C.

D.

Odpowiedź B (czerwone znaki w kształcie okręgów mówią, czego nie wolno ci robić. Symbole w środku pokazują jaki ruch nie jest dozwolony)

11.15. Co oznacza ten znak?

1 odp.
A. masz pierwszeństwo
B. zakaz wjazdu pojazdów motorowych
C. ruch dwustronny
D. zakaz wyprzedzania

Odpowiedź D (wyprzedzanie po przekroczeniu tego znaku byłoby wykroczeniem)

11.16. Co oznacza ten znak?

1 odp.
A. trzymaj się jednego pasa
B. ustąp pierwszeństwa ruchowi z naprzeciwka
C. nie wyprzedzaj
D. uformuj dwa pasy z jednego

Odpowiedź C (wyprzedzanie po przekroczeniu tego znaku byłoby wykroczeniem)

11.17. Który znak oznacza zakaz wyprzedzania?
1 odp.

A.

B.

C.

D.

Odpowiedź B (wyprzedzanie po przekroczeniu znaku „zakaz wyprzedzania" byłoby wykroczeniem)

11.18. Co oznacza ten znak?

1 odp.
A. mają zastosowanie ograniczenia odnośnie czekania
B. czekanie dozwolone
C. ma zastosowanie narodowy limit prędkości
D. zakaz zatrzymywania się (droga szybkiego ruchu)

Odpowiedź A (przyjrzyj się tabliczkom w pobliżu, by dowiedzieć się, kiedy restrykcje odnośnie czekania mają miejsce)

ROAD AND TRAFFIC SIGNS - ZNAKI I SYGNAŁY DROGOWE

11.19. Co oznacza ten znak?

1 odp.
A. koniec strefy z ograniczeniem prędkości
B. koniec strefy z ograniczonym parkowaniem
C. koniec drogi szybkiego ruchu
D. koniec ścieżki rowerowej

Odpowiedź B (opuszczasz strefę ograniczonego parkowania, ale wciąż nie powinieneś parkować tam, gdzie spowodowałoby to niebezpieczeństwo lub niedogodności dla innych)

11.20. Który znak oznacza zakaz zatrzymywania się?
1 odp.

A.   B.
C.   D.

Odpowiedź B (znak drogi szybkiego ruchu jest używany, by utrzymywać przejezdne drogi szybkiego ruchu. Nie możesz się tam zatrzymywać, chyba że w nagłym wypadku)

11.21. Co oznacza ten znak?

1 odp.
A. rondo
B. rozjazdy (skrzyżowanie)
C. zakaz zatrzymywania się
D. zakaz wjazdu

Odpowiedź C (znak drogi szybkiego ruchu jest używany, by utrzymywać przejezdne drogi szybkiego ruchu. Nie możesz się tam zatrzymywać, chyba że w nagłym wypadku)

11.22. Widzisz przed sobą ten znak. Oznacza on

1 odp.
A. że ma zastosowanie narodowy limit prędkości
B. że mają zastosowanie ograniczenia w czekaniu
C. zakaz zatrzymywania się
D. zakaz wjazdu

Odpowiedź C (znak drogi szybkiego ruchu jest używany, by utrzymywać przejezdne drogi szybkiego ruchu. Nie możesz się tam zatrzymywać, chyba że w nagłym wypadku)

11.23. Co oznacza ten znak?

1 odp.
A. odległość do miejsca parkowania
B. odległość do publicznego telefonu
C. odległość do piwiarni
D. odległość do miejsca mijania

Odpowiedź A (prostokąty informują. Jeśli potrzebujesz się zatrzymać, ten znak pomoże ci zaplanować twój wjazd w miejsce do parkowania.

11.24. Co oznacza ten znak?

1 odp.
A. pojazdy nie mogą parkować na poboczu lub chodniku
B. pojazdy mogą parkować tylko po lewej stronie drogi
C. pojazdy mogą parkować w całości na poboczu lub chodniku
D. pojazdy mogą parkować tylko po prawej stronie drogi

ROAD AND TRAFFIC SIGNS - ZNAKI I SYGNAŁY DROGOWE

Odpowiedź C (by nie parkować na drodze, ten znak pozwala ci zaparkować pojazd całkiem na chodniku lub krawężniku)

11.25. Co oznacza ten znak?

1 odp.
A. wyprzedzanie zakazane
B. ustąp pierwszeństwa ruchowi z naprzeciwka
C. ruch dwustronny
D. ruch tylko w jedną stronę

Odpowiedź B (ten znak jest umiejscowiony tam, gdzie jest ograniczenie szerokości drogi. Nie próbuj wymuszać pierwszeństwa. Pozwól ruchowi z naprzeciwka przejechać)

11.26. Co oznacza ten znak?

1 odp.
A. koniec drogi dwukierunkowej
B. ustąp pierwszeństwa pojazdom z przeciwnej strony
C. masz pierwszeństwo wobec pojazdów z naprzeciwka
D. pas dla autobusów

Odpowiedź C (ten znak jest umiejscowiony tam, gdzie jest ograniczenie szerokości drogi. Choć daje ci on pierwszeństwo przed ruchem z naprzeciwka, nie oczekuj, że ruch ustąpi ci pierwszeństwa i pozwól przejechać tym, którzy wjechali już na zwężenie)

11.27. Co oznacza ten znak?

1 odp.
A. zakaz wyprzedzania
B. wjeżdżasz w ulicę jednokierunkową
C. ruch dwustronny
D. masz pierwszeństwo wobec pojazdów z naprzeciwka

Odpowiedź D (ten znak jest umiejscowiony tam, gdzie jest ograniczenie szerokości drogi. Choć daje ci on pierwszeństwo przed ruchem z naprzeciwka, nie oczekuj, że ruch ustąpi ci pierwszeństwa i pozwól przejechać tym, którzy wjechali już na zwężenie)

11.28. Jakiego kształtu jest znak stop występujący na skrzyżowaniach?
1 odp.

A.
B.
C.
D.

Odpowiedź D (znak „stop" ma unikalny kształt, by mógł być łatwo zidentyfikowany, gdy jest częściowo pokryty np. śniegiem)

11.29. Na skrzyżowaniu widzisz ten znak, częściowo pokryty przez śnieg. Co on oznacza?

1 odp.
A. skrzyżowanie (rozjazd)
B. ustąp pierwszeństwa
C. zatrzymaj się (stop)
D. skręć w prawo

Odpowiedź C (znak „stop" ma unikalny kształt, by mógł być łatwo zidentyfikowany, gdy jest częściowo pokryty np. śniegiem)

11.30. Co oznacza ten znak?

1 odp.

ROAD AND TRAFFIC SIGNS - ZNAKI I SYGNAŁY DROGOWE

A. miejsce serwisowe 30 mil przed tobą
B. maksymalna prędkość 30mph
C. minimalna prędkość 30mph
D. zatoka parkingowa 30 mil przed tobą

Odpowiedź C (mógłbyś spowodować niebezpieczeństwo lub niedogodności dla innych, gdybyś jechał z prędkością mniejszą niż minimalna)

11.31. Co oznacza ten znak?

1 odp.
A. ustąp pierwszeństwa pojazdom jadącym z naprzeciwka
B. nadjeżdżający ruch mija cię z dwóch stron
C. skręć na następnym skrzyżowaniu
D. omiń znak z którejkolwiek strony, by dotrzeć do tego samego punktu

Odpowiedź D (jedź, z której strony ci lepiej i bezpieczniej)

11.32. Co oznacza ten znak?

1 odp.
A. trasa dla tramwajów
B. ustąp pierwszeństwa tramwajom
C. trasa dla autobusów
D. ustąp pierwszeństwa autobusom

Odpowiedź A (tylko dla tramwajów. Wjechanie w ta strefę byłoby wykroczeniem)

11.33. Jakie zadanie mają okrągłe znaki z niebieskim tłem?

1 odp.
A. ostrzegają o autostradzie
B. kierują na parking samochodowy
C. udzielają informacji o autostradzie
D. dają instrukcje

Odpowiedź D (niebieskie okrągłe znaki mówią ci, co musisz zrobić)

11.34. Gdzie zobaczysz pas contraflow (w przeciwnym kierunku) dla autobusów i rowerów?

1 odp.
A. na drodze szybkiego ruchu
B. na rondzie
C. na autostradzie miejskiej
D. na ulicy jednokierunkowej

Odpowiedź D (ten znak ma zastosowanie na ulicach jednokierunkowych, by doradzić ci, że autobusy i rowery będą jechać swoim pasem w przeciwnym kierunku)

11.35. Co oznacza ten znak?

1 odp.
A. przystanek autobusowy po prawej stronie
B. pas contraflow (w przeciwnym kierunku) dla autobusów
C. pas dla autobusów with-flow (w tym samym kierunku)
D. ustąp pierwszeństwa autobusom

Odpowiedź B (ten znak ma zastosowanie na ulicach jednokierunkowych, by doradzić ci, że autobusy będą jechać swoim pasem w przeciwnym kierunku)

ROAD AND TRAFFIC SIGNS - ZNAKI I SYGNAŁY DROGOWE

11.36. **Co pokazuje znak z brązowym tłem?**

1 odp.
A. kierunek dla turystów
B. drogi główne
C. trasy autostrady
D. podrzędne trasy

Odpowiedź A (atrakcje turystyczne są oznaczone znakami z brązowym tłem)

11.37. **Ten znak oznacza**

1 odp.
A. atrakcję turystyczną
B. uważaj na pociągi
C. przejazd kolejowy
D. uważaj na tramwaje

Odpowiedź A (atrakcje turystyczne są oznaczone znakami z brązowym tłem)

11.38. **Po co są trójkątne znaki?**

1 odp.
A. by ostrzegać
B. by informować
C. by nakazywać
D. by kierować

Odpowiedź A (trójkąty ostrzegają, okręgi dają nakazy, prostokąty informują!)

11.39. **Co oznacza ten znak?**

1 odp.
A. skręt w lewo przed tobą
B. skrzyżowanie T
C. droga nieprzejezdna
D. ustąp pierwszeństwa

Odpowiedź B (trójkąty ostrzegają. Ten znak mówi ci o niebezpieczeństwie przed tobą i pokazuje pierwszeństwo na drogach skrzyżowania)

11.40. **Co oznacza ten znak?**

1 odp.
A. rondo z wieloma zjazdami
B. ryzyko oblodzenia jezdni
C. skupisko sześciu dróg
D. miejsce historyczne

Odpowiedź B (trójkąty ostrzegają. Ten znak może pojawiać się w odkrytych miejscach lub tych, gdzie droga może być oblodzona przez dłuższy czas, z powodu np. cienia)

11.41. **Co oznacza ten znak?**

1 odp.
A. skrzyżowanie (rozjazd)
B. przejazd kolejowy z barierkami
C. przejazd kolejowy bez barierek
D. droga tylko prosto

Odpowiedź A (trójkąty ostrzegają. Ten znak mówi ci o niebezpieczeństwie przed tobą i pokazuje pierwszeństwo na drogach skrzyżowania)

11.42. **Co oznacza ten znak?**

1 odp.
A. droga ring (obwodnica)

ROAD AND TRAFFIC SIGNS - ZNAKI I SYGNAŁY DROGOWE

B. mini rondo
C. zakaz jazdy pojazdów
D. rondo

Odpowiedź D (trójkąty ostrzegają. Ten znak mówi ci o niebezpieczeństwie przed tobą – obserwuj drogę przed tobą)

11.43. Które CZTERY z poniższych byłyby na znaku trójkątnym?

4 odp.
A. zwężenie drogi
B. jazda tylko prosto
C. niski most
D. minimalna prędkość
E. dzieci przechodzące przez ulicę
F. skrzyżowanie T

Odpowiedzi ACEF (trójkąty ostrzegają. Ten znak mówi ci o niebezpieczeństwie przed tobą)

11.44. Co oznacza ten znak?

1 odp.
A. rowerzyści muszą zsiąść z rowerów
B. jazda rowerów zabroniona
C. droga dla rowerów
D. rowerzystów jadących gęsiego

Odpowiedź C (trójkąty ostrzegają. Ten znak mówi ci o niebezpieczeństwie przed tobą. Bądź ostrożny, trasa rowerowa może przecinać drogę)

11.45. Który ze znaków oznacza, że piesi mogą iść wzdłuż drogi?
1 odp.
A. B.

C. D.

Odpowiedź A (ten znak może stać w miejscu, gdzie nie ma chodnika i piesi nie mają innego wyboru, jak iść drogą)

11.46. Który ze znaków oznacza, że jest podwójny zakręt z przodu?
1 odp.
A. B.

C. D.

Odpowiedź B (rodzaj niebezpieczeństwa jest jasno określony poprzez symbol w obrębie znaku)

11.47. Co oznacza ten znak?

1 odp.
A. czekaj przed barierkami
B. czekaj na skrzyżowaniu (rozjeździe)
C. ustąp pierwszeństwa tramwajom
D. ustąp pierwszeństwa pojazdom z farmy

Odpowiedź C (znak "ustąp pierwszeństwa jest wyjątkiem wśród znaków trójkątnych – odwrócony trójkąt to znak nakazu)

11.48. Co oznacza ten znak?

1 odp.
A. garbaty most
B. garby na drodze
C. wjazd do tunelu

D. miękkie pobocze

Odpowiedź B (zostały one stworzone, by spowolnić ruch. Mogą być one znalezione najczęściej w obszarach mieszkalnych. Zwolnij do odpowiedniej prędkości)

11.49. Który ze znaków oznacza koniec dwupasmówki?
1 odp.

A.
B.
C.
D.

Odpowiedź D (rodzaj niebezpieczeństwa jest jasno określony poprzez symbol w obrębie znaku. Rozważ zwolnienie i właściwe umiejscowienie się, by kontynuować jazdę)

11.50. Co oznacza ten znak?

1 odp.
A. koniec dwupasmówki
B. wysoki most
C. droga się zwęża
D. koniec wąskiego mostu

Odpowiedź A (rodzaj niebezpieczeństwa jest jasno określony poprzez symbol w obrębie znaku. Rozważ zmniejszenie prędkości i właściwe umiejscowienie się, by kontynuować jazdę)

11.51. Co oznacza ten znak?

1 odp.
A. boczne wiatry
B. hałas na drodze
C. lotnisko
D. przeciwne wygięcie (pochylenie nawierzchni drogi)

Odpowiedź A (rodzaj niebezpieczeństwa jest jasno określony poprzez symbol w obrębie znaku. Ten znak możesz zobaczyć w odkrytych miejscach na drodze)

11.52. Co oznacza ten znak?

1 odp.
A. śliska droga
B. opony narażone na przebicie
C. niebezpieczeństwo
D. miejsce serwisowe

Odpowiedź C (ten znak jest używany w miejscach, gdzie rodzaj niebezpieczeństwa nie może być oznaczony symbolem)

11.53. Masz zamiar wyprzedzać, kiedy zauważasz ten znak. Powinieneś

1 odp.
A. wyprzedzić innego kierowcę tak szybko, jak to możliwe
B. przemieścić się na prawo, by mieć lepszą widoczność
C. włączyć światła przed wyprzedzaniem
D. pozostać z tyłu, dopóki nie będziesz widział wyraźnie drogi z przodu

Odpowiedź D (rodzaj niebezpieczeństwa jest jasno określony poprzez symbol w obrębie znaku. Poniższa tabliczka mówi ci, że niebezpieczeństwo może być ukryte przed twoim wzrokiem)

ROAD AND TRAFFIC SIGNS - ZNAKI I SYGNAŁY DROGOWE

11.54. Co oznacza ten znak?

1 odp.
A. przejazd kolejowy z zaporami
B. brama na drodze
C. przejazd kolejowy bez zapór
D. miejsce pędzenia bydła

Odpowiedź A (trójkąty ostrzegają! Symbol barierki oznacza przejazd kolejowy przed tobą. Podjedź ostrożnie!)

11.55. Co oznacza ten znak?

1 odp.
A. zakaz jazdy tramwajów
B. tramwaje jadące naprzeciwko
C. przejeżdżające tramwaje
D. tylko dla tramwajów

Odpowiedź C (rodzaj niebezpieczeństwa jest jasno określony poprzez symbol w obrębie znaku)

11.56. Co oznacza ten znak?

1 odp.
A. przeciwne wygięcie (pochylenie nawierzchni drogi)
B. stromy zjazd
C. nierówną drogę
D. stromy podjazd

Odpowiedź B (rodzaj niebezpieczeństwa jest jasno określony poprzez symbol w obrębie znaku. Im większy procent, tym bardziej stromo)

11.57. Co oznacza ten znak?

1 odp.
A. nierówną nawierzchnię drogi
B. most na drodze
C. że droga z przodu kończy się
D. że jest ryzyko wody na drodze

Odpowiedź D (rodzaj niebezpieczeństwa jest jasno określony poprzez symbol w obrębie znaku. Ford jest tam, gdzie woda z rzeki lub powodzi wlewa się na drogę. Jedź odpowiednio do warunków)

11.58. Co oznacza ten znak?

1 odp.
A. skręć w prawo na parking
B. z lewej strony jest nieprzejezdna droga
C. zakaz wjazdu dla ruchu skręcającego w lewo
D. skręć w lewo do portu promowego

Odpowiedź B (prostokąty informują. Symbol „droga nieprzejezdna" jest jasno oznaczony na drodze po lewej)

11.59. Co oznacza ten znak?

1 odp.
A. skrzyżowanie T
B. droga nieprzejezdna
C. budka telefoniczna
D. toalety

Odpowiedź B (prostokąty informują. Symbol „droga nieprzejezdna" jest jasno oznaczony na drodze przed tobą)

ROAD AND TRAFFIC SIGNS - ZNAKI I SYGNAŁY DROGOWE

11.60. Który znak oznacza drogę nieprzejezdną?
1 odp.

A.
B.
C.
D.

Odpowiedź C (prostokąty informują. Symbol „droga nieprzejezdna" jest jasno oznaczony na drodze przed tobą)

11.61. Który znak oznacza obwodnicę (ring road)?
1 odp.

A.
B.
C.
D.

Odpowiedź C (prostokąty informują. Symbol „obwodnicy" jest jasno oznaczony na zielonym tle z żółtą obwódką)

11.62. Co oznacza ten znak?

1 odp.
A. prawy pas z przodu jest wąski
B. prawy pas jest tylko dla autobusów
C. prawy pas służy do skrętu w prawo
D. prawy pas jest zamknięty

Odpowiedź D (czerwona kreska oznacza, który pas ruchu jest zamknięty przed tobą z powodu robót drogowych. Jeśli potrzebujesz, zmień pas w odpowiednim czasie)

11.63. Co oznacza ten znak?

1 odp.
A. zmień pas na lewy
B. zjedź następnym zjazdem
C. system contraflow (ruch w przeciwną stronę)
D. ulicę jednokierunkową

Odpowiedź C (będziesz przyłączał się do drogi po drugiej stronie. Nie będzie barierki pomiędzy tobą a ruchem z naprzeciwka. Utrzymuj dozwoloną prędkość i bądź przygotowany na to, że ruch przed tobą zwolni)

11.64. Co oznacza ten znak?

1 odp.
A. zjedź z autostrady następnym zjazdem
B. pas dla ciężkich i powolnych pojazdów
C. wszystkie ciężarówki muszą użyć pobocza
D. miejsce odpoczynku dla ciężarówek

Odpowiedź B (pasy dla powolnych pojazdów – crawler lanes są na autostradach w miejscach, gdzie jest długa droga pod górę)

11.65. Czerwone światło oznacza

1 odp.
A. powinieneś się zatrzymać, chyba że skręcasz w lewo
B. zatrzymaj się, jeśli możesz bezpiecznie zahamować
C. musisz się zatrzymać i czekać przed linią stop

ROAD AND TRAFFIC SIGNS - ZNAKI I SYGNAŁY DROGOWE

D. jedź ostrożnie

Odpowiedź C (MUSISZ się zatrzymać. Jedź w zależności od świateł. Poznanie kolejności świateł ci pomoże)

11.66. Na światłach, pomarańczowe oznacza

1 odp.
A. przygotuj się, by jechać
B. jedź, jeśli droga jest wolna
C. jedź, jeśli piesi nie przechodzą przez przejście
D. zatrzymaj się na linii stop

Odpowiedź D (MUSISZ się zatrzymać, chyba że byłoby to niebezpieczne. Sprawdź swoje lusterka i odpowiednio się zachowaj. Jeśli światło było zielone przez jakiś czas, bądź zdolny przewidzieć, że może się ono zmienić jak podjedżdżasz)

11.67. Jesteś na skrzyżowaniu kontrolowanym przez światła. Kiedy NIE powinieneś jechać na zielonym?

1 odp.
A. kiedy piesi czekają, by przejść
B. kiedy twój wyjazd ze skrzyżowania jest zablokowany
C. kiedy myślisz, że światło może się zmienić
D. kiedy chcesz skręcić w prawo

Odpowiedź B (nie powinieneś wjeżdżać na żadne skrzyżowanie, jeśli nie widzisz czy wyjazd jest zablokowany czy nie)

11.68. Jesteś na lewym pasie na światłach. Czekasz, by skręcić w lewo. Na których światłach NIE możesz jechać?
1 odp.

A. B.

C. D.

Odpowiedź A (czerwone i pomarańczowe światło oznacza „zatrzymaj się". Niestosowanie się do świateł jest wykroczeniem)

11.69. Co oznacza ten znak?

1 odp.
A. światła nie działają
B. pomarańczowe światło nie działa
C. tymczasowe światła
D. nowe światła

Odpowiedź A (zastosuj odpowiednie środki ostrożności, kiedy światła nie działają. Traktuj skrzyżowanie jako „nieoznakowane")

11.70. Kto ma pierwszeństwo przejazdu, kiedy światła nie działają?
1 odp.
A. ruch, który jedzie prosto
B. ruch skręcający w prawo
C. nikt
D. ruch skręcający w lewo

Odpowiedź C (zastosuj odpowiednie środki ostrożności, kiedy światła nie działają. Traktuj skrzyżowanie jako „nieoznakowane")

11.71. Te migające światła oznaczają STOP. W których TRZECH miejscach je znajdziesz?

3 odp.
A. na przejściach pelican
B. na podnoszonych mostach

ROAD AND TRAFFIC SIGNS - ZNAKI I SYGNAŁY DROGOWE

C. na przejściach zebra
D. na przejazdach kolejowych
E. na zjazdach z autostrady
F. na straży pożarnej

Odpowiedzi BDF (zawsze zatrzymuj się, kiedy widzisz czerwone migające światła. Nawet jak droga wydaje się przejezdna, światła te ostrzegają o niebezpieczeństwie!)

11.72. Co oznaczają te zygzakowate linie na przejściu dla pieszych?

1 odp.
A. zakaz parkowania
B. parkowanie dozwolone tylko na chwilę
C. zwolnij prędkość do 20mph
D. używanie klaksonu jest niedozwolone

Odpowiedź A (parkowanie na zygzakowatych liniach mogłoby zasłonić widoczność na innych użytkowników drogi, zagrażając pieszym, którzy chcą przekroczyć jezdnię)

11.73. W którym przypadku możesz przekroczyć podwójną białą linię na środku drogi?

1 odp.
A. by minąć ruch stojący w korku na skrzyżowaniu
B. by minąć samochód sygnalizujący skręt w lewo
C. by minąć pojazd robót drogowych, poruszający się z prędkością 10mph lub mniej
D. by minąć pojazd ciągnący przyczepę

Odpowiedź C (nie wolno ci przekraczać podwójnej białej linii ciągłej. Zobacz wyjątek i w Kodeksie Drogowym The Highway Code! Wyjątki pozwolą ci na wyprzedzanie bardzo powolnego ruchu i przeszkód, jeśli widzisz z przodu, że jest to bezpieczne)

11.74. Co znaczą te przerywane linie na drodze?

1 odp.
A. nie przekraczaj tej linii
B. zatrzymywanie zabronione
C. zbliżasz się do niebezpieczeństwa
D. zakaz wyprzedzania

Odpowiedź C (białe linie pośrodku drogi mają szersze zadanie niż tylko oddzielanie ruchu. Mogą ostrzegać o niebezpieczeństwie przed tobą, np. zbliżanie się do skrzyżowania. Im grubsze linie, tym ważniejszy przekaz)

11.75. Gdzie zobaczysz te oznaczenia drogowe?

1 odp.
A. na światłach
B. na garbach na drodze
C. w pobliżu przejazdu kolejowego
D. na żółtym zakratkowanym polu na skrzyżowaniu

Odpowiedź B (spowalniacze ruchu są używane, kiedy jest niebezpieczeństwo dla pieszych. Zwróć uwagę i zwolnij)

ROAD AND TRAFFIC SIGNS - ZNAKI I SYGNAŁY DROGOWE

11.76. Która z poniższych jest linią ostrzegającą o niebezpieczeństwie?
1 odp.
A.

B.

C.

D.

Odpowiedź A (białe linie pośrodku drogi mają szersze zadanie niż tylko oddzielanie ruchu. Mogą ostrzegać o niebezpieczeństwie przed tobą, np. zbliżanie się do skrzyżowania. Im grubsze linie, tym ważniejszy przekaz)

11.77. Na tym skrzyżowaniu jest znak stop oraz gruba biała linia namalowana na powierzchni drogi. Dlaczego jest tam znak stopu?

1 odp.
A. prędkość na drodze głównej jest nieograniczona
B. jest to ruchliwe skrzyżowanie
C. widoczność wzdłuż drogi głównej jest ograniczona
D. pośrodku drogi są linie ostrzegające o niebezpieczeństwie

Odpowiedź C (linie i znaki stop są używane tam, gdzie ze względów bezpieczeństwa musisz się zatrzymać na skrzyżowaniu. Zwykle ma to miejsce z powodu ograniczonej widoczności)

11.78. Widzisz tę linię na drodze podczas wjazdu na rondo. Co ona oznacza?

1 odp.
A. ustąp pierwszeństwa ruchowi z prawej strony
B. ruch z lewej strony ma pierwszeństwo przejazdu
C. masz pierwszeństwo przejazdu
D. zatrzymaj się na linii

Odpowiedź A (chociaż musisz ustąpić pierwszeństwa ruchowi z prawej strony na rondzie, powinieneś spojrzeć również w lewą stronę zanim ruszysz!)

11.79. W jaki sposób, w normalnych warunkach, zatrzyma cię oficer policji?
1 odp.
A. mignie światłami, włączy lewy kierunkowskaz i zjedzie na lewo
B. poczeka, aż się zatrzymasz, wtedy do ciebie podjedzie
C. użyje syreny, wyprzedzi cię, wjedzie przed ciebie i zatrzyma się
D. podjedzie obok ciebie, użyje syreny i da ci znak, byś się zatrzymał

Odpowiedź A (jeśli zobaczysz pojazd patrolu policyjnego za tobą, sprawdź co kierowca sygnalizuje, abyś wiedział co zrobić!)

ROAD AND TRAFFIC SIGNS - ZNAKI I SYGNAŁY DROGOWE

11.80. Zbliżasz się do skrzyżowania. Światła nie działają. Oficer policji daje ten znak. Powinieneś

1 odp.
A. jechać tylko, jeśli chcesz skręcić w lewo
B. jechać tylko, jeśli chcesz skręcić w prawo
C. zatrzymać się na równi z ramieniem policjanta
D. zatrzymać się na linii stop

Odpowiedź D (musisz znać sygnały, które pokazuje oficer policji . Naucz się ich z Kodeksu Drogowego the Highway Code)

11.81. Kierowca samochodu z przodu daje ten znak ręką. Co on oznacza?

1 odp.
A. kierowca zwalnia
B. kierowca zamierza skręcić w prawo
C. kierowca chce wyprzedzać
D. kierowca zamierza skręcić w lewo

Odpowiedź D (naucz się sygnałów z Kodeksu Drogowego The Highway Code. Kierowcy powinni używać tylko sygnałów tam pokazanych)

11.82. Gdzie zobaczysz te oznaczenia drogowe?

A. na przejeździe kolejowym
B. na drodze podjazdowej autostrady
C. na przejściu dla pieszych
D. na drodze jednośladowej

Odpowiedź B (te znaki szewronów są używane, by rozdzielić ruch od drogi zjazdowej/podjazdowej na autostradzie. Nie przekraczaj białej linii ciągłej oprócz nagłych wypadków)

11.83. Co oznacza ten znak na autostradzie?

1 odp.
A. zmień pas na lewy
B. zjedź z autostrady następnym zjazdem
C. zjedź na przeciwne pasmo drogi
D. zjedź na pobocze

Odpowiedź A (zwróć uwagę na znaki portalowe na autostradzie i ustaw się na odpowiednim pasie w odpowiednim czasie. Te znaki powiedzą ci, że jest pewne niebezpieczeństwo lub ograniczenie, które wymaga od ciebie zmiany pasa ruchu)

11.84. Co oznacza ten znak na autostradzie?

1 odp.
A. tymczasowa minimalna prędkość 50mph
B. brak serwisów przez 50 mil
C. przeszkoda na drodze 50 metrów (164 stopy) przed tobą
D. tymczasowa maksymalna prędkość 50mph

Odpowiedź D (ten znak mówi ci o tym, że jest jakieś niebezpieczeństwo lub ograniczenie przed tobą. Znaki te mogą być umiejscowione w pewnej odległości od niebezpieczeństwa. Zwolnij nawet, jeśli droga przed tobą wydaje się być przejezdna)

ROAD AND TRAFFIC SIGNS - ZNAKI I SYGNAŁY DROGOWE

11.85. Co oznacza ten znak?

1 odp.
A. ruch bezpośredni powinien używać lewego pasa
B. prawy pas tylko dla skrzyżowania T-junction
C. prawy pas jest zamknięty z przodu
D. limit 11 ton

Odpowiedź C (zwróć uwagę na znaki portalowe na autostradzie i ustaw się na odpowiednim pasie w odpowiednim czasie. Ten znak powie ci, że jest pewne niebezpieczeństwo lub ograniczenie, które wymaga od ciebie zmiany pasa ruchu)

11.86. Ten znak na autostradzie oznacza

1 odp.
A. zjedź na pobocze
B. wyprzedzanie dozwolone tylko z lewej strony
C. zjedź z autostrady następnym zjazdem
D. zjedź na pas po twojej lewej stronie

Odpowiedź D (zwróć uwagę na znaki portalowe na autostradzie i ustaw się na odpowiednim pasie w odpowiednim czasie. Ten znak powie ci, że jest pewne niebezpieczeństwo lub ograniczenie, które wymaga od ciebie zmiany pasa ruchu)

11.87. Co oznacza liczba 25 na tym znaku na autostradzie?

1 odp.

A. odległość do najbliższego miasta
B. nr trasy na drodze
C. numer następnego zjazdu (skrzyżowania)
D. limit prędkości na drodze zjazdowej

Odpowiedź C (te numery identyfikują skrzyżowanie i są używane w atlasach, by pomóc ci zaplanować swoją podróż)

11.88. Prawy pas trójpasmowej autostrady jest
1 odp.
A. tylko dla ciężarówek
B. pasem do wyprzedzania
C. pasem do skrętu w prawo
D. pasem przyspieszającym

Odpowiedź B (normalnie powinieneś jechać po lewej, chyba że wyprzedzasz wolniej poruszające się pojazdy)

11.89. Gdzie na autostradzie możesz znaleźć pomarańczowe światełka odblaskowe?
1 odp.
A. oddzielają one drogę przyłączeniową (zjazdową) od autostrady
B. po lewej stronie drogi
C. po prawej stronie drogi
D. oddzielają one pasy ruchu

Odpowiedź C (pomarańczowe światełka odblaskowe znajdują się po prawej stronie kierunku ruchu na autostradzie, między końcem pasów do jazdy a central reservation – miejscem oddzielającym kierunki ruchu)

11.90. Gdzie na autostradzie znajdziesz zielone światełka odblaskowe?
1 odp.
A. oddzielają one pasy ruchu
B. pomiędzy poboczem a pasami
C. na zjazdach i podjazdach do autostrady
D. pomiędzy drogą a central reservation (miejsce między pasami ruchu w przeciwnych kierunkach)

ROAD AND TRAFFIC SIGNS - ZNAKI I SYGNAŁY DROGOWE

Odpowiedź C (zielone światełka odblaskowe znajdziesz po lewej stronie pasów ruchu oddzielających je od drogi podjazdowej/zjazdowej)

11.91. Jedziesz autostradą. Widzisz ten znak. Powinieneś

1 odp.
A. zjechać z autostrady następnym zjazdem
B. natychmiast skręcić w lewo
C. zmienić pas
D. zjechać na pobocze

Odpowiedź A (zwróć uwagę na znaki portalowe na autostradzie i ustaw się na odpowiednim pasie w odpowiednim czasie. Ten znak powie ci, że jest pewne niebezpieczeństwo lub ograniczenie, które wymaga od ciebie zjazdu z autostrady)

11.92. Co oznacza ten znak?

1 odp.
A. zakaz wjazdu pojazdów motorowych
B. koniec autostrady
C. droga jest nieprzejezdna
D. koniec pasa dla autobusów

Odpowiedź B (prostokąty informują! Znak końca autostrady powinien cię ostrzec o możliwej zmianie prędkości dozwolonej i zmianie pierwszeństwa przejazdu)

11.93. Który z tych znaków oznacza, że ma zastosowanie narodowy limit prędkości?
1 odp.

A.
B.
C.
D.

Odpowiedź D (zawsze miej świadomość limitu prędkości dla twojego pojazdu w stosunku do drogi, którą jedziesz. Naucz się limitów prędkości z Kodeksu Drogowego The Highway Code)

11.94. Jaka jest dozwolona prędkość maksymalna na jednopasmówce?
1 odp.
A. 50mph
B. 60mph
C. 40mph
D. 70mph

Odpowiedź B (zawsze miej świadomość limitu prędkości dla twojego pojazdu w stosunku do drogi, którą jedziesz. Naucz się limitów prędkości z Kodeksu Drogowego The Highway Code)

11.95. Co oznacza ten znak?

1 odp.
A. koniec autostrady
B. koniec ograniczenia
C. pas przed tobą się kończy
D. koniec free recovery (darmowej pomocy drogowej)

Odpowiedź B (ten znak oznacza koniec tymczasowego ograniczenia na autostradzie)

11.96. Ten znak radzi ci, byś

1 odp.
A. jechał zgodnie z przekierowaniem drogi
B. jechał zgodnie ze znakami do miejsca piknikowego
C. ustąpił pierwszeństwa pieszym

ROAD AND TRAFFIC SIGNS - ZNAKI I SYGNAŁY DROGOWE

D. ustąpił pierwszeństwa rowerzystom

Odpowiedź A (tam gdzie są dłuższe roboty drogowe, znaki w przekierowaniem trasy są postawione na początku przekierowania. Jedź zgodnie z nimi, by wrócić do swojej trasy)

11.97. Po co jest pokazany ten tymczasowy znak limitu prędkości?

1 odp.
A. by ostrzec cię o końcu autostrady
B. by ostrzec cię o niskim moście
C. by ostrzec cię o skrzyżowaniu przed tobą
D. by ostrzec cię o robotach drogowych przed tobą

Odpowiedź D (znaki robót drogowych są łatwo rozpoznawalne przez prostokątny kształt i żółte tło)

11.98. Ten znak oznacza, że jest

1 odp.
A. obowiązkowe ograniczenie prędkości maksymalnej
B. doradcze ograniczenie prędkości maksymalnej
C. obowiązkowe ograniczenie prędkości minimalnej
D. doradcza odległość między uczestnikami ruchu

Odpowiedź A (znaki okrągłe dają nakazy. Czerwony znak okrągły zakazuje ci jazdy z prędkością większą, niż pokazana na znaku)

11.99. Widzisz ten znak na skrzyżowaniu (rozjeździe). Powinieneś

1 odp.
A. utrzymywać tę samą prędkość
B. kontynuować jazdę ze szczególną ostrożnością
C. znaleźć inną trasę
D. zadzwonić na policję

Odpowiedź B (znak mówi ci, że światła nie działają. Jedź ostrożnie i nie oczekuj, że masz pierwszeństwo przed przecinającym twój tor jazdy ruchem)

11.100. Sygnalizujesz skręt w prawo podczas dużego ruchu. W jaki bezpieczny sposób możesz potwierdzić chęć skrętu?
1 odp.
A. używając klaksonu
B. dając znak ręką
C. migając światłami
D. przemieszczając się na środkowy pas

Odpowiedź B (gesty ręką mogą być używane, by wzmocnić przekaz z kierunkowskazów)

11.101. Co oznacza ten znak?

1 odp.
A. droga tylko dla motocykli
B. zakaz wjazdu samochodów
C. droga tylko dla samochodów
D. zakaz wjazdu motocykli

Odpowiedź D (symbol w czerwonym kółku jasno przedstawia, które pojazdy są niedozwolone)

ROAD AND TRAFFIC SIGNS - ZNAKI I SYGNAŁY DROGOWE

11.102. Jesteś na autostradzie. Widzisz ten znak na ciężarówce, która właśnie zatrzymała się na prawym pasie. Powinieneś

1 odp.
A. zjechać na prawy pas
B. zatrzymać się za migającymi światłami
C. minąć ciężarówkę z lewej strony
D. zjechać z autostrady następnym zjazdem

Odpowiedź C (te znaki są używane, kiedy są roboty drogowe bez zamknięcia pasów. Strzałka na znaku jasno pokazuje, że powinieneś mijać po lewej)

11.103. Jesteś na autostradzie. Czerwone migające światło pojawia się tylko nad twoim pasem. Co powinieneś zrobić?
1 odp.
A. kontynuować jazdę tym pasem i czekać na dalsze informacje
B. zjechać na inny pas w odpowiednim momencie
C. zjechać na pobocze
D. zatrzymać się i czekać na dalsze instrukcje

Odpowiedź B (czerwone migające światło, że pas jest zamknięty przed tobą. Nie możesz dalej jechać tym pasem)

11.104. Czerwone światło oznacza, że

1 odp.
A. musisz się zatrzymać przed białą linią stop
B. możesz jechać prosto, jeśli nie ma ruchu
C. możesz skręcić w lewo, jeśli to bezpieczne
D. musisz zwolnić i być przygotowanym do zatrzymania się, jeśli jest ruch

Odpowiedź A (jazda na czerwonym świetle jest niebezpieczna i jest poważnym wykroczeniem)

11.105. Kierowca tego samochodu daje znak ręką. Co zamierza on zrobić?

1 odp.
A. skręcić w prawo
B. skręcić w lewo
C. jechać prosto
D. pozwoli on przejść przechodniom

Odpowiedź B (kierowcy powinni używać sygnałów pokazanych tylko w Kodeksie Drogowym The Highway Code. Naucz się ich)

11.106. Kiedy możesz użyć klaksonu?
1 odp.
A. by zapewnić sobie pierwszeństwo przejazdu
B. by zwrócić na siebie uwagę znajomego
C. by ostrzec innych o swojej obecności
D. by pospieszyć powolnych kierowców

Odpowiedź C (klakson jest także znany jako „urządzenie do ostrzegania". Używaj go tylko zgodnie z przeznaczeniem)

11.107. Nie możesz używać klaksonu podczas postoju
1 odp.
A. chyba że jadący pojazd stwarza dla ciebie niebezpieczeństwo
B. nigdy
C. chyba że użyjesz go tylko na chwilkę

D. oprócz zasygnalizowania, że właśnie przyjechałeś

Odpowiedź A (możesz użyć klaksonu na postoju tylko wtedy, kiedy inny pojazd stwarza dla ciebie niebezpieczeństwo)

11.108. Co oznacza ten znak?

1 odp.
A. możesz parkować w wyszczególnione dni i godziny
B. nie możesz parkować w wyszczególnione dni i godziny
C. zakaz parkowania od poniedziałku do piątku
D. koniec ograniczeń miejskiej drogi szybkiego ruchu

Odpowiedź B (te znaki są umiejscowione w odstępach na drogach szybkiego ruchu, by pokazać pory i dni, kiedy nie można parkować i czekać)

11.109. Co oznacza ten znak?

1 odp.
A. nabrzeże lub brzeg rzeki
B. stromy zjazd
C. nierówna nawierzchnia drogi
D. droga może być zalana wodą

Odpowiedź A (trójkąty ostrzegają! Rodzaj niebezpieczeństwa jest jasno określony przez symbol)

11.110. Który ze znaków oznacza, że masz pierwszeństwo wobec ruchu z naprzeciwka?
1 odp.

A.   B.

C.   D.

Odpowiedź C (chociaż masz pierwszeństwo, musisz przepuścić ruch z naprzeciwka, jeśli znajduje się on już na zwężeniu drogi)

11.111. Biała linia, taka jak ta wzdłuż środka drogi, jest

1 odp.
A. oznaczeniem pasa dla autobusów
B. ostrzeżeniem o niebezpieczeństwie
C. oznaczeniem „ustąp pierwszeństwa"
D. oznaczeniem pasów

Odpowiedź B (im więcej farby, tym ważniejszy przekaz. Linia niebezpieczeństwa może być znaleziona na wjeździe na skrzyżowanie przed tobą)

11.112. W jakim celu namalowano te żółte skrzyżowane linie na drodze?

1 odp.
A. by oznaczyć miejsce tylko dla tramwajów
B. by zapobiec blokowaniu skrzyżowania z lewej strony przez czekający ruch

ROAD AND TRAFFIC SIGNS - ZNAKI I SYGNAŁY DROGOWE

C. by oznaczyć wjazd na parking
D. by ostrzec cię o liniach tramwajowych, przechodzących przez drogę

Odpowiedź B (nie możesz wjeżdżać w żółte zakratkowane pole, dopóki wyjazd ze skrzyżowania nie jest przejezdny)

11.113. Jaki jest cel oznaczenia tego miejsca na czerwono-biało, wzdłuż środka drogi?

1 odp.
A. jest to po to, by oddzielić dwa kierunki ruchu
B. oznacza to miejsce do wyprzedzania dla motocyklistów
C. jest to tymczasowe oznaczenie, by ostrzec o robotach drogowych
D. oddziela to dwie strony dwupasmówki

Odpowiedź A (oddzielacz pasów jest używany w miejscach, w których jest szczególnie niebezpiecznie, np. na zakręcie lub zwężeniu. Nie możesz wjeżdżać w to miejsce, jeśli jest ono ograniczone białą ciągłą linią)

11.114. Inni kierowcy mogą czasem migać na ciebie światłami. W których sytuacjach wolno im to zrobić?
1 odp.
A. by ostrzec cię o kontroli radarowej
B. by pokazać, że ustępują ci pierwszeństwa
C. by ostrzec cię o swojej obecności
D. by dać ci znać, że coś jest nie tak z twoim pojazdem

Odpowiedź C (migające światła są ostrzeżeniem o obecności – nie używaj tego sygnału do innych celów)

11.115. Na niektórych osiedlowych wąskich ulicach znajdziesz limit prędkości do
1 odp.
A. 20mph
B. 25mph
C. 35mph
D. 40mph

Odpowiedź A (strefy 20mph są używane tam, gdzie jest szczególne zagrożenie dla pieszych)

11.116. Na skrzyżowaniu widzisz ten sygnał świetlny. To oznacza, że

1 odp.
A. samochody muszą się zatrzymać
B. tramwaje muszą się zatrzymać
C. zarówno tramwaje jak i samochody muszą się zatrzymać
D. zarówno tramwaje jak i samochody mogą kontynuować jazdę

Odpowiedź B (znak po prawej stronie świateł jest dla tramwajów i może nie mieć takiego samego znaczenia jak światła)

11.117. Gdzie zobaczysz te oznaczenia na drodze?

1 odp.
A. na rozjeździe kolejowym
B. na skrzyżowaniu
C. na autostradzie
D. na przejściu dla pieszych

Odpowiedź B (na mini rondzie obowiązują takie same zasady jak na normalnym rondzie)

ROAD AND TRAFFIC SIGNS - ZNAKI I SYGNAŁY DROGOWE

11.118. Samochód policyjny jedzie za tobą. Oficer policji miga światłami i kieruje się na lewo. Co powinieneś zrobić?
1 odp.
A. skręcić w lewo na następnym skrzyżowaniu
B. zjechać na lewo i zatrzymać się
C. natychmiast zatrzymać się
D. zjechać na lewo

Odpowiedź B (oficer policji chce, abyś się zatrzymał. Zjedź podczas pierwszej bezpiecznej okazji)

11.119. Widzisz to pomarańczowe światło przed tobą. Które światło lub światła zapalą się następne?

1 odp.
A. czerwone
B. czerwone i pomarańczowe
C. zielone i pomarańczowe
D. zielone

Odpowiedź A (naucz się kolejności świateł!)

11.120. Biała linia przerywana, namalowana wzdłuż środka drogi, oznacza

1 odp.
A. pojazdy z naprzeciwka mają pierwszeństwo przed tobą
B. powinieneś ustąpić pierwszeństwa pojazdom z naprzeciwka
C. niebezpieczeństwo przed tobą
D. tę strefę obowiązuje narodowy limit prędkości

Odpowiedź C (im grubsze linie, tym ważniejszy przekaz. Linia niebezpieczeństwa może znajdować się na wjeździe na skrzyżowanie przed tobą)

11.121. Widzisz ten sygnał świetlny ponad twoim pasem na autostradzie. Co on oznacza?

1 odp.
A. zjedź z autostrady następnym zjazdem
B. wszystkie pojazdy powinny jechać poboczem
C. ostry zakręt w lewo przed tobą
D. zatrzymaj się, wszystkie pasy przed tobą są zamknięte

Odpowiedź A (zwróć uwagę na znaki portalowe na autostradzie i podejmuj działanie w odpowiednim czasie. Znak mówi ci, że jest niebezpieczeństwo lub ograniczenie z przodu i, że powinieneś zjechać z autostrady następnym zjazdem)

11.122. Po co są namalowane te żółte skrzyżowane linie na drodze?

1 odp.
A. by uzmysłowić ci obecność świateł
B. by pokierować cię, jak skręcasz
C. by zapobiec zablokowaniu skrzyżowania
D. by pokazać ci, gdzie masz się zatrzymać, kiedy światła się zmienią

ROAD AND TRAFFIC SIGNS - ZNAKI I SYGNAŁY DROGOWE

Odpowiedź C (nie możesz wjeżdżać w żółte zakratkowane pole na skrzyżowaniu, dopóki wyjazd ze skrzyżowania nie jest przejezdny)

11.123. Co MUSISZ zrobić, kiedy widzisz ten znak?

1 odp.
A. zatrzymać się tylko, jeśli ruch się zbliża
B. zatrzymać się, nawet jeśli droga jest wolna
C. zatrzymać się tylko, jeśli dzieci czekają, by przejść
D. zatrzymać się tylko wtedy, gdy jest czerwone światło

Odpowiedź B (znak „stop" jest obowiązkowy. Przejechanie bez zatrzymania się jest wykroczeniem oraz jest niebezpieczne)

11.124. Jakiego kształtu jest znak „ustąp pierwszeństwa"?
1 odp.

Odpowiedź D (odwrócony trójkątny znak mówi ci, byś ustąpił pierwszeństwa)

11.125. Co oznacza ten znak?

1 odp.
A. zawracające autobusy
B. obwodnicę
C. mini rondo
D. trzymaj się prawej strony drogi

Odpowiedź C (na mini rondzie obowiązują takie same zasady, jak na normalnym rondzie)

11.126. Co oznacza ten znak?

1 odp.
A. ruch dwukierunkowy przed tobą
B. ruch dwukierunkowy przecina drogę jednokierunkową
C. ruch dwukierunkowy nad mostem
D. ruch dwukierunkowy przecina drogę dwukierunkową

Odpowiedź B (trójkąty ostrzegają! Rodzaj niebezpieczeństwa jest jasno określony przez symbol)

11.127. Co oznacza ten znak?

1 odp.
A. ruch dwukierunkowy przecina drogę jednokierunkową
B. ruch z naprzeciwka ma pierwszeństwo
C. ruch dwukierunkowy
D. system contraflow (w przeciwną stronę) na autostradzie

Odpowiedź C (trójkąty ostrzegają! Rodzaj niebezpieczeństwa jest jasno określony przez symbol)

11.128. Co oznacza ten znak?

1 odp.
A. garbaty most
B. garb spowalniający ruch
C. niski most
D. nierówną drogę

ROAD AND TRAFFIC SIGNS - ZNAKI I SYGNAŁY DROGOWE

Odpowiedź A (trójkąty ostrzegają! Rodzaj niebezpieczeństwa jest jasno określony przez symbol)

11.129. Który ze znaków informuje cię, że wjeżdżasz w nieprzejezdną drogę?
1 odp.

A.
B.
C.
D.

Odpowiedź C (prostokąty informują! znak "droga nieprzejezdna" jest łatwo rozpoznawalny)

11.130. Co oznacza ten znak?

1 odp.
A. kierunek na parking park-and-ride
B. zakaz parkowania autobusów i autokarów
C. kierunek do parkingu dla autobusów i autokarów
D. miejsce parkingowe dla samochodów i autokarów

Odpowiedź A (informacyjne znaki są dla twoich korzyści. Poznaj ich znaczenie)

11.131. Zbliżasz się do świateł. Świeci się czerwone i pomarańczowe. To oznacza

1 odp.
A. przejedź na światłach, jeśli droga jest wolna
B. światła są popsute – uważaj
C. poczekaj na zielone, zanim przekroczysz linię stop

D. światła zmienią się na czerwone

Odpowiedź C (jazda niezgodnie z sygnalizacją świetlną jest niebezpieczna i jest wykroczeniem)

11.132. Ten znak na drodze znajdziesz tuż przed

1 odp.
A. znakiem „zakaz wjazdu"
B. znakiem „ustąp pierwszeństwa"
C. znakiem „stop"
D. znakiem „droga nieprzejezdna"

Odpowiedź B (musisz ustąpić pierwszeństwa ruchowi na skrzyżowaniu)

11.133. Na przejeździe kolejowym czerwone światło wciąż miga po przejechaniu pociągu. Co powinieneś zrobić?
1 odp.
A. zadzwonić do operatora
B. ostrzec kierowców za tobą
C. czekać
D. przejechać ostrożnie

Odpowiedź C (czekaj – inny pociąg mógłby nadjeżdżać)

11.134. Jesteś w tunelu i widzisz ten znak. Co on oznacza?

1 odp.
A. kierunek do wyjścia ewakuacyjnego dla pieszych
B. uważaj na pieszych, nie ma chodnika
C. brak drogi dla pieszych
D. uważaj na pieszych, przechodzących przed tobą

Odpowiedź A (jeśli musisz wyjść z tunelu w nagłym wypadku, idź zgodnie ze znakami kierującymi do najbliższego wyjścia. Zachowaj spokój)

11.135. Który z poniższych znaków informuje, że wjeżdżasz w ulicę jednokierunkową?
1 odp.

A.
B.
C.
D.

Odpowiedź B (jeśli droga ma dwa pasy, możesz użyć któregokolwiek do wyprzedzania. Użyj pasa, który jest najbardziej wygodny, chyba że znaki lub oznaczenia drogi pokazują inaczej)

11.136. Co oznacza ten znak?

1 odp.
A. pas dla autobusów i rowerów with-flow (w tym samym kierunku)
B. pas dla autobusów i rowerów contraflow (w przeciwnym kierunku)
C. zakaz jazdy dla autobusów i rowerów
D. zakaz czekania dla autobusów i rowerów

Odpowiedź A (ten znak jest używany, by doradzić ci, że autobusy i rowery są jedynymi pojazdami dozwolonymi w oznaczonym pasie. Jazda pasem dla autobusów i rowerów, w godzinach jego operacji jest wykroczeniem)

11.137. Który z tych znaków ostrzega cię, że piesi mogą przekraczać jezdnię?
1 odp.

A.
B.
C.
D.

Odpowiedź A (ten znak może być umiejscowiony tam, gdzie przejście dla pieszych jest ukryte poza widocznością kierowcy, np. za zakrętem)

11.138. Co oznacza ten znak?

1 odp.
A. nie ma chodnika
B. droga tylko dla pieszych
C. uważaj, przejście dla pieszych
D. przejście szkolne

Odpowiedź C (ten znak może być umiejscowiony tam, gdzie przejście dla pieszych jest ukryte poza widocznością kierowcy, np. za zakrętem)

11.139. Co oznacza ten znak?

1 odp.
A. patrol przejścia szkolnego
B. zakaz pieszych
C. strefa pieszych – zakaz pojazdów
D. przejście dla pieszych z przodu

Odpowiedź D (ten znak może być umiejscowiony tam, gdzie przejście dla pieszych jest ukryte poza widocznością kierowcy, np. za zakrętem)

ROAD AND TRAFFIC SIGNS - ZNAKI I SYGNAŁY DROGOWE

11.140. Który ze znaków oznacza „ruch dwukierunkowy przecina drogę"?
1 odp.

A. B.

C. D.

Odpowiedź B (rodzaj niebezpieczeństwa jest jasno określony poprzez symbol w obrębie znaku)

11.141. Który znak ręką oznacza, że samochód, za którym jedziesz zamierza się zatrzymać?
1 odp.

A.

B.

C.

D.

Odpowiedź B (mogą zdarzyć się sytuacje, w których kierowcy są zmuszeni do dawania sygnałów ręką, by potwierdzić kierunkowskaz. Może to się zdarzyć np. przy dużym rażeniu słońca itp.)

11.142. Który z tych znaków oznacza „skręć w lewo"?
1 odp.

A. B.

C. D.

Odpowiedź B (niebieskie okrągłe znaki mówią ci, co musisz zrobić. Biała strzałka wskazuje kierunek w jakim powinieneś jechać)

11.143. Który z poniższych znaków informuje, że możesz jechać w jednym kierunku drogą, na której jesteś?
1 odp.

A. B.

C. D.

Odpowiedź B (ten znak oznacza, że ruch może jechać tylko w jednym kierunku. Inne znaki pokazują różne priorytety na drodze dwukierunkowej)

ROAD AND TRAFFIC SIGNS - ZNAKI I SYGNAŁY DROGOWE

11.144. Właśnie zauważyłeś ten znak. Powinieneś być świadomy, że

1 odp.
A. jest to droga jednośladowa
B. nie możesz się zatrzymywać na tej drodze
C. tylko jeden pas jest w użyciu
D. cały ruch jedzie w jednym kierunku

Odpowiedź D (w jednokierunkowym systemie ruchu ruch może mijać cię z obu stron. Zawsze bądź świadomy wszystkich znaków)

11.145. Dojeżdżasz do czerwonego światła. Zmieni się ono z czerwonego na

1 odp.
A. czerwone i pomarańczowe, potem na zielone
B. zielone, potem pomarańczowe
C. pomarańczowe, potem zielone
D. zielone i pomarańczowe, potem zielone

Odpowiedź A (jedź zgodnie ze światłami. Znajomość kolejności zmiany świateł pomoże ci)

11.146. Co oznacza ten znak?

1 odp.

A. niski most
B. tunel
C. starożytny pomnik
D. czarny punkt wypadkowy

Odpowiedź B (rodzaj niebezpieczeństwa jest jasno określony poprzez symbol w obrębie znaku)

11.147. Dojeżdżasz do przejścia dla pieszych zebra, gdzie piesi czekają, by przejść. Jaki znak ręką mógłbyś dać?
1 odp.

A.

B.

C.

D.

Odpowiedź A (gest ręką, znaczący zwalnianie, pomoże czekającym pieszym i ruchowi z naprzeciwka oraz kierowcom za tobą)

ROAD AND TRAFFIC SIGNS - ZNAKI I SYGNAŁY DROGOWE

11.148. Biała linia na krawędzi drogi

1 odp.
A. pokazuje obrzeże drogi szybkiego ruchu
B. pokazuje dojazd do niebezpieczeństwa
C. oznacza zakaz parkowania
D. oznacza zakaz wyprzedzania

Odpowiedź A (biała linia namalowana na krawędzi drogi szybkiego ruchu jest po to, by pomóc w zmniejszonej widoczności takiej jak zła pogoda czy jazda w nocy)

11.149. Widzisz tę strzałkę, namalowaną na drodze przed tobą. To oznacza

1 odp.
A. wjazd z lewej strony
B. wszystkie pojazdy muszą skręcić w lewo
C. trzymaj się na lewo od oznaczeń na drodze
D. droga skręca w lewo

Odpowiedź C (strzałka informuje, że może być niebezpieczeństwo przed tobą. Trzymaj się z lewej i nie próbuj wyprzedzać)

11.150. W jaki sposób powinieneś dać znak ręką, że skręcasz w lewo?

1 odp.
A.

B.

C.

D.

Odpowiedź C (użyj gestów ręką, by wspomóc działanie kierunkowskazów. Używaj tylko sygnałów opisanych w Kodeksie Drogowym the Highway Code)

11.151. Czekasz na skrzyżowaniu T-junction. Pojazd nadjeżdża z prawej strony, miga mu lewy kierunkowskaz. Co powinieneś zrobić?

1 odp.
A. ruszyć i ostro przyspieszyć
B. zaczekać, aż pojazd zacznie skręcać

ROAD AND TRAFFIC SIGNS - ZNAKI I SYGNAŁY DROGOWE

C. ruszyć, zanim pojazd dojedzie do skrzyżowania
D. powoli wyjechać

Odpowiedź B (poczekaj, aż będziesz pewien, że pojazd skręca. Kierowca mógł zapomnieć wyłączyć kierunkowskazu lub planuje zatrzymać się po lewej stronie za skrzyżowaniem)

11.152. Kiedy możesz używać świateł ostrzegawczych podczas jazdy?
1 odp.
A. zamiast klaksonu w obszarze zabudowanym pomiędzy 11.30 w nocy a 7 rano
B. na autostradzie lub nieograniczonej dwupasmówce, by ostrzec innych kierowców o niebezpieczeństwie przed tobą
C. na wiejskich trasach, po minięciu znaku ostrzegającym o dzikich zwierzętach
D. na wjeździe na przejścia toucan, gdzie rowerzyści czekają, by przejechać

Odpowiedź B (światła ostrzegawcze powinny być używane tylko, gdy stanowisz tymczasową przeszkodę na autostradzie lub drodze szybkiego ruchu albo ostrzegać o niebezpieczeństwie przed tobą. Nie mogą one być używane jako wymówka podczas nielegalnego lub bezmyślnego parkowania)

11.153. Jedziesz autostradą. Przed tobą jest pojazd powoli poruszający się. Na jego tyle widzisz ten znak. Powinieneś

1 odp.
A. minąć go z prawej strony
B. minąć go z lewej strony
C. zjechać następnym zjazdem z autostrady
D. nie jechać dalej

Odpowiedź B (te znaki są używane, kiedy są roboty na drodze bez zamknięcia pasów ruchu. Strzałka na znaku jasno pokazuje, że powinieneś mijać z lewej strony)

11.154. Nie powinieneś w normalnych warunkach zatrzymywać się na tych oznaczeniach w pobliżu szkoły

1 odp.
A. poza wypadkiem, kiedy zabierasz dzieci ze szkoły
B. pod żadnym warunkiem
C. chyba, że nie ma nigdzie indziej miejsca
D. poza wypadkiem, kiedy wysadzasz dzieci do szkoły

Odpowiedź B (oznaczenia „school keep clear" są umiejscowione tam, gdzie dzieci mogą przekraczać jezdnię koło szkoły. Nigdy nie parkuj w tych miejscach, nawet jeśli wysadzasz lub zabierasz dziecko)

11.155. Dlaczego powinieneś upewnić się, że twój kierunkowskaz został wyłączony po skręcie?
1 odp.
A. by uniknąć rozładowania akumulatora
B. by uniknąć wprowadzania w błąd innych użytkowników drogi
C. by uniknąć oślepiania innych użytkowników drogi
D. by uniknąć uszkodzenia kierunkowskazu

Odpowiedź B (twoje kierunkowskazy mają zarówno słyszalne jak i widzialne kontrolki na twojej tablicy rozdzielczej. Zwracaj na to uwagę i upewnij się, że twoje kierunkowskazy zostaną wyłączone po wykonaniu manewru, aby nie wprowadzać w błąd innych użytkowników drogi)

ROAD AND TRAFFIC SIGNS - ZNAKI I SYGNAŁY DROGOWE

11.156. Jedziesz w dużym nasileniu ruchu. Chcesz się zatrzymać po lewej stronie, tuż po przejechaniu skrzyżowania. Kiedy powinieneś to zasygnalizować?
1 odp.
A. w momencie, gdy mijasz lub tuż po minięciu skrzyżowania
B. tuż, zanim dojedziesz do skrzyżowania
C. na długo, zanim dojedziesz do skrzyżowania
D. byłoby lepiej w ogóle nie sygnalizować

Odpowiedź A (zbyt wczesne sygnalizowanie mogłoby wprowadzać w błąd wyłaniających się kierowców. Mogliby oni myśleć, że zamierzasz skręcić w lewo i wjechać na twój pas ruchu)

DOCUMENTS - DOKUMENTY

12.1. Certyfikat MOT jest ważny
1 odp.
A. do 3 lat po wystawieniu go
B. 10000 mil
C. do roku po wystawieniu go
D. 30000 mil

Odpowiedź C (certyfikat MOT jest ważny tylko przez ROK!)

12.2. A cover note (notka pokrywająca) jest dokumentem ważnym, zanim otrzymasz
1 odp.
A. prawo jazdy
B. certyfikat ubezpieczenia
C. dowód rejestracyjny
D. certyfikat MOT

Odpowiedź B (cover note – notka pokrywająca to tymczasowy certyfikat ubezpieczenia. Sprawdź szczegóły na cover note – upewnij się, że masz nowy certyfikat ubezpieczenia lub cover note przed upłynięciem daty ważności starego)

12.3. Właśnie zdałeś egzamin praktyczny. Nie masz prawa jazdy w innej kategorii. W ciągu 2 lat otrzymujesz 6 punktów karnych. Co będziesz musiał zrobić?
2 odp.
A. podejść jeszcze raz do egzaminu teoretycznego
B. podejść jeszcze raz do egzaminu teoretycznego i praktycznego
C. podejść jeszcze raz do egzaminu praktycznego
D. złożyć jeszcze raz aplikację o pełną licencję
E. złożyć ponownie aplikację o licencję provisional

Odpowiedzi BE (przepisy wobec nowych kierowców mówią o tym, że stracisz swoją licencję i wrócisz do statusu provisional, jeśli zdobędziesz sześć lub więcej punktów karnych w ciągu dwóch lat od daty zdania egzaminu)

12.4. Jak długo jest ważny SORN (Statutory Off Road Notification – tymczasowe wyrejestrowanie pojazdu z jazdy po drogach)?
1 odp.
A. 12 miesięcy
B. 24 miesiące
C. 3 lata
D. 10 lat

Odpowiedź A (deklaracja SORN jest na 12 miesięcy. Musisz poinformować DVLA, jeśli chcesz zarejestrować z powrotem samochód do jazdy na drodze)

12.5. Co to jest deklaracja SORN?
1 odp.
A. notka informująca VOSA, że pojazd nie ma ważnego MOTu
B. informacja dla policji o właścicielu pojazdu
C. notka informująca DVLA, że pojazd nie jest używany na drogach
D. informacja dla firm ubezpieczeniowych, potwierdzająca, że pojazd jest ubezpieczony

Odpowiedź C (niezłożenie deklaracji SORN jest przewinieniem, nawet jeśli nie jeździsz pojazdem po drogach)

12.6. Deklaracja SORN jest po to, by poinformować DVLA, że
1 odp.
A. twój pojazd jest używany na drogach, ale MOT się skończył
B. nie jesteś już właścicielem pojazdu
C. twój pojazd nie jest używany na drogach
D. kupujesz personalną tablicę rejestracyjną

Odpowiedź C (niezłożenie deklaracji SORN jest przewinieniem, nawet jeśli nie jeździsz pojazdem po drogach)

12.7. SORN jest ważny
1 odp.
A. tak długo, jak pojazd ma ważny MOT
B. na 12 miesięcy
C. tylko wtedy, kiedy pojazd jest starszy niż 3 lata
D. kiedy pojazd jest ubezpieczony

DOCUMENTS - DOKUMENTY

Odpowiedź B (deklaracja SORN jest na 12 miesięcy. Musisz poinformować DVLA jeśli chcesz zarejestrować z powrotem samochód do jazdy na drodze)

12.8. SORN ma ważność
1 odp.
A. na całą żywotność pojazdu
B. tak długo, jak jesteś właścicielem pojazdu
C. 12 miesięcy
D. do wygaśnięcia gwarancji na samochód

Odpowiedź C (deklaracja SORN jest na 12 miesięcy. Musisz poinformować DVLA jeśli chcesz zarejestrować z powrotem samochód do jazdy na drodze)

12.9. Jaka jest najwyższa grzywna za jazdę bez ubezpieczenia?
1 odp.
A. 50 funtów
B. 500 funtów
C. 1000 funtów
D. 5000 funtów

Odpowiedź D (jazda bez ubezpieczenia może mieć poważne następstwa. Kara maksymalna o tym świadczy)

12.10. Kto jest odpowiedzialny za uaktualnienie dowodu rejestracyjnego pojazdu V5C?
1 odp.
A. zarejestrowany właściciel pojazdu
B. producent pojazdu
C. firma ubezpieczeniowa
D. władza lokalna (DVLA)

Odpowiedź A (DVLA musi być poinformowane o każdej zmianie mającej wpływ na kierowcę lub właściciela pojazdu. Zarejestrowany właściciel jest odpowiedzialny za informowanie DVLA)

12.11. Dla których z poniższych MUSISZ okazać certyfikat swojego ubezpieczenia?
1 odp.
A. kiedy deklarujesz pojazd jako SORN
B. kiedy kupujesz lub sprzedajesz pojazd
C. kiedy oficer policji cię o to poprosi
D. kiedy masz inspekcję MOT

Odpowiedź C (MUSISZ być w stanie przedstawić certyfikat ważnego ubezpieczenia, kiedy zostaniesz o to poproszony przez oficera policji. Inne dokumenty, o jakie możesz zostać poproszony to prawo jazdy i certyfikat MOT)

12.12. Musisz mieć ważne ubezpieczenie, zanim możesz
1 odp.
A. zadeklarować pojazd jako SORN
B. kupić lub sprzedać pojazd
C. złożyć wniosek o prawo jazdy
D. kupić dysk podatku drogowego

Odpowiedź D (MUSISZ mieć ważne ubezpieczenie zanim wykupisz dysk podatku drogowego. Twój pojazd będzie potrzebował ważnego certyfikatu MOT. Możesz wykupić podatek drogowy przez internet lub na poczcie)

12.13. Twój pojazd potrzebuje ważnego certyfikatu MOT. Dopóki go nie masz, nie będziesz mógł
1 odp.
A. odnowić swojego prawa jazdy
B. zmienić firmy ubezpieczeniowej
C. odnowić dysku podatku drogowego
D. dokonać zmiany adresu

Odpowiedź C (jeśli twój pojazd musi mieć certyfikat MOT, będziesz musiał się upewnić, że jest on ważny, zanim wykupisz dysk podatku drogowego)

12.14. Których TRZECH z poniższych potrzebujesz, zanim zaczniesz legalnie jeździć?
3 odp.
A. ważne, podpisane prawo jazdy
B. ważny dysk podatku drogowego, umieszczony na twoim pojeździe
C. dowód tożsamości
D. odpowiednie ubezpieczenie
E. breakdown cover (ubezpieczenie od awarii)
F. podręcznik pojazdu

Odpowiedzi ABD (używanie pojazdu na drodze nielegalnie, prowadzi do wysokich kar i może doprowadzić do punktów karnych na

DOCUMENTS - DOKUMENTY

twojej licencji. Dokumenty, które musisz posiadać to ważne prawo jazdy, ważny dysk podatku drogowego i odpowiednie ubezpieczenie)

12.15. Kiedy chcesz wykupić podatek drogowy, musisz okazać
1 odp.
A. ważny certyfikat ubezpieczenia
B. stary dysk podatku drogowego
C. podręcznik pojazdu
D. ważne prawo jazdy

Odpowiedź A (by zmniejszyć liczbę kierowców bez ubezpieczenia, możliwe jest wykupienie podatku drogowego tylko, gdy masz ubezpieczenie oraz certyfikat MOT)

12.16. Oficer policji prosi cię o okazanie dokumentów. Nie masz ich przy sobie. Możesz przedstawić je na komendzie w ciągu
1 odp.
A. 5 dni
B. 7 dni
C. 14 dni
D. 21 dni

Odpowiedź B (musisz wskazać na komendę policji, gdzie przedstawisz dokumenty)

12.17. Kiedy chcesz wykupić podatek drogowy, musisz okazać
1 odp.
A. ważny certyfikat ubezpieczenia
B. stary dysk podatku drogowego
C. podręcznik pojazdu
D. ważne prawo jazdy

Odpowiedź A (by zmniejszyć liczbę kierowców bez ubezpieczenia, możliwe jest wykupienie podatku drogowego tylko, gdy masz ubezpieczenie oraz certyfikat MOT)

12.18. Kiedy powinieneś uaktualnić swój dowód rejestracyjny pojazdu (V5C)?
1 odp.
A. kiedy zdasz prawo jazdy
B. kiedy się przeprowadzisz
C. kiedy twój pojazd potrzebuje MOT
D. kiedy miałeś wypadek

Odpowiedź B (DVLA musi być poinformowane o każdej zmianie mającej wpływ na kierowcę lub właściciela pojazdu)

12.19. By móc jeździć po drogach, ci, którzy się uczą, MUSZĄ
1 odp.
A. nie mieć żadnych punktów karnych na swojej licencji
B. wziąć profesjonalne lekcje jazdy
C. mieć podpisaną, ważną licencję provisional
D. złożyć aplikację o test na prawo jazdy w ciągu 12 miesięcy

Odpowiedź C (nie możesz zacząć jeździć, dopóki nie otrzymasz licencji provisional)

12.20. Przed jazdą czyimś pojazdem, powinieneś upewnić się, że
1 odp.
A. właściciel pojazdu posiada ubezpieczenie podstawowe third party
B. twój własny pojazd ma ubezpieczenie
C. pojazd jest ubezpieczony na twój użytek
D. właściciel pojazdu ma przy sobie dokumenty ubezpieczenia

Odpowiedź C (obowiązkiem kierowcy jest upewnić się, że pojazd jest ubezpieczony na jego użytek)

12.21. Twój samochód potrzebuje certyfikatu MOT. Jeśli jeździsz nie posiadając go, to spowoduje, że ważność traci
1 odp.
A. zapis serwisów pojazdu
B. ubezpieczenie
C. podatek drogowy
D. dowód rejestracyjny pojazdu

Odpowiedź B (założeniem polityki ubezpieczenia jest, by pojazd był prowadzony zgodnie z prawem. Jeśli potrzebujesz złożyć skargę i nie masz ważnego przeglądu MOT,

DOCUMENTS - DOKUMENTY

twoja firma ubezpieczeniowa może zadecydować, że nie będzie płacić)

12.22. Ile musisz mieć lat, by móc uczyć kogoś jeździć?
1 odp.
A. 18
B. 19
C. 20
D. 21

Odpowiedź D (musisz mieć co najmniej 21 lat i prawo jazdy od co najmniej 3 lat)

12.23. Nowo wykwalifikowany kierowca musi
1 odp.
A. nakleić zielone tabliczki „L" na pojazd
B. nie przekraczać 40mph przez okres 12 miesięcy
C. jeździć z kimś po autostradzie
D. mieć ważne ubezpieczenie na samochód

Odpowiedź D (jazda bez ubezpieczenia jest przestępstwem)

12.24. Twój pojazd jest ubezpieczony tylko na third party. To pokrywa
3 odp.
A. uszkodzenia twojego pojazdu
B. szkody w razie spalenia twojego pojazdu
C. uszkodzenia zdrowia innych użytkowników drogi
D. uszkodzenie czyjejś własności
E. uszkodzenia innych pojazdów
F. twój uszczerbek na zdrowiu

Odpowiedzi CDE (ubezpieczenie third party nie pokryje szkód twojego pojazdu i twoich w razie wypadku)

12.25. Podatek drogowy „road tax" musisz
1 odp.
A. trzymać z dokumentem rejestracyjnym
B. umieścić w widocznym miejscu na samochodzie
C. trzymać ukryty w swoim pojeździe
D. nosić ze sobą przez cały czas

Odpowiedź B (brak dysku podatku drogowego umiejscowionego w widocznym miejscu jest przewinieniem, nawet jeśli zrobiłeś odpowiednią opłatę)

12.26. Twój samochód potrzebuje certyfikatu MOT. Nie masz go. Dopóki go nie zdobędziesz, nie będziesz mógł odnowić
1 odp.
A. prawa jazdy
B. ubezpieczenia pojazdu
C. dysku podatku drogowego
D. dokumentu rejestracyjnego

Odpowiedź C (by zmniejszyć liczbę kierowców bez ubezpieczenia, wykupienie podatku drogowego jest możliwe tylko, gdy masz ubezpieczenie oraz certyfikat MOT)

12.27. Jakie TRZY informacje znajdziesz w dokumencie rejestracyjnym?
3 odp.
A. zarejestrowanego właściciela pojazdu
B. markę samochodu
C. dane historii serwisów
D. datę MOTu
E. rodzaj ubezpieczenia pojazdu
F. wielkość silnika pojazdu

Odpowiedzi ABF (dokument rejestracyjny jest przeznaczony po to, by unikalnie zidentyfikować pojazd i jego zarejestrowanego właściciela)

12.28. Masz obowiązek poinformować władzę licencyjną, kiedy
3 odp.
A. jedziesz za granicę na wakacje
B. zmieniasz samochód
C. zmieniasz imię/nazwisko
D. zmieniłeś pracę
E. twój stały adres zamieszkania się zmienia
F. twoja praca polega na zagranicznych podróżach

DOCUMENTS - DOKUMENTY

Odpowiedzi BCE (jest przewinieniem, jeśli nie powiadomisz DVLA o jakichkolwiek zmianach mających wpływ na pojazd, którego jesteś właścicielem)

12.29. Musisz powiadomić władzę licencyjną, kiedy
3 odp.
A. twoje zdrowie ma wpływ na zdolność prowadzenia pojazdu
B. twój wzrok odbiega od standardów
C. chcesz komuś pożyczyć samochód
D. twój samochód potrzebuje certyfikatu MOT
E. zmieniasz samochód

Odpowiedzi ABE (jest przewinieniem, jeśli nie powiadomisz DVLA o jakichkolwiek zmianach mających wpływ na twój pojazd lub twoją jazdę)

12.30. Koszt ubezpieczenia może być mniejszy, jeśli
1 odp.
A. masz mniej niż 25 lat
B. nie nosisz okularów
C. zdasz prawo jazdy za pierwszym razem
D. weźmiesz udział w kursie Pass Plus

Odpowiedź D (kurs Pass Plus został stworzony, by pozwolić zdobyć więcej doświadczenia po zdaniu podstawowego egzaminu na prawo jazdy. Niektóre firmy ubezpieczeniowe oferują zniżkę dla tych, którzy odbyli kurs Pass Plus)

12.31. Które z poniższych mogą zmniejszyć koszt ubezpieczenia?
1 odp.
A. ważny certyfikat MOT
B. wzięcie udziału w kursie Pass Plus
C. jazda samochodem o dużej mocy
D. punkty karne na twojej licencji

Odpowiedź B (kurs Pass Plus został stworzony, by pozwolić zdobyć więcej doświadczenia po zdaniu podstawowego egzaminu na prawo jazdy. Niektóre firmy ubezpieczeniowe oferują zniżkę dla tych, którzy odbyli kurs Pass Plus)

12.32. By móc uczyć kogoś jeździć, musisz
2 odp.
A. posiadać pełną licencję co najmniej 3 lata
B. mieć co najmniej 21 lat
C. być akceptowanym instruktorem jazdy
D. mieć certyfikat advanced driving (jazdy zaawansowanej)

Odpowiedzi AB (musisz mieć co najmniej 21 lat i prawo jazdy co najmniej od 3 lat)

12.33. Kiedy jazda samochodem bez certyfikatu MOT jest legalna?
1 odp.
A. do 7 dni po utracie ważności przez stary MOT
B. kiedy jedziesz do centrum MOT, by umówić się na przegląd techniczny
C. tuż po kupieniu samochodu z drugiej ręki, który nie ma MOTu
D. kiedy jedziesz na przegląd do centrum MOT

Odpowiedź D (możesz jechać nim tylko do centrum przeprowadzania MOT na zaaranżowane wcześniej spotkanie)

12.34. Samochody muszą mieć pierwszy przegląd techniczny MOT, kiedy mają
1 odp.
A. rok
B. 3 lata
C. 5 lat
D. 7 lat

Odpowiedź B (obowiązkowe testy MOT dotyczą pojazdów 3letnich i potem co roku)

12.35. Kurs Pass Plus został stworzony dla nowych kierowców. Jakie jest jego główne zadanie?
1 odp.
A. pozwolić jeździć szybciej
B. pozwolić przewozić pasażerów

DOCUMENTS - DOKUMENTY

C. polepszyć podstawowe umiejętności
D. pozwolić jeździć po autostradach

Odpowiedź C (kurs Pass Plus został stworzony, by pozwolić zdobyć więcej doświadczenia po zdaniu podstawowego egzaminu na prawo jazdy. Niektóre firmy ubezpieczeniowe oferują zniżkę dla tych, którzy odbyli kurs Pass Plus)

12.36. Twój pojazd jest ubezpieczony tylko na third party. To pokrywa
2 odp.
A. uszkodzenia twojego pojazdu
B. uszkodzenia innych pojazdów
C. uszkodzenia twojego zdrowia
D. uszkodzenia zdrowia innych kierowców
E. wszystkie obrażenia i rany

Odpowiedzi BD (ubezpieczenie third party nie pokryje uszkodzenia zdrowia lub szkód twojego pojazdu)

12.37. Jakie jest minimalne konieczne ubezpieczenie, by móc jeździć po drogach publicznych?
1 odp
A. third party, fire and theft (podstawowe + ubezpieczenie od kradzieży i pożaru itp.)
B. fully comprehensive (pełne)
C. third party only (podstawowe)
D. personal injury cover (ubezpieczenie osobiste zdrowia)

Odpowiedź C (ubezpieczenie third party jest ubezpieczeniem minimalnym i nie pokryje uszkodzenia twojego zdrowia lub szkód twojego pojazdu)

12.38. Prosisz firmę ubezpieczeniową, by pokryła koszty naprawy twojego samochodu. Twoje ubezpieczenie ma excess 100 funtów. Co to oznacza?
1 odp.
A. firma ubezpieczeniowa zapłaci pierwsze 100 funtów każdej skargi
B. otrzymasz 100 funtów, jeśli nie będziesz miał wypadku w ciągu roku
C. twój pojazd jest ubezpieczony na sumę 100 funtów w razie, gdyby został skradziony
D. będziesz musiał zapłacić pierwsze 100 funtów kosztu naprawy samochodu

Odpowiedź D (posiadanie "policy excess" zmniejszy sumę jaką zapłaci firma ubezpieczeniowa w przypadku wniesienia skargi)

12.39. Kurs Pass Plus został stworzony po to, by
1 odp.
A. dać ci zniżkę na MOT
B. polepszyć twoje podstawowe umiejętności
C. poszerzyć twoją wiedzę mechaniczną na temat pojazdu
D. pozwolić ci na jazdę czyimś pojazdem

Odpowiedź B (kurs Pass Plus został stworzony, by pozwolić zdobyć więcej doświadczenia po zdaniu podstawowego egzaminu na prawo jazdy. Niektóre firmy ubezpieczeniowe oferują zniżkę dla tych, którzy odbyli kurs Pass Plus)

12.40. Poprzez wzięcie udziału w kursie Pass Plus
1 odp.
A. nigdy nie otrzymasz żadnych punktów karnych
B. będziesz mógł serwisować swój własny samochód
C. będziesz mógł jeździć czyimś pojazdem
D. polepszysz swoje podstawowe umiejętności

Odpowiedź D (kurs Pass Plus został stworzony, by pomóc zdobyć więcej doświadczenia po zdaniu podstawowego egzaminu na prawo jazdy. Niektóre firmy ubezpieczeniowe oferują zniżkę dla tych, którzy odbyli kurs Pass Plus)

DOCUMENTS - DOKUMENTY

12.41. Kurs Pass Plus jest skierowany do nowych kierowców. Pozwala im na
1 odp.
A. poszerzenie ich doświadczenia w kierowaniu pojazdem
B. uczenie jazdy innych
C. zwiększenie składki ubezpieczenia
D. uniknięcie awarii mechanicznych

Odpowiedź A (wraz ze zdobyciem doświadczenia, twoje podstawowe umiejętności się polepszą. Niektóre firmy ubezpieczeniowe oferują zniżkę dla tych, którzy odbyli kurs Pass Plus)

12.42. Nowi kierowcy mogą dalej się uczyć po zdaniu egzaminu praktycznego. Kurs Pass Plus pomoże im
2 odp.
A. polepszyć podstawowe umiejętności
B. poszerzyć ich doświadczenie
C. zwiększyć składkę na ubezpieczenie
D. uzyskać tańszy podatek drogowy

Odpowiedzi AB (wraz ze zdobyciem doświadczenia, twoje podstawowe umiejętności się polepszą. Niektóre firmy ubezpieczeniowe oferują zniżkę dla tych, którzy odbyli kurs Pass Plus)

12.43. Kurs Pass Plus został stworzony przez DSA dla nowo wykwalifikowanych kierowców. Jego celem jest
1 odp.
A. polepszenie podstawowych umiejętności
B. zmniejszenie kosztu prawa jazdy
C. zapobieganie płaceniu congestion charges (opłat za zatłoczenie)
D. zezwolenie na uczenie innych jeździć

Odpowiedź A (wraz ze zdobyciem doświadczenia, twoje podstawowe umiejętności się polepszą. Niektóre firmy ubezpieczeniowe oferują zniżkę dla tych, którzy odbyli kurs Pass Plus)

12.44. Kiedy musisz okazać zaświadczenie ubezpieczenia samochodu?
1 odp.
A. kiedy podchodzisz do egzaminu na samochód
B. kiedy kupujesz lub sprzedajesz pojazd
C. kiedy policja cię o to poprosi
D. kiedy masz przegląd (MOT) pojazdu

Odpowiedź C (kiedy oficer policji poprosi cię o okazanie ubezpieczenia, musisz to zrobić lub okazać je na komendzie policji w określonym czasie)

12.45. Których TRZECH z poniższych potrzebujesz, zanim zaczniesz legalnie jeździć?
3 odp.
A. ważne prawo jazdy
B. ważny dysk podatku drogowego, umieszczony na twoim pojeździe
C. zapis serwisowy pojazdu
D. odpowiednie ubezpieczenie
E. breakdown cover (ubezpieczenie od awarii)
F. podręcznik pojazdu

Odpowiedzi ABD (jazda bez posiadania odpowiednich dokumentów jest przewinieniem)

12.46. Znajomy chce ci pomóc uczyć się jeździć. Musi on mieć
1 odp.
A. powyżej 21 lat i mieć pełną licencję co najmniej od roku
B. powyżej 18 lat i mieć certyfikat zaawansowanego kierowcy
C. powyżej 18 lat i mieć ubezpieczenie pełne comprehensive
D. powyżej 21 lat i mieć pełną licencję co najmniej od 3 lat

Odpowiedź D (by pomóc ci w nauce jazdy, twój znajomy musi mieć co najmniej 21 lat i mieć prawo jazdy co najmniej 3 lata)

DOCUMENTS - DOKUMENTY

12.47. Twoje ubezpieczenie ma excess 100 funtów. Co to oznacza?
1 odp.
A. firma ubezpieczeniowa zapłaci pierwsze 100 funtów każdej skargi
B. otrzymasz 100 funtów, jeśli nie będziesz miał wypadku
C. twój pojazd jest ubezpieczony na sumę 100 funtów w razie, gdyby został skradziony
D. będziesz musiał zapłacić pierwsze 100 funtów każdej skargi

Odpowiedź D (posiadanie "policy excess" zmniejsza sumę jaką firma ubezpieczeniowa musi zapłacić w przypadku złożenia skargi)

ACCIDENTS - WYPADKI

13.1. Widzisz samochód na poboczu autostrady, ze znakiem „help". To oznacza najprawdopodobniej, że kierowca jest
1 odp.
A. osobą niepełnosprawną
B. wykwalifikowany w udzielaniu pierwszej pomocy
C. zagranicznym turystą
D. osobą z patrolu rescue (udzielania pomocy)

Odpowiedź A (znak HELP zazwyczaj oznacza, że kierowca ma problem z poruszaniem się i potrzebuje pomocy)

13.2. Dla których dwóch powinieneś używać świateł ostrzegawczych?
2 odp.
A. kiedy jesteś zmuszony nagle zwolnić na autostradzie, z powodu niebezpieczeństwa przed tobą
B. kiedy masz awarię
C. kiedy chcesz się zatrzymać na podwójnej żółtej linii
D. kiedy potrzebujesz zaparkować na chodniku

Odpowiedzi AB (światła ostrzegawcze powinny być używane, kiedy stanowisz przeszkodę na drodze szybkiego ruchu lub autostradzie lub, gdy chcesz ostrzec o niebezpieczeństwie przed tobą. Nie mogą one być używane jako wymówka podczas nielegalnego parkowania)

13.3. Kiedy możesz użyć świateł ostrzegawczych?
1 odp.
A. kiedy zatrzymałeś się i zawadzasz na drodze
B. podczas podróży w ciemności bez świateł
C. kiedy zaparkowałeś na podwójnej żółtej linii, będąc na zakupach
D. kiedy jedziesz powoli, ponieważ zgubiłeś się

Odpowiedź A (światła ostrzegawcze powinny być używane, kiedy stanowisz przeszkodę na drodze szybkiego ruchu lub autostradzie albo chcesz ostrzec o niebezpieczeństwie przed tobą. Nie mogą one być używane jako wymówka podczas nielegalnego parkowania)

13.4. Jedziesz przez zatłoczony tunel i musisz się zatrzymać. Co powinieneś zrobić?
1 odp.
A. podjechać blisko do pojazdu z przodu, by zaoszczędzić miejsce
B. zignorować jakiekolwiek znaki informacyjne, one nigdy nie są aktualne
C. utrzymywać bezpieczną odległość od pojazdu z przodu
D. zawrócić i znaleźć inną trasę

Odpowiedź C (utrzymuj stosowną odległość od pojazdu z przodu – możesz być zmuszony wykonać manewr lub ustąpić pierwszeństwa pojazdom nagłych wypadków, jeśli będzie wypadek przed tobą)

13.5. Na autostradzie, pobocze hard shoulder powinno być używane
1 odp.
A. by odebrać telefon komórkowy
B. kiedy znajdujesz się w sytuacji wyjątkowej
C. dla krótkiego odpoczynku, kiedy jesteś zmęczony
D. by sprawdzić mapę

Odpowiedź B (pobocze na autostradzie powinno być używane tylko do nagłych wypadków)

13.6. Pojawiasz się na miejscu kraksy. Ktoś krwawi, ma ranę na ramieniu. Nic nie ma w środku rany. Co powinieneś zrobić?
1 odp.
A. ucisnąć miejsce powyżej rany i trzymać rękę rannego w dół
B. ucisnąć ranę
C. dać ofierze coś do picia
D. ucisnąć miejsce poniżej rany i unieść ramię rannego do góry

Odpowiedź D (jeśli jesteś pewien, że nie ma nic w ranie, zastosuj ucisk i unieś kończynę by zmniejszyć krwawienie)

ACCIDENTS - WYPADKI

13.7. Jesteś na miejscu wypadku, w wyniku którego ofiara jest nieprzytomna. Należy sprawdzić czy oddycha. Powinno to być wykonywane przez co najmniej
1 odp.
A. 2 sekundy
B. 10 sekund
C. 1 minutę
D. 2 minuty

Odpowiedź B (by ustalić oddychanie, spójrz czy klatka piersiowa się unosi i posłuchaj oddechu ofiary. Każdy, kto normalnie oddycha, powinien łapać oddech w ciągu 10 sekund)

13.8. W wyniku kolizji ktoś jest poparzony. Poparzenie musi być schłodzone. Jaki jest najkrótszy czas, przez który powinno być ono chłodzone?
1 odp.
A. 5 minut
B. 10 minut
C. 15 minut
D. 20 minut

Odpowiedź B (oparzenia powinny być chłodzone tak długo jak to możliwe, by uniknąć większych szkód. Ochładzaj oparzenia przynajmniej przez 10 minut)

13.9. W wyniku kolizji ktoś jest poparzony. Poparzenie musi być schłodzone. Jaki jest najkrótszy czas, przez który powinno być ono chłodzone?
1 odp.
A. 30 sekund
B. 50 sekund
C. 5 minut
D. 10 minut

Odpowiedź D (oparzenia powinny być chłodzone tak długo jak to możliwe, by uniknąć większych szkód. Ochładzaj oparzenia przynajmniej przez 10 minut)

13.10. Ofiara nie oddycha normalnie. Powinien być zastosowany ucisk na klatkę piersiową. Z jaką częstotliwością?
1 odp.
A. 50 na minutę
B. 100 na minutę
C. 200 na minutę
D. 250 na minutę

Odpowiedź B (zastosuj ucisk na klatkę piersiową zaraz jak dostrzeżesz, że ofiara nie oddycha normalnie. Ucisk na klatkę piersiową powoduje, że powietrze dostaje się do płuc i krew zaczyna obieg)

13.11. Osoba została ranna. Może ona być w szoku. Jakie są tego objawy?
1 odp.
A. zarumieniona cera
B. ciepła, sucha skóra
C. słaby puls
D. blada, szara skóra

Odpowiedź D (blada skóra, uczucie chłodu spowodowane poceniem się oraz szybki puls są oznaką szoku)

13.12. Podejrzewasz, że ranna osoba może być w szoku. Jakie są tego oznaki?
1 odp.
A. ciepła, sucha skóra
B. pocenie się
C. słaby puls
D. wysypka skórna

Odpowiedź B (blada skóra, uczucie chłodu spowodowane poceniem się oraz szybki puls są oznaką szoku)

13.13. Osoba ranna została ułożona w pozycji ustalonej. Jest nieprzytomna, ale oddycha normalnie. Co jeszcze powinieneś zrobić?
1 odp.
A. ucisnąć ją między łopatkami
B. ułożyć jej ramiona wzdłuż ciała
C. dać jej gorący słodki napój do picia
D. sprawdzić, czy drogi oddechowe są udrożnione

Odpowiedź D (otwórz szczękę, by sprawdzić czy w ustach nic nie ma, poluzuj jakiekolwiek ciasne ubranie)

ACCIDENTS - WYPADKI

13.14. Ranny motocyklista leży nieprzytomny na drodze. Powinieneś
1 odp.
A. zdjąć mu kask
B. poszukać pomocy medycznej
C. przesunąć go z drogi
D. zdjąć mu kurtkę skórzaną

Odpowiedź B (nie powinieneś próbować zdejmować ubrania ochronnego rannemu motocykliście. Mógłbyś spowodować większe obrażenia. Poszukaj pomocy)

13.15. Jesteś na autostradzie. Duże pudło wypada z ciężarówki na drogę. Ciężarówka nie zatrzymuje się. Powinieneś
1 odp.
A. udać się do telefonu nagłych wypadków i poinformować policję
B. dogonić ciężarówkę i spróbować zwrócić uwagę kierowcy
C. zatrzymać się w pobliżu pudła i pozostać tam aż do momentu, kiedy przyjedzie policja
D. zjechać na pobocze, po czym usunąć pudło z drogi

Odpowiedź A (zatrzymywanie się lub chodzenie pieszo po drodze szybkiego ruchu lub autostradzie jest niebezpieczne i niezgodne z prawem. Użyj telefonu nagłych wypadków, by poinformować o zdarzeniu policję)

13.16. Jedziesz przez tunel. Na co powinieneś zwrócić uwagę, co ostrzeże cię o wypadkach lub zatłoczeniu?
1 odp.
A. linie ostrzegające
B. inni kierowcy migający światłami
C. różne znaki informacyjne
D. oznaczone miejsca

Odpowiedź C (różnorodne znaki informacyjne są tam po to, by ostrzec cię o jakichkolwiek problemach. Zwróć na nie uwagę i postępuj zgodnie z instrukcjami)

13.17. Ofiara wypadku nie oddycha. By wznowić cyrkulację, powinien być zastosowany ucisk na klatkę piersiową. Jaka jest prawidłowa głębokość ucisku?
1 odp.
A. 1 do 2 centymetrów
B. 4 do 5 centymetrów
C. 10 do 15 centymetrów
D. 15 do 20 centymetrów

Odpowiedź B (powinieneś uciskać klatkę piersiową dostatecznie mocno, by krew z serca zaczęła krążyć po całym ciele. Zbyt mocny ucisk mógłby spowodować większe uszkodzenia u ofiary)

13.18. Jesteś pierwszą osobą na miejscu wypadku. Które DWA z poniższych powinieneś zrobić?
2 odp.
A. odjechać, zaraz jak ktoś inny przyjedzie
B. wyłączyć silniki pojazdów
C. oddalić wszystkie osoby od ich pojazdów
D. zadzwonić po serwisy nagłych wypadków

Odpowiedzi BD (nie oczekuj, że ktoś inny się tym zajmie. Nie narażaj się na niebezpieczeństwo – bądź praktyczny, nawet jeśli nie znasz zasad udzielania pierwszej pomocy)

13.19. Na miejscu wypadku powinieneś
1 odp.
A. nie narażać się na niebezpieczeństwo
B. iść do tych rannych, którzy krzyczą
C. wyciągnąć wszystkich z ich pojazdów
D. pozostawić włączone silniki pojazdów

Odpowiedź A (nigdy nie narażaj się na niebezpieczeństwo na miejscu wypadku. Nie ma sensu dodawać cię do listy poszkodowanych!)

13.20. Jesteś pierwszą osobą na miejscu wypadku, w którym ludzie są poważnie ranni. Które TRZY powinieneś zrobić?

ACCIDENTS - WYPADKI

3 odp.
A. włączyć swoje światła ostrzegawcze
B. upewnić się, że ktoś zadzwonił po ambulans
C. spróbować nakłonić ranne osoby, by napiły się czegoś
D. odsunąć ranne osoby od ich pojazdów
E. odsunąć z miejsca wypadku osoby, które nie są ranne

Odpowiedzi ABE (nigdy nie dawaj jedzenia i picia osobom uwikłanym w wypadek. Nie ruszaj rannych, chyba że jest dalsze niebezpieczeństwo)

13.21. Pojawiasz się na miejscu wypadku. Motocyklista jest ranny. Kiedy powinien być zdjęty kask?
1 odp.
A. tylko, jeśli to konieczne
B. zawsze od razu
C. tylko, jeśli motocyklista o to poprosi
D. zawsze, chyba że ranny jest w szoku

Odpowiedź A (mogłoby być niebezpiecznym, jeśli zdjąłbyś kask. Zrób to tylko wtedy, gdy jest to niezbędne, by utrzymać ofiarę przy życiu, np. by mogła oddychać)

13.22. Pojawiasz się na miejscu poważnego wypadku motocyklowego. Motocyklista jest nieprzytomny i krwawi. Co powinieneś wykonać najpierw?
3 odp.
A. starać się powstrzymać krwawienie
B. zrobić listę świadków wypadku
C. sprawdzić oddech rannego
D. spisać numery pojazdów uczestniczących w wypadku
E. pozamiatać szczątki plastiku z drogi
F. sprawdzić drogi oddechowe rannego

Odpowiedzi ACF (w przypadku każdej poszkodowanej osoby, zawsze sprawdź najpierw czy oddycha i czy drogi oddechowe są udrożnione. Potem przejdź do ewentualnych krwawień)

13.23. Pojawiasz się na miejscu wypadku. Motocyklista jest nieprzytomny. Najpierw powinieneś sprawdzić u ofiary
1 odp.
A. oddychanie
B. krwawienie
C. złamane kości
D. siniaki

Odpowiedź A (w przypadku każdej poszkodowanej osoby, zawsze sprawdź najpierw czy oddycha i czy drogi oddechowe są udrożnione. Potem przejdź do ewentualnych krwawień)

13.24. Na miejscu wypadku ofiara jest nieprzytomna. Które TRZY powinieneś sprawdzić jak najszybciej?
3 odp.
A. krążenie ofiary
B. drogi oddechowe ofiary
C. czy ofiara jest w szoku
D. oddychanie ofiary
E. czy ofiara ma złamane kości

Odpowiedzi ABD (OOO obieg, drogi oddechowe, oddychanie!)

13.25. Pojawiasz się na miejscu, w którym właśnie wydarzył się wypadek i ktoś jest nieprzytomny. Które z poniższych powinno być wykonane najpierw?
3 odp.
A. udrożnić drogi oddechowe
B. spróbować dać mu coś do picia
C. sprawdzić czy ofiara oddycha
D. rozejrzeć się za świadkami zdarzenia
E. zatamować jakiekolwiek mocne krwawienie
F. spisać numery pojazdów uwikłanych w wypadek

Odpowiedzi ACE (w przypadku każdej poszkodowanej osoby, zawsze sprawdź najpierw czy oddycha i czy drogi oddechowe są

ACCIDENTS - WYPADKI

udrożnione. Potem przejdź do ewentualnych krwawień)

13.26. Na miejscu wypadku ktoś jest nieprzytomny. Powinieneś najpierw
3 odp.
A. pozamiatać stłuczone szkło
B. spisać nazwiska świadków
C. policzyć ilość pojazdów uwikłanych w wypadek
D. sprawdzić, czy drogi oddechowe ofiary nie są zablokowane
E. upewnić się, czy ofiara oddycha
F. zatamować jakiekolwiek mocne krwawienie

Odpowiedzi DEF (w przypadku każdej poszkodowanej osoby, zawsze sprawdź najpierw czy oddycha i czy drogi oddechowe są udrożnione. Potem przejdź do ewentualnych krwawień)

13.27. Zatrzymałeś się na miejscu wypadku, by udzielić pomocy. Które TRZY rzeczy powinieneś zrobić?
3 odp.
A. zapewnić ciepło i komfort rannym
B. uspokajać ranne osoby poprzez rozmowę
C. zapewnić rannym osobom ruch, poprzez spacerowanie z nimi
D. podać rannym osobom coś ciepłego do picia
E. upewnić się, że ranne osoby nie są pozostawione same

Odpowiedzi ABE (szok może zabić ofiarę wypadku. Zapewnij jej ciepło i spokój i upewnij się, że nie jest ona pozostawiona sama)

13.28. Pojawiasz się na miejscu, w którym przed chwilą wydarzył się wypadek i ktoś jest ranny. Które TRZY z poniższych powinny zostać wykonane najpierw?
3 odp.
A. zatamować jakiekolwiek poważne krwotoki
B. dać rannemu coś ciepłego do picia
C. sprawdzić czy jego oddychanie jest w porządku
D. spisać numery uwikłanych w wypadek pojazdów
E. poszukać świadków
F. udrożnić drogi oddechowe rannego i upewnić się, że nie są one zablokowane

Odpowiedzi ACF (w przypadku każdej poszkodowanej osoby, zawsze sprawdź najpierw czy oddycha i czy drogi oddechowe są udrożnione. Potem przejdź do ewentualnych krwawień)

13.29. Którego z poniższych nie powinieneś robić na miejscu wypadku?
1 odp.
A. ostrzegać innych poprzez włączenie swoich świateł awaryjnych
B. zadzwonić niezwłocznie po serwisy nagłych wypadków
C. zaproponować komuś papierosa, by go uspokoić
D. poprosić kierowców o wyłączenie silników w swoich pojazdach

Odpowiedź C (zawsze trzymaj się zakazu palenia na miejscu wypadku, jest ryzyko eksplozji rozlanego paliwa)

13.30. Był wypadek. Kierowca jest w szoku. Powinieneś
2 odp.
A. dać mu coś do picia
B. pocieszyć go
C. nie zostawiać go samego
D. zaproponować mu papierosa
E. zapytać, kto spowodował wypadek

Odpowiedzi BC (szok może zabić ofiarę wypadku. Zapewnij jej ciepło i spokój i upewnij się, że nie jest ona pozostawiona sama. Nie pozwól jej palić, jeść czy pić – może mieć ona obrażenia wewnętrzne)

13.31. Musisz wyprowadzić kogoś z szoku na miejscu wypadku. Powinieneś
1 odp.

ACCIDENTS - WYPADKI

A. cały czas go pocieszać
B. oprowadzać go wokół, by go uspokoić
C. dać mu coś zimnego do picia
D. uspokoić go tak szybko, jak to możliwe

Odpowiedź A (szok może zabić ofiarę wypadku. Zapewnij jej ciepło i spokój i upewnij się, że nie jest ona pozostawiona sama. Nie pozwól jej palić, jeść czy pić – może mieć ona obrażenia wewnętrzne)

13.32. Pojawiasz się na miejscu wypadku motocyklowego. Żaden inny pojazd nie uczestniczył w tym wypadku. Motocyklista jest nieprzytomny, leży na środku drogi. Co powinieneś zrobić najpierw?
1 odp.
A. usunąć motocyklistę z drogi
B. ostrzec nadjeżdżający ruch
C. usunąć odłamki z drogi
D. pocieszyć motocyklistę

Odpowiedź B (ochroń siebie i kierowcę przed dalszym niebezpieczeństwem poprzez ostrzeżenie pozostałego ruchu. Użyj świateł ostrzegawczych. Uzyskaj pomoc tak szybko, jak to możliwe)

13.33. Na miejscu wypadku małe dziecko nie oddycha. Podczas metody usta - usta powinieneś oddychać
1 odp.
A. ostro
B. delikatnie
C. ciężko
D. gwałtownie

Odpowiedź B (dmuchaj w płuca dziecka delikatnie – pamiętaj, że są one znacznie mniejsze niż twoje. Ostry, gwałtowny i ciężki oddech może spowodować kolejne uszkodzenia)

13.34. By rozpocząć oddychanie usta – usta, powinieneś
3 odp.
A. pochylić głowę ofiary do przodu
B. udrożnić drogi oddechowe

C. położyć ofiarę na bok
D. odchylić głowę ofiary do tyłu
E. ścisnąć nozdrza nosa ofiary
F. skrzyżować ręce ofiary na jej klatce piersiowej

Odpowiedzi BDE (sprawdź czy są drożne drogi oddechowe, ściśnij nozdrza nosa i przechyl brodę do tyłu, by zastosować oddychanie usta-usta)

13.35. Pojawiasz się na miejscu wypadku. Był pożar silnika i czyjeś ręce i ramiona zostały poparzone. Nie powinieneś
1 odp.
A. oblewać poparzeń zimnym płynem
B. kłaść ofiary
C. odklejać czegokolwiek przyczepionego do poparzenia
D. pocieszać ofiary

Odpowiedź C (usuwanie ubrania czy odłamków z poparzenia mogłoby unieść naskórek i narazić ranę na infekcje)

13.36. Pojawiasz się na miejscu wypadku, gdzie ktoś został poparzony. Powinieneś
1 odp.
A. zaaplikować płyny na ranę
B. przekłuć pęcherze
C. usunąć cokolwiek, co jest przyklejone do poparzonych miejsc
D. oblać poparzenia zimnym płynem

Odpowiedź D (polej oparzenia czystą wodą lub napojem z butelki. Nie próbuj niczego innego. Usuwanie odłamków z poparzonej rany mógłby narazić ofiarę na infekcję)

13.37. Pojawiasz się na miejscu wypadku. Pieszy ma krwotok na nodze, chociaż nie jest ona złamana. Co powinieneś zrobić?
2 odp.
A. zatkać ranę, by przestała krwawić
B. ułożyć jego obie nogi płasko na ziemi
C. przycisnąć ranę

ACCIDENTS - WYPADKI

D. podnieść jego nogę, by zmniejszyć krwotok
E. dać ofierze coś ciepłego do picia

Odpowiedzi CD (najlepszym sposobem na zatrzymanie krwawienia jest ucisk na ranę i uniesienie kończyny, by zmniejszyć dopływ krwi do rany. Nigdy nie dawaj ofierze jedzenia lub picia)

13.38. Na miejscu wypadku ofiara jest nieprzytomna, ale wciąż oddycha. Powinieneś przesunąć ją tylko, jeśli
1 odp.
A. ambulans jest w drodze
B. osoby stojące z boku tak ci doradzą
C. nadciąga dalsze niebezpieczeństwo
D. osoby stojące z boku pomogą ci

Odpowiedź C (nie powinieneś ruszać ofiary, chyba że nadciąga dalsze niebezpieczeństwo. Przesuwanie ofiary mogłoby pogorszyć jej stan)

13.39. Na miejscu wypadku podejrzewasz, że ofiara ma uszkodzenia kręgosłupa. Miejsce jest bezpieczne. Powinieneś
1 odp.
A. zaproponować ofierze coś do picia
B. nie ruszać ofiary
C. unieść nogi ofiary
D. zaproponować ofierze papierosa

Odpowiedź B (nie powinieneś ruszać ofiary, chyba że nadciąga dalsze niebezpieczeństwo. Przesuwanie ofiary mogłoby pogorszyć jej stan, zwłaszcza, jeśli podejrzewasz uszkodzenia kręgosłupa lub karku)

13.40. Na miejscu wypadku ważna jest opieka nad rannymi. Kiedy miejsce jest bezpieczne, powinieneś
1 odp.
A. wyciągnąć ich z samochodu
B. dać im coś do picia
C. dać im coś do jedzenia
D. pozostawić ich w pojazdach

Odpowiedź D (nie powinieneś ruszać ofiary, chyba że nadciąga dalsze niebezpieczeństwo. Przesuwanie ofiary mogłoby pogorszyć jej stan)

13.41. Cysterna jest uwikłana w wypadek. Który znak pokazuje, że cysterna przewozi materiały niebezpieczne?
1 odp.
A.

B.

C.

D.

Odpowiedź B (pomarańczowa plakietka na cysternach oznacza materiały niebezpieczne. Naucz się znaczenia symboli z Kodeksu Drogowego The Highway Code)

13.42. O które trzy dokumenty może poprosić cię policja po wypadku?
3 odp.
A. dokument rejestracyjny pojazdu
B. prawo jazdy
C. zaświadczenie zdania testu teoretycznego
D. zaświadczenie o ubezpieczeniu
E. certyfikat przeglądu (MOT)
F. podatek drogowy

Odpowiedzi BDE (jest przestępstwem nie przedstawić dokumentów, gdy poprosi cię o to policja. Jeśli nie masz ich przy sobie, możesz wskazać komendę policji, na którą zobowiążesz się je dostarczyć w ciągu 7 dni)

13.43. Po wypadku ktoś jest nieprzytomny w swoim pojeździe. Kiedy powinieneś zadzwonić po serwisy nagłych wypadków?

ACCIDENTS - WYPADKI

1 odp.
A. tylko w ostateczności
B. tak szybko, jak to możliwe
C. po tym, jak ocucisz ofiarę
D. po sprawdzeniu, czy kości nie są złamane

Odpowiedź B (tak szybko jak to możliwe. Ofiara wypadku może być poważnie ranna)

13.44. Na miejscu wypadku ofiara ma zranioną rękę. Może nią poruszać, ale krwawi. Dlaczego powinna trzymać ją w uniesionej pozycji?
1 odp.
A. ponieważ zmniejszy to ból
B. pozwoli to dostrzec ofiarę
C. by nie dotykać nią innych osób
D. pomoże to zmniejszyć krwotok

Odpowiedź D (uniesienie kończyny zmniejszy przepływ krwi. Zastosuj ucisk na ranę)

13.45. Jedziesz tunelem. Jaki jest system ostrzegania o wypadkach lub zatłoczeniu?
1 odp.
A. podwójna biała linia pośrodku
B. różnorodne znaki informacyjne
C. oznaczenia odległości między pojazdami, namalowane na drodze (chevrons)
D. pasy huku

Odpowiedź B (różnorodne znaki informacyjne są tam po to, by ostrzec cię o jakichkolwiek problemach. Zwróć na nie uwagę i postępuj zgodnie z instrukcjami)

13.46. Właśnie zdarzył się wypadek. Ranna osoba leży na ruchliwej drodze. Jaka jest pierwsza rzecz, jaką powinieneś zrobić, by pomóc?
1 odp.
A. otrząsnąć ofiarę z szoku
B. ostrzec innych użytkowników drogi
C. ułożyć ją w pozycji ustalonej
D. upewnić się, że rannej osobie jest ciepło

Odpowiedź B (ostrzeż inny ruch, by zmniejszyć ryzyko dalszego niebezpieczeństwa)

13.47. Na miejscu wypadku ofiara przestała oddychać. Powinieneś
2 odp.
A. usunąć wszystko, co blokuje jej usta
B. pochylić jej głowę do przodu tak bardzo, jak to możliwe
C. unieść jej nogi, by pomóc w cyrkulacji
D. spróbować dać ofierze coś do picia
E. odchylić jej głowę lekko do tyłu, by udrożnić drogi oddechowe

Odpowiedzi AE (zawsze sprawdź czy są udrożnione drogi oddechowe, gdy ktoś przestał oddychać)

13.48. Jesteś na miejscu wypadku. Ktoś jest w szoku. Powinieneś
4 odp.
A. pocieszać go cały czas
B. zaoferować mu papierosa
C. utrzymywać go w cieple
D. unikać ruszania go, jeśli to możliwe
E. unikać pozostawienia go samego
F. dać mu coś ciepłego do picia

Odpowiedzi ACDE (nie pozwól nikomu palić papierosów na miejscu wypadku. Nie podawaj nikomu jedzenia i picia)

13.49. Był wypadek. Motocyklista leży ranny. Jest nieprzytomny. Jeśli nie jest to konieczne, dlaczego nie powinieneś próbować zdjąć mu kasku?
1 odp.
A. ponieważ może on tego nie chcieć
B. mogłoby to spowodować bardziej poważne rany
C. jeśli to zrobisz, będzie mu zimno
D. ponieważ możesz porysować kask

ACCIDENTS - WYPADKI

Odpowiedź B (zdjęcie kasku mogłoby być niebezpieczne, zrób to tylko, jeśli to niezbędne, by utrzymać ofiarę przy życiu, np., by zastosować oddychanie usta-usta)

13.50. Masz awarię na drodze dwukierunkowej. Masz trójkąt ostrzegawczy. Jak daleko od pojazdu powinieneś go postawić?

1 odp.
A. 5 metrów (16 stóp)
B. 25 metrów (82 stopy)
C. 45 metrów (147 stóp)
D. 100 metrów (328 stóp)

Odpowiedź C (trójkąt ostrzegawczy musi być dostatecznie daleko, aby mógł właściwie ostrzec. Możesz ustawić go więcej niż 45 metrów od pojazdu jeśli jest on np. za zakrętem lub górką)

13.51. Masz awarię na przejeździe kolejowym. Światła nie zaczęły jeszcze migać. Które TRZY rzeczy powinieneś zrobić?
3 odp.
A. zadzwonić do operatora
B. zostawić swój pojazd i oddalić od niego wszystkich
C. pójść wzdłuż torów i ostrzec następny pociąg
D. przemieścić pojazd, jeśli operator ci to nakaże
E. powiedzieć kierowcom z tyłu, co się stało

Odpowiedzi ABD (najważniejszą rzeczą jest kazać wszystkim wysiąść z samochodu i oddalić ich od przejazdu. Zadzwoń do operatora przez telefon, który jest przed przejazdem i zastosuj się do jego instrukcji)

13.52. Rozrywa ci oponę podczas jazdy. Które DWIE rzeczy powinieneś zrobić?
2 odp.
A. zaciągnąć hamulec ręczny
B. zahamować tak szybko, jak to możliwe
C. zjechać powoli na obrzeże drogi
D. trzymać mocno kierownicę, by utrzymać kontrolę nad pojazdem
E. kontynuować jazdę z normalną prędkością

Odpowiedzi CD (płaska opona będzie miała wpływ na kierowanie oraz hamowanie. Trzymaj mocno kierownicę i jeśli to możliwe, pozwól się pojazdowi toczyć do zatrzymania, po czym zaciągnij hamulec ręczny)

13.53. Które DWIE rzeczy powinieneś zrobić, kiedy rozerwie ci oponę?
2 odp.
A. zaciągnąć hamulec ręczny i zatrzymać pojazd
B. zahamować mocno i szybko
C. pozwolić pojazdowi toczyć się do zatrzymania
D. trzymać lekko kierownicę
E. złapać mocno kierownicę

Odpowiedzi CE (płaska opona będzie miała wpływ na kierowanie oraz hamowanie. Trzymaj mocno kierownicę i jeśli to możliwe, pozwól się pojazdowi toczyć do zatrzymania, po czym zaciągnij hamulec ręczny)

13.54. Twój pojazd łapie gumę na autostradzie. Co powinieneś zrobić?
1 odp.
A. jechać powoli do następnego miejsca serwisowego, by uzyskać pomoc
B. zjechać na pobocze. Zmienić koło tak szybko, jak to możliwe
C. zjechać na pobocze. Użyć telefonu nagłych wypadków, by uzyskać pomoc
D. włączyć światła ostrzegawcze. Zatrzymać się na swoim pasie

Odpowiedź C (zjedź nim na pobocze. Nie próbuj zmieniać koła bez pomocy)

ACCIDENTS - WYPADKI

13.55. Zgasł ci silnik pośrodku przejazdu kolejowego i nie możesz go ponownie zapalić. Zaczyna dzwonić ostrzegawczy dzwonek. Powinieneś
1 odp.
A. wysiąść z samochodu i odsunąć się od przejazdu
B. pobiec wzdłuż torów, by ostrzec operatora
C. dalej próbować zapalić silnik
D. przepchnąć pojazd przez przejazd kolejowy

Odpowiedź A (najważniejszą rzeczą jest wysadzenie wszystkich z pojazdu i odsunięcie ich od przejazdu kolejowego)

13.56. Jesteś na autostradzie. Kiedy możesz użyć świateł ostrzegawczych?
2 odp.
A. kiedy pojazd z tyłu jedzie zbyt blisko ciebie
B. kiedy musisz szybko zwolnić, ze względu na niebezpieczeństwo przed tobą
C. kiedy holujesz inny pojazd
D. kiedy jedziesz poboczem
E. kiedy masz awarię i stoisz na poboczu

Odpowiedzi BE (światła ostrzegawcze mogą być użyte na chwilę na drogach szybkiej jazdy, by ostrzec o niebezpieczeństwie przed tobą)

13.57. Masz awarię na autostradzie. Kiedy użyjesz telefonu nagłych wypadków, zostaniesz zapytany
3 odp.
A. o numer telefonu, z którego dzwonisz
B. o dane twojego prawa jazdy
C. o nazwę firmy, która cię ubezpiecza
D. o twoje dane oraz dane twojego pojazdu
E. o to, czy należysz do organizacji motorowej

Odpowiedzi ADE (zostaniesz zapytany o szczegóły po to, aby serwisy nagłych wypadków mogły rozeznać się w twoim problemie)

13.58. Co powinieneś zrobić przed wjazdem do tunelu?
1 odp.
A. wyłączyć radio
B. zdjąć okulary przeciwsłoneczne
C. zamknąć szyber dach
D. włączyć wycieraczki

Odpowiedź B (twoje oczy potrzebują czasu, by przyzwyczaić się do innych warunków świetlnych. Zdejmij okulary słoneczne przed wjazdem do tunelu)

13.59. Jedziesz przez tunel i ruch jest normalny. Jakich świateł powinieneś użyć?
1 odp.
A. parkingowych
B. przednich
C. krótkich
D. przeciwmgielnych

Odpowiedź C (używanie świateł krótkich podczas ograniczonej widoczności pomoże ci widzieć innych i być przez innych widzianym)

13.60. Jedziesz przez tunel. Twój pojazd popsuł się. Co powinieneś zrobić?
1 odp.
A. włączyć światła awaryjne
B. pozostać w pojeździe
C. poczekać na policję, aż cię znajdzie
D. polegać na kamerach CCTV, które cię widzą

Odpowiedź A (użyj świateł ostrzegawczych by powiadomić ruch, że stanowisz przeszkodę na drodze)

13.61. Podczas jazdy przez tunel, powinieneś
1 odp.
A. zwracać szczególną uwagę na informacje na znakach
B. używać klimatyzacji w samochodzie

ACCIDENTS - WYPADKI

C. włączyć tylne światła przeciwmgielne
D. zawsze używać wycieraczek

Odpowiedź A (różnorodne znaki informacyjne są tam po to, by ostrzec cię o jakichkolwiek problemach. Zwróć na nie uwagę i postępuj zgodnie z instrukcjami)

13.62. Jakie DWA środki ochronne mógłbyś zastosować przeciw pożarowi swojego pojazdu?
2 odp.
A. utrzymywać poziom wody powyżej maksimum
B. wozić gaśnicę
C. unikać jazdy z pełnym bakiem paliwa
D. używać benzyny bezołowiowej
E. sprawdzać każdą silniejszą woń benzyny
F. używać benzyny niskooktanowej

Odpowiedzi BE (dobrym pomysłem jest trzymanie gaśnicy w swoim pojeździe. Każdy silny zapach benzyny może oznaczać wyciek – sprawdź to)

13.63. Jesteś na autostradzie. Bagaż wypada z twojego pojazdu. Co powinieneś zrobić?
1 odp.
A. zatrzymać się w pobliżu telefonu nagłych wypadków i skontaktować się z policją
B. zatrzymać się na poboczu i włączyć światła awaryjne, po czym pójść po bagaż
C. wrócić się pieszo po bagaż
D. zjechać na pobocze i zamachać do ruchu

Odpowiedź A (byłoby niebezpieczne oraz niedozwolone próbować usunąć coś z drogi szybkiego ruchu. Użyj telefonu nagłych wypadków, by zadzwonić po pomoc)

13.64. Podczas jazdy zapala się kontrolka ostrzegawcza na tablicy rozdzielczej w twoim pojeździe. Powinieneś
1 odp.

A. kontynuować jazdę, gdy odgłos silnika jest OK
B. mieć nadzieję, że to tylko chwilowa wada elektryki
C. rozwiązać problem, kiedy będzie więcej czasu
D. sprawdzić problem szybko i bezpiecznie

Odpowiedź D (zapoznaj się ze znaczeniem kontrolek ostrzegawczych na swojej tablicy rozdzielczej i z poradami twojego podręcznika pojazdu)

13.65. Masz awarię na drodze dwukierunkowej. Masz trójkąt ostrzegawczy. Powinien on być postawiony

1 odp.
A. na dachu twojego pojazdu
B. co najmniej 150 metrów (492 stopy) za twoim pojazdem
C. co najmniej 45 metrów (147 stóp) za twoim pojazdem
D. tuż za twoim pojazdem

Odpowiedź C (trójkąt musi być ustawiony w określonej odległości od pojazdu, by odpowiednio wcześnie ostrzegać o niebezpieczeństwie. Być może będziesz potrzebował postawić go dalej, niż 45 metrów od pojazdu, gdy stoisz za zakrętem lub pagórkiem)

13.66. Twój silnik zaczyna się palić. Co powinieneś zrobić najpierw?
1 odp.
A. podnieść maskę i odłączyć akumulator
B. podnieść maskę i ostrzec innych użytkowników drogi
C. zadzwonić po serwisy nagłych wypadków
D. zadzwonić po straż pożarną

Odpowiedź D (uzyskaj pomoc od profesjonalistów! Nie otwieraj maski, ponieważ

ACCIDENTS - WYPADKI

możesz pogorszyć sytuację lub narazić się na niebezpieczeństwo)

13.67. Twój pojazd ma awarię w tunelu. Co powinieneś zrobić?
1 odp.
A. zostać przy samochodzie i poczekać na policję
B. stanąć na pasie za twoim pojazdem, by ostrzec innych
C. stanąć przed pojazdem, by ostrzec innych kierowców
D. włączyć światła awaryjne i pójść po pomoc

Odpowiedź D (użyj świateł ostrzegawczych i natychmiast zadzwoń po pomoc)

13.68. Twój pojazd zaczyna się palić podczas jazdy w tunelu. Nadal można nim jechać. Co powinieneś zrobić?
1 odp.
A. pozostawić go tam, gdzie jest, z włączonym silnikiem
B. zjechać na bok, po czym udać się pieszo do punktu nagłych wypadków
C. zaparkować go z dala od drogi
D. wyjechać nim z tunelu, jeśli jesteś w stanie to zrobić

Odpowiedź D (jeśli wciąż możesz jechać pojazdem, postaraj się wyjechać nim z tunelu, jeśli to bezpieczne)

13.69. Jedziesz przez tunel. Twój pojazd zaczyna się palić. Co powinieneś zrobić?
1 odp.
A. kontynuować jazdę przez tunel, jeśli to możliwe
B. natychmiast zawrócić pojazdem
C. wyjechać tyłem z tunelu
D. wykonać zatrzymanie w nagłych wypadkach (emergency stop)

Odpowiedź A (jeśli wciąż możesz jechać pojazdem, postaraj się wyjechać nim z tunelu, jeśli to bezpieczne)

13.70. Jesteś w tunelu. Twój pojazd się pali i NIE MOŻESZ nim jechać. Co powinieneś zrobić?
2 odp.
A. pozostać w tunelu i pozamykać okna
B. włączyć światła awaryjne
C. pozostawić włączony silnik
D. spróbować zgasić ogień
E. wyłączyć wszystkie światła w samochodzie
F. poczekać, aż inni ludzie zadzwonią po pomoc

Odpowiedzi BD (jeśli wciąż możesz jechać pojazdem, postaraj się wyjechać nim z tunelu, jeśli to bezpieczne. Jeśli nie, zjedź do punktu nagłych wypadków, jeśli możesz. Wyłącz silnik i włącz światła awaryjne. Zadzwoń po serwisy nagłych wypadków)

13.71. Podczas wjazdu do tunelu, dobrą radą jest
1 odp.
A. włożenie okularów przeciwsłonecznych
B. sprawdzenie ciśnienia opon
C. zmiana biegu na niższy
D. nastrojenie radia na kanał lokalny

Odpowiedź D (patrz na znaki przy wjeździe do tunelu, które doradzą ci jaką częstotliwość wybrać, by być powiadamianym o zmianach w przepływie ruchu w tunelu)

13.72. Twój pojazd ma awarię na automatycznym przejeździe kolejowym. Co powinieneś zrobić NAJPIERW?
1 odp.
A. odsunąć wszystkich od pojazdu i przejazdu kolejowego
B. zadzwonić do operatora, aby pociągi mogły zostać zatrzymane
C. pójść wzdłuż torów, by ostrzec nadjeżdżające pociągi
D. starać się przepchnąć pojazd przez przejazd kolejowy tak szybko, jak to możliwe

Odpowiedź A (najważniejszą rzeczą jest kazać wszystkim wysiąść z samochodu i oddalić ich od przejazdu)

ACCIDENTS - WYPADKI

13.73. Które trzy rzeczy możesz wozić w swoim pojeździe na wypadek awarii?
3 odp.
A. mapę
B. kanister paliwa
C. rozrusznik
D. gaśnicę
E. apteczkę pierwszej pomocy
F. trójkąt ostrzegawczy

Odpowiedzi DEF (zawsze bądź dobrze wyposażony podczas podróży. Dobrą praktyką jest wożenie trójkąta ostrzegawczego, apteczki pierwszej pomocy i gaśnicy w swoim pojeździe)

13.74. Masz kolizję, gdy twój samochód jest w ruchu. Jaka jest pierwsza rzecz, jaką powinieneś zrobić?
1 odp.
A. zatrzymać się tylko, jeśli są ranni
B. zadzwonić po serwisy nagłych wypadków
C. zatrzymać się na miejscu wypadku
D. zadzwonić do firmy ubezpieczeniowej

Odpowiedź C (niezatrzymanie się, kiedy zostałeś uwikłany w wypadek jadącym pojazdem jest wykroczeniem)

13.75. Bierzesz udział w kolizji drogowej z innym pojazdem. Ktoś jest ranny. Twój pojazd jest uszkodzony. Których CZTERY rzeczy powinieneś się dowiedzieć?
4 odp.
A. czy kierowca jest właścicielem pojazdu
B. nazwisko, adres i nr telefonu kierowcy
C. markę i numer rejestracyjny pojazdu
D. zawód kierowcy
E. szczegóły ubezpieczenia kierowcy
F. czy kierowca ma prawo prowadzić pojazdy

Odpowiedzi ABCE (nie jest twoim obowiązkiem pytanie się o zawód innego kierowcy oraz czy jest on uprawniony do jazdy tym pojazdem)

13.76. Tracisz kontrolę nad samochodem i uderzasz w mur czyjejś posesji. W pobliżu nikogo nie ma. Co musisz zrobić?
1 odp.
A. zgłosić wypadek na policję w ciągu 24 godzin
B. wrócić następnego dnia, by powiadomić o tym właściciela domu
C. zgłosić wypadek firmie ubezpieczeniowej, kiedy dotrzesz do domu
D. znaleźć kogoś w okolicy, by go o tym powiadomić

Odpowiedź A (jest prawnym wymogiem, aby zgłosić wypadek na policję w ciągu 24 godzin)

13.77. Masz wypadek na drodze dwukierunkowej. Masz ze sobą trójkąt ostrzegawczy. W jakiej odległości od miejsca zdarzenia powinieneś postawić trójkąt?
1 odp.
A. 25 metrów (82 stopy)
B. 45 metrów (147 stóp)
C. 100 metrów (328 stóp)
D. 150 metrów (492 stopy)

Odpowiedź B (trójkąt musi być ustawiony w określonej odległości od pojazdu, by odpowiednio wcześnie ostrzegać o niebezpieczeństwie. Być może będziesz potrzebował postawić go dalej niż 45 metrów od pojazdu, gdy stoisz za zakrętem lub pagórkiem)

13.78. Masz wypadek podczas jazdy w tunelu. Nie jesteś ranny, ale pojazd nie nadaje się do jazdy. Co powinieneś zrobić najpierw?
1 odp.
A. polegać na innych kierowcach, że zadzwonią na policję
B. wyłączyć silnik i włączyć światła awaryjne
C. spisać nazwiska świadków i innych kierowców

ACCIDENTS - WYPADKI

D. pozamiatać szczątki z drogi

Odpowiedź B (użyj świateł ostrzegawczych i natychmiast zadzwoń po pomoc)

13.79. Jedziesz tunelem. Był wypadek i samochód z przodu się pali, blokując drogę. Co powinieneś zrobić?
1 odp.
A. wyprzedzić i kontynuować jazdę z możliwie najszybszą prędkością
B. zamknąć wszystkie drzwi i okna
C. włączyć swoje światła ostrzegawcze (awaryjne)
D. zatrzymać się, po czym wyjechać tyłem z tunelu

Odpowiedź C (zatrzymaj się i włącz światła awaryjne, by ostrzec inny ruch oraz wyłącz swój silnik. Nie próbuj przejechać. Zadzwoń po pomoc i użyj gaśnicy, jeśli to możliwe)

VEHICLE LOADING - ZAŁADUNEK POJAZDU

14.1. Ciągniesz małą przyczepę na ruchliwej trójpasmowej autostradzie. Wszystkie pasy są otwarte czynne
2 odp.
A. nie możesz przekraczać prędkości 60mph
B. nie możesz wyprzedzać
C. musisz mieć wbudowany stabiliser (urządzenie umieszczane na haku przyczepy, którego zadaniem jest ułatwić kierowcy prowadzenia samochodu z przyczepą)
D. możesz używać tylko lewego lub środkowego pasa

Odpowiedzi AD (poznaj limity prędkości dla twojego pojazdu z przyczepą. Tam, gdzie są trzy pasy i więcej, używanie prawego pasa, jeśli ciągniesz przyczepę, jest wykroczeniem)

14.2. Kiedy przyczepa ma tendencje do zbaczania z drogi lub wicia się podczas holowania, powinieneś
1 odp.
A. zdjąć nogę z gazu i zmniejszyć prędkość
B. puścić kierownicę, by pozwolić przyczepie ustawić się samej
C. ostro zahamować i trzymać wciśnięty pedał hamulca
D. przyspieszyć tak szybko, jak to możliwe

Odpowiedź A ("wicie się" jest zwykle spowodowane poprzez zbyt dużą prędkość. Zdejmij nogę z gazu, by zwolnić. Unikaj gwałtownego hamowania, mogłoby to spowodować jeszcze mniejszą stabilność pojazdu i przyczepy)

14.3. Jak możesz zapobiec slalomowej jeździe przyczepy kempingowej (caravanu) od jednej strony do drugiej?
1 odp.
A. skręcając powoli kierownicą w obie strony
B. przyspieszając, by zwiększyć prędkość
C. zatrzymując się tak szybko, jak to możliwe
D. stopniowo zwalniając

Odpowiedź D ("wicie się" jest zwykle spowodowane poprzez zbyt dużą prędkość. Zdejmij nogę z gazu, by zwolnić. Unikaj gwałtownego hamowania, mogłoby to spowodować jeszcze mniejszą stabilność pojazdu i przyczepy)

14.4. W których DWÓCH przypadkach mógłbyś podpompować swoje opony bardziej, niż to zwykle zalecane?
2 odp.
A. kiedy drogi są śliskie
B. kiedy szybko jedziesz na długim dystansie
C. kiedy bieżnik opony jest mniejszy niż 2mm
D. podczas przewożenia ciężkiego załadunku
E. kiedy jest zimno
F. kiedy pojazd jest wyposażony w ABS (hamulce anti-lock – system zapobiegający blokowaniu się kół, kiedy pojazd hamuje w nagłym wypadku)

Odpowiedzi BD (odnieś się do podręcznika pojazdu odnośnie szczegółów, kiedy opony powinny być bardziej napompowane)

14.5. Ciężki załadunek na twoim bagażniku dachowym
1 odp.
A. polepszy przyczepność do drogi
B. zmniejszy dystans zatrzymania się
C. spowoduje, że sterowanie kierownicą będzie lżejsze
D. zmniejszy stabilność pojazdu

Odpowiedź D (im większy załadunek na pojeździe, tym wyżej znajduje się centrum przyciągania, co może spowodować, że pojazd będzie mniej stabilny)

VEHICLE LOADING - ZAŁADUNEK POJAZDU

14.6. Ciągniesz przyczepę kempingową (caravan) na autostradzie. Zaczyna ona jechać slalomem od jednej strony do drugiej. Co powinieneś zrobić?

1 odp.
A. zdjąć powoli nogę z gazu
B. kręcić gwałtownie kierownicą w obie strony
C. wykonać zatrzymanie tak, jak w razie nagłego wypadku (emergency stop)
D. bardzo szybko przyspieszyć

Odpowiedź A ("wicie się" jest zwykle spowodowane poprzez zbyt dużą prędkość. Zdejmij nogę z gazu, by zwolnić. Unikaj gwałtownego hamowania, mogłoby to spowodować jeszcze mniejszą stabilność pojazdu i przyczepy)

14.7. Przeładowanie pojazdu może mieć poważny wpływ na
2 odp.
A. skrzynię biegów
B. kierowanie
C. sterowanie pojazdem
D. żywotność akumulatora
E. czas podróży

Odpowiedzi BC (każdy załadunek na twój pojazd będzie miał wpływ na jego prowadzenie)

14.8. Kto jest odpowiedzialny za upewnienie się, czy pojazd nie jest przeładowany?
1 odp.
A. kierowca pojazdu
B. właściciel przewożonych rzeczy
C. osoba, która pakowała rzeczy do pojazdu
D. władza licencyjna

Odpowiedź A (nieważne kto jest właścicielem pojazdu, obowiązkiem kierowcy jest upewnić się, że jazda będzie legalna)

14.9. Planujesz ciągnąć przyczepę kempingową (caravan). Które z poniższych najbardziej pomoże w manewrowaniu pojazdem?
1 odp.
A. koło jockey zamontowane na haku holowniczym
B. wspomaganie kierownicy, w które wyposażony jest pojazd holujący
C. system ABS (hamulce antilock), w które wyposażony jest pojazd holujący
D. stabiliser, zamontowany w haku holowniczym

Odpowiedź D (jeśli nie holowałeś nigdy wcześniej przyczepy, zasięgnij porady od klubu caravanów lub podobnej organizacji. Rozważ wzięcie udziału w kursie manewrowania caravanów)

14.10. Czy wolno przewozić pasażerów w ciągniętej przyczepie kempngowej (caravanie)?
1 odp.
A. tak, jeśli mają więcej niż 14 lat
B. nie, nigdy
C. tylko, jeśli wszystkie siedzenia w pojeździe holującym są zajęte
D. tylko, kiedy zamontowany jest stabiliser

Odpowiedź B (przewożenie pasażerów w przyczepie lub caravanie jest wykroczeniem)

14.11. Przyczepa musi być odpowiednio przymocowana do ciągnącego pojazdu. Jakie dodatkowe urządzenie bezpieczeństwa może być zamontowane w systemie hamulcowym przyczepy?
1 odp.
A. stabiliser
B. koło jockey
C. kąty ustalone
D. przewód trakcyjny

Odpowiedź D (przewód trakcyjny spowoduje działanie hamulców w przyczepie lub

VEHICLE LOADING - ZAŁADUNEK POJAZDU

caravanie, jeśli zostanie on odłączony od holującego pojazdu)

14.12. Po co zamontowałbyś stabiliser, przed ciągnięciem przyczepy kempingowej (caravanu)?
1 odp.
A. pomoże to w utrzymaniu stabilności, podczas jazdy przy silnych wiatrach
B. pozwoli to na załadunek ciężkich rzeczy za osią
C. pomoże ci to na podnoszenie i obniżanie koła jockey
D. pozwoli ci to na holowanie bez przewodu trakcyjnego

Odpowiedź A (stabilizer pomoże w kontroli wicia się podczas wiatrów bocznych, ale powinieneś jechać sensownie i upewnić się, że pojazd i przyczepa są odpowiednio załadowane)

14.13. Chcesz ciągnąć przyczepę. Gdzie znajdziesz ciężar maksymalny dla haka holowniczego twojego pojazdu?
1 odp.
A. w podręczniku pojazdu
B. w podręczniku Kodeksu Drogowego the Highway Code
C. w dokumencie rejestracyjnym pojazdu
D. w dokumentach twojej licencji

Odpowiedź A (odnieś się do podręcznika pojazdu)

14.14. Każdy załadunek przewożony na bagażniku dachowym powinien być
1 odp.
A. bezpiecznie przymocowany na czas jazdy
B. załadowany w stronę tyłu pojazdu
C. widoczny w twoim zewnętrznym lusterku
D. przykryty plastikowym materiałem

Odpowiedź A (jest obowiązkiem kierowcy upewnić się, że jakikolwiek bagaż na lub w pojeździe jest bezpieczny)

14.15. Przewozisz dziecko w samochodzie. Ma ono mniej niż 3 lata. Które z poniższych jest właściwym środkiem zabezpieczającym?
1 odp.
A. fotelik dla dziecka
B. dorosły trzymający dziecko
C. pas bezpieczeństwa dla dorosłych
D. pas bezpieczeństwa dla dorosłych na kolana

Odpowiedź A (użyj fotelika dziecięcego odpowiednio do wieku, wzrostu i wagi dziecka)

ZESTAW PYTAŃ NA EGZAMIN PRAKTYCZNY

TELL ME

Pytanie nr 1 :

Otwórz maskę, pokaż, gdzie sprawdzisz poziom oleju i powiedz w jaki sposób to zrobisz

Odpowiedź

Pokaż miarkę do sprawdzania oleju, opisz sprawdzanie oleju na podstawie oznaczeń minimum/maksimum

Pytanie nr 2 :

Otwórz maskę, pokaż, gdzie sprawdzisz poziom płynu w chłodnicy i w jaki sposób to sprawdzisz

Odpowiedź

Pokaż oznaczenia high/low na zbiorniku dopełniającym oraz opisz jak dolewa się płynu do odpowiedniego poziomu

Pytanie nr 3

Pokaż, gdzie jest rezerwa płynu do spryskiwaczy i powiedz, w jaki sposób sprawdzisz poziom tego płynu

Odpowiedź

Pokaż rezerwę i wyjaśnij jak sprawdzić poziom płynu

Pytanie nr 4

Otwórz maskę, pokaż, gdzie jest rezerwa płynu hamulcowego i powiedz, w jaki sposób sprawdzisz, że jest wystarczająca jego ilość

Odpowiedź

Pokaż rezerwę, sprawdź poziom przy pomocy oznaczeń high/low

Pytanie nr 5

Powiedz, w jaki sposób sprawdzisz działanie świateł hamowania (stopu)

Odpowiedź

Włącz pedał hamulca, użyj okien, drzwi garażu itp. do odbicia świateł , l ub poproś kogoś o pomoc

Pytanie nr 6

Powiedz, w jaki sposób sprawdzisz czy hamulce działają przed rozpoczęciem podróży

Odpowiedź

Uczucie naciskania na hamulec nie powinno być gąbczaste. Pojazd nie powinien zjeżdżać w jedną stronę

Pytanie nr 7

Powiedz, gdzie znajdziesz informację rekomendowanego ciśnienia opon w tym samochodzie i w jaki sposób ciśnienie powinno być sprawdzane

Odpowiedź

W podręczniku pojazdu, do sprawdzenia opon używa się odpowiedniego ciśnieniomierza, ciśnienie sprawdza się, kiedy opony są zimne, nie zapomnij o oponie zapasowej, pamiętaj o założeniu z powrotem zakrętek

Pytanie nr 8

Powiedz w jaki sposób sprawdzisz bieżnik na oponach i ogólną ich kondycję

Odpowiedź

Sprawdź czy nie ma przecięć i wybrzuszeń, że bieżnik ma grubość co najmniej 1.6mm na szerokości ¾ opony

SHOW ME

Pytanie nr 1

Pokaż/wyjaśnij jak sprawdzić, że wspomaganie kierownicy działa właściwie przed rozpoczęciem podróży

Odpowiedź

Jeśli kierownicą kręci się ciężko, system może nie działać poprawnie. Przed rozpoczęciem podróży mogą być sprawdzone dwie rzeczy. Delikatnie naciśnięcie kierownicy wykonane podczas włączonego silnika powinno spowodować słaby, ale widoczny ruch, ponieważ system zaczyna działać.
Alternatywnie, skręcenie kierownicą tuż po ruszeniu wykaże od razu czy system działa

Pytanie nr 2

Pokaż, w jaki sposób sprawdzisz czy hamulec ręczny nie jest wytarty

Odpowiedź

Zademonstruj poprzez zaciągnięcie hamulca, który powinien się zabezpieczyć

Pytanie nr 3

Pokaż, w jaki sposób sprawdzisz czy działa klakson

Odpowiedź

Sprawdzenie za pomocą użycia klaksonu

Pytanie nr 4

Pokaż, w jaki sposób sprawdzisz czy kierunkowskazy działają

Odpowiedź

Włącz kierunkowskazy lub światła ostrzegawcze i sprawdź działanie wszystkich z nich

Pytanie nr 5

Pokaż, w jaki sposób sprawdzisz działanie świateł przednich i tylnich

Odpowiedź

Włącz światła i przejdź się wokół samochodu, by sprawdzić światła

Warunki jazdy z prawem jazdy Provisional (L-ką)

- musisz mieć skończone 17 lat
- musisz mieć specjalnie oznaczony pojazd - czyli czerwona litera "L" na białym tle, z tyłu i z przodu samochodu
- w czasie kiedy prowadzisz samochód, obok Ciebie musi siedzieć osoba, która skończyła 21 lat i ma prawo jazdy pełne (full driving license) co najmniej 3 lata
- musisz posiadać ubezpieczenie na samochód, który prowadzisz
- nie możesz jeździć po autostradach

Oznacza to, że masz prawie takie same prawa jak inni kierowcy. Jak widzisz nauka jazdy w Anglii nie jest skomplikowana, nie musi Cię nawet uczyć instruktor a może kolega, zalecane jest, co prawda pobranie profesjonalnych lekcji, ale nie jest to wymóg na prawo jazdy.

Dodatkowo, jako właściciel provisional driving license masz uprawnienia do jazdy motocyklem o pojemności silnika do 125cc, jednak po zaliczeniu kursu jednodniowego CBT.

Test Teoretyczny

Test teoretyczny składa się z dwóch części : pytań z jedną lub większą ilością odpowiedzi do wyboru oraz z części hazard. Musisz zdać obie te części, by zaliczyć test. Kiedy zaliczysz egzamin teoretyczny, możesz zapisać się na egzamin praktyczny.

Pytania i odpowiedzi testu teoretycznego pojawiają się na ekranie komputera, obsługujesz je za pomocą dotyku ekranu, natomiast część hazard notuje twoje odpowiedzi poprzez kliknięcie myszką.

Jeśli zdasz jedną część testu a nie poradzisz sobie z drugą, musisz podchodzić do obu tych części jeszcze raz.

Cześć pierwsza – pytania i odpowiedzi

Przed rozpoczęciem testu zostaniesz poinstruowany jak to wszystko działa.
Możesz również poćwiczyć sobie pytania przed rozpoczęciem prawdziwego testu. Po zakończeniu ćwiczeń zacznie się prawdziwy test.
Pytanie i kilka wariantów odpowiedzi pojawi się na ekranie monitora i będziesz musiał wybrać prawidłową odpowiedź na pytanie poprzez dotknięcie jej na ekranie. Niektóre pytania mogą wymagać więcej niż jednej odpowiedzi.

Dla samochodów i motorów jest 50 pytań na 57 minut i musisz poprawnie odpowiedzieć na 43 z nich by zdać.

Na ciężarowe i autobusy jest 60 pytań na 70 minut i musisz prawidłowo odpowiedzieć na 51 z nich by zdać.

Możesz manewrować miedzy pytaniami i zaznaczyć te, na które chcesz odpowiedzieć później, po czym wrócić do nich na końcu. Po odpowiedzi na wszystkie pytania będziesz miał 3 minuty przerwy, zanim zacznie się część hazard perception.

Część druga – hazard perception

Po przerwie zostanie ci pokazany przykładowy videoclip, na jakiej zasadzie działa test hazard.
Hazard perception działa na zasadzie badania twojej reakcji na niebezpieczeństwa na drodze poprzez odpowiednio wczesne kliknięcia myszką. Zostanie zaprezentowane ci 14 videoclipow, które zawierają sceny z życia codziennego. W każdym videoclipie będzie co najmniej jedno niebezpieczeństwo, ale w jednym videoclipie będzie ich dw a.
By osiągnąć wysoki wynik będziesz musiał zareagować na hazard odpowiednio wcześniej. Im wcześniej – tym więcej punktów otrzymujesz – maxymalna ilość to 5.
Nie będziesz mógł odłożyć odpowiedzi na później w videoclipach, tak jak na drodze, musisz dokładnie w tym czasie i miejscu odpowiednio zareagować.
Dla samochodów i motorów ilość pun któw potrzebna, by zdać jest 44 na 75, natomiast dla ciężarówek i autobusów 50 na 75.

Po zakończeniu testu

Po zakończeniu części hazard zostaniesz poproszony o odpowiedź na pytania ankietowe, nie musisz na nie odpowiadać, ale, jeśli odpowiesz, pozostaną one anonimowe i poufne. Pytania ankietowe nie mają wpływu na wynik testu.

Kiedy skończysz test, możesz opuścić salę egzaminacyjną. Po opuszczeniu sali, nie masz możliwości wejścia do niej z powrotem. Otrzymasz swój wynik testu od pracownika centrum egzam inacyjnego.

Koszt egzaminu teoretycznego na samochód £30

Zamawianie testu teoretycznego

Aby zamówić test teoretyczny kliknij w poniższy link, jeśli masz problemy z angielskim, postępuj wedle poniższych wskazówek

https://pt.dsa.gov.uk/tests/tests_E/tt/data_processing.asp#

Kliknij book a test , po otworzeniu się nowego okna
Select category – wybierz kategorię Cars - B
Select on screen text – pozostaw English
Do you need any special arrangements? – zaznacz yes (pozwoli ci to na zdawanie prawka w języku polskim)
Enter Your Driving License Number – wpisz swój numer prawa jazdy provisional
Kliknij Next
Special arrangements – zaznacz opcje 3 (to hear the questions and answer s read to you in language other than English using Voiceover)
Kliknij Next
Zaznacz "Polish"
Kliknij Next
Enter your PostCode and click search – wpisz swój kod pocztowy, aby można było znaleźć centrum zdawania najbliższe twojemu miejscu zamieszkania – kliknij search i wybierz najbardziej odpowiednią dla ciebie lokalizację
When would you like to take your test: - kiedy chciałbyś zdawać test
No preference- bez znaczenia
As soon as possible – tak szybko jak to możliwe
Preferred date – preferowana data
Zaznacz to, co najbardziej ci odpowiada

Kliknij Next
Wybierz odpowiadającą ci datę i godzinę
Kliknij Next
Wypełnij dane osobowe :
Title – tytuł – mr, mrs lub miss
Forename – imię
Surname – nazwisko
Adress – w pierwszej linii nr domu , w drugiej nazwę ulicy
Town – Miasto
Postcode – Kod pocztowy
Telephone day and evening – nr telefonu
Email – twój adres mailowy
Kliknij Next
Zobaczysz skrót bookowania testu. Jeśli wszystko się zgadza kliknij next (jeśli nie - kliknij previous i popraw)
Teraz musisz zapłacić kartą i masz zabookowany test, list z potwierdzeniem przyjdzie do ciebie pocztą
(Payment type – rodzaj karty
Credit/debit card number – numer karty
Name of Card Holder – nazwisko posiadacza karty
Expiry date – data do kiedy karta jest ważna
Valid from – data od kiedy karta jest ważna)

Egzamin praktyczny

Twój egzamin praktyczny rozpocznie się od zbadania twojego wzroku poprzez odczytanie tablicy rejestracyjnej z odległości około 20 metrów. Potem zostaną zadane ci dwa pytania odnośnie bezpieczeństwa pojazdu. Gdy na nie odpowiesz, zacznie się właściwy praktyczny egzamin z jazdy, w włączeniem kilku manewrów na drodze.

Zajmie on około 40 minut. Podczas testu twój egzaminator będzie zwracał uwagę na ogólne bezpieczeństwo jazdy, włączając w to ćwiczenia. Możesz zrobić do 15 błędów i zdać egzamin (16 lub więcej błędów będzie przyczyną niezdania egzaminu). Jednak, jeśli zrobisz jeden poważny lub stwarzający niebezpieczeństwo na drodze błąd (lub więcej), nie zdasz egzaminu.

Praktyczny egzamin (samochód)

DSA organizuje egzaminy poza standardowymi godzinami , w związku z czym nawet dla osób, które długo pracują czy mają inne zajęcia znajdzie się zawsze wolny termin.
Testy praktyczne są zazwyczaj we wszystkich stałych centrach. Soboty i egzaminy wieczorem są oferowane za wyższą stawkę. Normalnie egzaminy są dostępne o różnej porze dnia pomiędzy 7.30 a 15.27 od poniedziałku do piątku.
Test praktyczny został stworzony głównie po to, by sprawdzić czy potrafisz jeździć bezpiecznie oraz czy znasz zasady ruchu drogowego i potrafisz to wykazać podczas jazdy.

Podczas egzaminu praktycznego możesz zostać poproszony o wykonanie 2 manewrów, wybranych z następujących:
- cofanie po łuku
- zawracanie na drodze
- parkowanie tyłem
- zatrzymanie się na komendę

Pytania ze znajomości bezpieczeństwa pojazdu

Są to podstawy, które każdy kierowca powinien znać, by wiedzieć ze samochód jest bezpieczny do jazdy. Choć niektóre z pytań mogą wymagać od kandydata otwarcia

maski samochodu, by sprawdzić poziom płynów, kandydaci nie będą proszeni o dotykanie silnika czy sprawdzanie płynów.
Podczas zapytania o poziom płynów czy ciśnienia w oponach kandydat może odwołać się do kontrolek w samochodzie, które o tym informują (jeśli samochód jest w nie wyposażony).
Podczas egzaminu będą zadane 2 takie pytani a. Jeśli na jedno lub oba odpowiesz niepoprawnie, będzie to miało rezultat w jednym punkcie karnym zapisanym na egzaminie.

Co dzieje się podczas egzaminu?

Podczas egzaminu egzaminator będzie dawał ci wskazówki, gdzie masz jechać, których powinieneś przestrzegać. Trasy będą zawierać typowe warunki drogi i ruchu.
Podczas egzaminu egzaminator poprosi cię o dodatkowe manewry.
Podczas egzaminu powinieneś jechać w sposób, w jaki nauczył cię instruktor. Jeśli zrobisz błąd, nie przejmuj się, to może być mało znaczą cy błąd i nie musi mieć wpływu na twój wynik testu. Egzaminator będzie zwracał największą uwagę na bezpieczeństwo podczas jazdy.
Dopiero, jeśli zrobiłbyś błąd stwarzający zagrożenie na drodze dla innych użytkowników drogi, twój test zostałby przerwany.
Możesz wziąć ze sobą kogoś na egzamin, osoba ta musi być powyżej 16 roku życia, i nie może brać udziału w żadnej części egzaminu.

Po egzaminie praktycznym

Kiedy zakończy się egzamin praktyczny, egzaminator powie ci czy zdałeś czy ni e.
Możesz zapytać o jego opinię na ten temat.

Jeśli zdasz...

Jeśli zdasz i masz prawo jazdy ze zdjęciem wydane po 1 marca 2004, egzaminator zapyta cię czy chcesz mieć od razu wydane prawo jazdy automatyczni e.
Jeśli chcesz z tego skorzystać, egzaminator zeskanuje twoje prawo jaz dy i wyśle drogą elektroniczną do DVLA. Dostaniesz certyfikat jako dowód zdania testu i DVLA wyśle ci nowe prawo jazdy w ciągu 4 tygodni od zdania egzaminu.

Jeśli zdasz egzamin, ale nie chcesz skorzystać z automatycznego serwisu, lub masz prawo jazdy wydane przed 1 marca 2004, dostaniesz certyfikat zdania egzaminu od egzaminatora. Z tyłu certyfikatu będzie napisane co masz zrobić potem. To zawiera wysłanie swojego prawa jazdy oraz odpowiedniej opłaty do DVLA, która później sprawdzi twoją aplikację i wyda ci nowe prawo jazdy.

Jeśli nie zdasz...

Jeśli oblejesz test powinieneś zapytać egzaminatora o komentarz, by pomogło ci to przygotować się do następnego egzaminu. Twój raport z jazdy również wskaże, gdzie zrobiłeś błędy. Możesz podejść do następnego egzam inu co najmniej 10 dni po twoim teście.

Standardy egzaminów

Wszyscy egzaminatorzy są wyszkoleni, by odbywać egzaminy w takich samych standardach, nie mają założeń zdania lub nie zdania testu. Więc tak długo jak wykazujesz, że nie odbiegasz od wymaganego standardu jazdy, zdasz swój egzamin.

Warunki pogodowe/mechaniczne problemy itp.

DSA nie przeprowadza egzaminów w złych warunkach pogodowych, dla bezpieczeństwa kandydata i egzaminatora. Aranżuje inną datę bez dodatkowych kosztów, ale koszty nie zostają zwrócone. Kandydat powinien zadzwonić na numer telefonu z listu zapraszającego na test, by upewnić się, że egzamin będzie miał miejsce.
Jeśli egzamin nie odbędzie się z powodu mechanicznych problemów z twoim samochodem, będziesz musiał podejść jeszcze raz na swój koszt.

Pass Plus

DSA rekomenduje Pass Plus dla nowych kierowców, którzy właśnie zdali egzamin.
Jest to kurs pod okiem twojego instruktora po zdaniu egzaminu.

Koszt egzaminu praktycznego na samochód

W ciągu tygodnia	£56.50
W weekend lub w ciągu tygodnia wieczorem	£67.00

Zamawianie egzaminu praktycznego

Kliknij na poniższy link w celu zamówienia egzaminu, jeśli masz problemy z angielskim, postępuj wedle poniższych wskazówek

https://pt.dsa.gov.uk/tests/tests_E/pt/data_processing.asp

Kliknij Book a test (otworzy się nowe okno)
Zaznacz test type – Car
Test category – B – car
Kliknij Next
Jeśli pójdziesz na test sam - nie zaznaczaj nic, lecz, jeśli chcesz wziąć kolegę, który będzie ci tłumaczył co mówi egzaminator - zaznacz pierwszą opcję na yes
Kliknij next
Wpisz swój numer prawa jazdy provisional
Theory test pass certificate number – wpisz swój numer certyfikatu testu teoretycznego
Wpisz datę zdania testu teoretycznego (jest ona widoczna na certyfikacie)
Surname – nazwisko
Date of Birth – twoja data urodzenia
Kliknij Next
Would you like to search by post code – wpisz swój kod pocztowy, umożliwi to znalezienie najbliższego ci centrum zdawania
Kliknij Next
Zaznacz centrum, w którym chcesz zdawać
Kliknij Next
Jeśli chcesz zdawać w określonym dniu, zaznacz to, jeśli nie - pozostaw zaznaczone pierwsze pole none
Jeśli zdajesz egzamin na samochodzie swojego instruktora, w ostatnim polu wpisz jego numer ADI
Kliknij Next
Wybierz odpowiadająca ci datę i godzinę
Kliknij Next
Kliknij Next
Podaj swoje dane :
Title – tytuł – mr mrs lub miss

First names – Twoje imię/imiona
Surname – nazwisko
House number or house name – numer lub nazwa domu
Street – ulica
Town – miasto
Postcode – kod pocztowy
Kliknij Next
Sprawdź poprawność danych i kliknij Next (jeśli są niepoprawne – kliknij previous, by powrócić do poprzedniej strony i je zmienić)
Dokonaj zapłaty za egzamin, list informujący cię o dacie i miejscu egzaminu otrzymasz p ocztą
(Carholders name – nazwisko posiadacza karty
Card number – nr karty
Valid from – ważna od
House number or house name – nr lub nazwa domu, w którym mieszkasz
Street – ulica Town – miasto Postcode – kod pocztowy)

WYDAWNICTWO IWONAS ŻYCZY SZYBKIEGO ZDANIA EGZAMINÓW.